PLATÓN

# LA REPÚBLICA

astria

LA REPÚBLICA
Platón

©Astria Ediciones 2024
Diseño de portada: Andrea Rodríguez-Lilyana Gálvez
Ilustración de portada: Wilmer Martínez
Supervisión Editorial: Óscar Flores Lopez
Administración: Tesla Rodas y Jéssica Cordero
Levantamiento de texto: Zona Creativa
Presidente: José Azcona Bocock

Primera edición
Tegucigalpa, Honduras-marzo de 2024

# CONTENIDO

**LA SOCIEDAD IDEAL SEGÚN PLATÓN** ................................. 1
**LIBRO I** ................................................................................ 3
**LIBRO II** .............................................................................. 35
**LIBRO III** ............................................................................ 65
**LIBRO IV** ............................................................................ 101
**LIBRO V** ............................................................................. 132
**LIBRO VI** ............................................................................ 171
**LIBRO VII** ........................................................................... 203
**LIBRO VIII** ......................................................................... 234
**LIBRO IX** ............................................................................ 265
**LIBRO X** ............................................................................. 292

# LA SOCIEDAD IDEAL SEGÚN PLATÓN

Un Estado sin justicia condena a su pueblo al atraso. De allí que Platón utilice a su propio maestro (Sócrates), para crear una obra en la que deja plasmada su visión de la sociedad ideal.

Platón trata, además, temas centrales como la ética, el hombre justo, la política al servicio del bien común, la educación, el papel de las mujeres en el Estado y la democracia.

A pesar de que fue escrito hace más de 2,400 años, La República aún ejerce una poderosa influencia en políticos (los buenos), filósofos, sociólogos, intelectuales e historiadores.

Para Platón, los filósofos, por la profundidad de sus razonamientos y su incorruptibilidad, eran los llamados a liderar al Estado.

Extrañamente, La República considera que el mejor sistema político no es la democracia, sino la aristocracia y la oligarquía.

Pero hay que leer el libro en todo su contexto antes de emitir un juicio en contra del célebre Platón.

En diez libros (capítulos), Platón recurre a su alter ego (Sócrates), para exponer sus ideas.

"En efecto, Trasímaco, la injusticia produce entre los hombres discordias, odios y disputas; la justicia, en cambio, concordia y amistad. ¿No es así?", señala el Maestro durante una conversación con el filósofo sofista.

Examina —expone Sócrates en otra parte de su diálogo— si estas otras cosas no corrompen a los demás trabajadores hasta el punto de ocasionar su perversión: la riqueza y la indigencia

Para Sócrates, la razón y el valor siempre se impondrán a la traición y a la ingratitud. ¿Será cierto eso en la práctica o el filósofo peca de alguna manera de inocente?

La República de Platón no es solo una visión de Estado. También es un manual de valores que, de ser implementados, permitirían a las distintas formas de gobierno, con excepción de las totalitarias, de alcanzar la equidad entre sus ciudadanos.

Platón lo soñó hace 2,400 años. ¿Veremos esos sueños hechos realidad algún día en la mayoría de países del mundo?

Óscar Flores López/ASTRIA

# LIBRO I

SÓCRATES — GLAUCÓN — POLEMARCO — TRASÍMACO
— ADIMANTO — CÉFALO — CLITOFONTE

SÓCRATES. —Bajé ayer al Pireo con Glaucón, hijo de Aristón, para dirigir mis oraciones a la diosa y ver cómo se verificaba la fiesta que por primera vez iba a celebrarse. La Pompa de los habitantes del lugar me pareció preciosa; pero a mi juicio, la de los tracios no se quedó atrás. Terminada nuestra plegaria, y vista la ceremonia, tomamos el camino de la ciudad. Polemarco, hijo de Céfalo, al vernos desde lejos, mandó al esclavo que le seguía que nos alcanzara y nos suplicara que le aguardásemos. El esclavo nos alcanzó y, tirándome por la capa, dijo:

—Polemarco os suplica que le esperéis.

Me volví, y le pregunté dónde estaba su amo.

—Me sigue —respondió—; esperadle un momento.

—Le esperamos —dijo Glaucón.

Un poco después llegaron Polemarco y Adimanto, hermano de Glaucón; Nicérato, hijo de Nicias y algunos otros que volvían de la Pompa. Polemarco, al alcanzarnos, me dijo:

—Sócrates, me parece que os retiráis a la ciudad.

—No te equivocas —le respondí.

—¿Has reparado cuántos somos nosotros?

—¿Cómo no?

—Pues o sois más fuertes que nosotros o permaneceréis aquí.

—¿Y no hay otro medio, que es convenceros de que tenéis que dejarnos marchar?

—¿Cómo podríais convencernos si no queremos escucharos?

—En efecto —dijo Glaucón—, entonces no es posible.

—Pues bien, estad seguros de que no os escucharemos.

—¿No sabéis —dijo Adimanto— que, esta tarde, la carrera de las antorchas encendidas en honor de la diosa se hará a caballo?

—¿A caballo? Es una cosa nueva. ¡Cómo! ¿Correrán a caballo, teniendo en la mano las antorchas que en la carrera habrán de entregar los unos a los otros?

—Sí —dijo Polemarco—, y además habrá una velada que merece la pena de verse. Iremos allá después de cenar, y pasaremos el rato alegremente con muchos jóvenes que allí encontraremos. Quedaos, pues, y no os hagáis más de rogar.

—Ya veo que es preciso quedarse —dijo Glaucón.

—Puesto que lo quieres así —le respondí—, nos quedaremos.

Nos fuimos, pues, a la casa de Polemarco, donde encontramos a sus dos hermanos Lisias y Eutidemo con Trasímaco de Calcedonia, Carmántides, del pueblo de Peanea, y Clitofonte, hijo de Aristónimo; Céfalo, padre de Polemarco, también estaba allí. Hacía mucho tiempo que no lo había visto, y me pareció muy envejecido. Estaba sentado, apoyada su cabeza en un cojín, y llevaba en ella una corona, porque en aquel mismo día había hecho un sacrificio doméstico. Junto a él nos situamos en los asientos que estaban colocados en círculos. Apenas me vio Céfalo, me saludó y me dijo:

—Sócrates, muy pocas veces vienes al Pireo, a pesar de que nos darías mucho gusto en ello. Si yo tuviese fuerzas para ir a la ciudad, no te haría falta venir aquí, sino que iríamos a verte. Como no es así, has de venir con más frecuencia a verme, porque debes saber que, a medida que los placeres del cuerpo me abandonan, encuentro mayor encanto en la conversación. Ten, pues, conmigo este miramiento, y al mismo tiempo conversarás con estos jóvenes, sin olvidar por eso a un amigo que tanto te aprecia.

—Yo, Céfalo —le dije—, me complazco infinito en conversar con los ancianos. Como se hallan al término de una carrera que quizá habremos de recorrer nosotros un día, me parece natural que averigüemos de ellos si el camino es penoso o fácil, y puesto que tú estás ahora en esa edad, que los poetas llaman el umbral de la vejez, me complacería mucho que me dijeras si consideras semejante situación como la más penosa de la vida, o cómo la calificas.

—Por Zeus, Sócrates —me respondió—, te diré mi pensamiento sin ocultarte nada. Me sucede muchas veces, según el antiguo proverbio, que me encuentro con muchos hombres de mi edad, y toda la conversación por su parte se reduce a quejas y lamentaciones; recuerdan con sentimiento los placeres del amor, de la mesa, y todos los demás de esta naturaleza, que disfrutaban en su juventud. Se afligen de esta pérdida, como si fuera la pérdida de los más grandes bienes. La vida de entonces era dichosa, dicen ellos, mientras que la presente no merece ni el nombre de vida. Algunos se quejan, además, de los ultrajes a que les expone la vejez de parte de los demás. En fin, hablan sólo de ella para acusarla, considerándola causa de mil males.

Tengo para mí, Sócrates, que no dan en la verdadera causa de esos males, porque si fuese sólo la vejez, debería producir indudablemente sobre mí y sobre los demás ancianos los mismos efectos. Porque he conocido a algunos de carácter bien diferente, y recuerdo que, encontrándome en cierta ocasión con el poeta Sófocles, como le preguntaran en mi presencia si la edad le permitía aún gozar de los placeres del amor y estar en compañía de mujer, «Dios me libre —respondió—, ha largo tiempo he sacudido el yugo de ese furioso y brutal tirano». Entonces creía que decía la verdad, y la edad no me ha hecho mudar de opinión. La vejez, en efecto, es un estado de reposo y de libertad respecto de los sentidos. Cuando la violencia de las pasiones se ha relajado y se ha amortiguado su fuego, se ve uno libre, como decía Sófocles, de una multitud de furiosos tiranos. En cuanto a las lamentaciones de los ancianos que se quejan de los allegados, hacen muy mal, Sócrates, en achacarlos a su ancianidad, cuando la causa es su carácter. Con cordura y buen humor, la vejez es soportable; pero con un carácter opuesto, lo mismo la vejez que la juventud son desgraciadas.

Me encantó esta respuesta, y para animarle más y más a la conversación, añadí:

—Estoy persuadido, Céfalo, de que al hablar tú de esta manera los más no estimarán tus razones, porque se imaginan que contra las incomodidades de la vejez encuentras recursos, más que en tu carácter, en tus cuantiosos bienes, porque los ricos, dicen ellos, pueden procurarse grande alivio.

—Dices verdad: ellos no me escuchan, y ciertamente tienen alguna razón en lo que dicen, pero no tanto como se imaginan. Ya sabes la respuesta que Temístocles dio a un habitante de Serifo que le echaba en cara que su reputación la debía a la ciudad donde había nacido, más bien que a su mérito: le respondió que ni él mismo sería famoso de haber nacido en Serifo, ni lo sería su interlocutor de haber nacido en Atenas. La misma observación puede hacerse a los ancianos poco ricos y de mal carácter, diciéndoles que la pobreza haría quizá la vejez insoportable al sabio mismo, pero que sin la sabiduría nunca las riquezas la harían más dulce.

—Pero —repliqué yo— esos grandes bienes que tú posees, Céfalo, ¿te han venido de tus antepasados o los has adquirido tú en su mayor parte?

—¿Qué he adquirido yo, Sócrates? En este punto ocupo un término medio entre mi abuelo y mi padre, porque aquél, cuyo nombre llevo, habiendo heredado un patrimonio poco más o menos igual al que yo poseo ahora, hizo adquisiciones que excedieron en mucho a los bienes que había recibido; y mi padre Lisanias la redujo a menos de lo que ahora es. Yo me daré por contento si mis hijos encuentran, después de mi muerte, una herencia que no sea inferior, sino algo superior a la que yo encontré a la muerte de mi padre.

—Lo que me ha obligado a hacerte esta pregunta —le dije— es que me parece que no tienes mucho apego a las riquezas, cosa muy ordinaria en los que no han creado su propia fortuna, mientras que los que la deben a su industria están doblemente apegados a ella; porque le tienen cariño, en primer lugar, por ser obra suya, como aman los poetas sus versos y los padres a sus hijos, y le tienen también cariño como los demás hombres, por la utilidad que les reporta. También es más difícil comunicar con ellos, y sólo tienen en estima el dinero.

—Tienes razón —dijo Céfalo.

—Muy bien —añadí yo—. Pero dime ahora, ¿cuál es, a tu parecer, la mayor ventaja que las riquezas procuran?

—No espero convencer a muchos de la verdad de lo que voy a decir. Ya sabrás, Sócrates, que cuando se aproxima el hombre al término de la vida tiene temores e inquietudes sobre cosas que antes no le daban ningún cuidado; entonces se presenta al espíritu lo que se cuenta de los infiernos y de la pena que allí ha de sufrir quien aquí ha delinquido. Se comienza por temer que estos discursos, hasta entonces tenidos por fábulas, sean otras tantas verdades, ya proceda esta aprensión de la debilidad de la edad, o ya que se ven con más claridad tales objetos a causa de su proximidad. Lo cierto es que está uno lleno de inquietudes y de terror. Se recuerdan todas las acciones de la vida, para ver si se ha causado daño a alguien. El que, al examinar su conducta, la encuentra llena de injusticia, tiembla y se deja llevar de la desesperación, y algunas veces, durante la noche, el terror le despierta despavorido como a los niños. Pero el que no tiene ningún remordimiento ve sin cesar en pos de sí una dulce esperanza, que sirve de nodriza a su ancianidad, como dice Píndaro, que se vale de esta graciosa imagen, Sócrates, al hablar del hombre que ha vivido justa y santamente:

La esperanza le acompaña, meciendo dulcemente su corazón y amamantando su ancianidad; la esperanza, que gobierna a su gusto el espíritu fluctuante de los mortales.

Está esto admirablemente dicho. Y porque las riquezas preparan tal porvenir y son, a este fin, un gran auxilio, es por lo que a mis ojos son tan preciosas, no para todo el mundo, sino para el discreto. Porque a ellas debe en gran parte el no haberse visto expuesto a hacer daño a tercero, ni aun sin voluntad, a usar de mentiras, con la ventaja, además, de abandonar este mundo libre del temor de no haber hecho todos los sacrificios convenientes a los dioses, o de no haber pagado sus deudas a los hombres. Las riquezas tienen, además, otras ventajas, sin duda; pero bien pesado todo, creo que daría a éstas la preferencia sobre todas las demás, oh Sócrates, por el bien que proporcionan al hombre sensato.

—Nada más precioso —repuse yo— que lo que dices, Céfalo. Pero ¿está bien definida la justicia haciéndola consistir simplemente en decir la verdad, y en dar a cada uno lo que de él se ha recibido? ¿O, más bien, son estas cosas justas o injustas según las circunstancias? Por ejemplo, si uno, después de haber confiado en estado de cordura sus armas a su amigo, se las reclama estando demente, todo el mundo conviene en que no debiera devolvérselas, y que cometería un acto injusto dándoselas. También están todos acordes en que obraría mal si no disfrazaba algo la verdad, atendida la situación en que su amigo estaba.

—Todo eso es cierto.

—Por consiguiente, la justicia no consiste en decir la verdad, ni en dar a cada uno lo que le pertenece.

—Sin embargo, en eso consiste —dijo interrumpiéndome Polemarco—, si hemos de creer a Simónides.

—Pues bien, continuad la conversación —dijo Céfalo—. Yo os cedo mi puesto; tanto más cuanto que voy a concluir mi sacrificio.

—Y ¿soy yo el que te sustituirá? —dijo Polemarco.

—Sí —repuso Céfalo, sonriéndose; y al mismo tiempo salió para ir a terminar su sacrificio.

—Dime, pues, Polemarco —dije yo—, puesto que ocupas el lugar de tu padre, lo que dice Simónides de la justicia, y dime también en qué compartes su opinión.

—Dice que el atributo propio de la justicia es dar a cada uno lo que se le debe, y en esto encuentro que tiene razón.

—Difícil es no someterse a Simónides, porque era un sabio, un hombre divino. Pero ¿entiendes quizá, Polemarco, lo que quiere decir con esto? Yo no lo comprendo. Es evidente que no entiende que deba devolverse un depósito, cualquiera que él sea, como dijimos antes, cuando lo pide un hombre que no está en su razón. Sin embargo, este depósito es una deuda; ¿no es así?

—Sí.

—Luego es preciso guardarse de volverle al que lo pide, si no está en su razón.

—Es cierto.

—Así, pues, al parecer, Simónides dice cosa distinta de ésta al sostener que es justo devolver lo que se debe.

—Sin duda, puesto que piensa que debe hacerse bien a sus amigos y no dañarles en nada.

—Ya entiendo —dije yo—. No es volver a su amigo lo que se le debe el entregarle el dinero que nos ha confiado, cuando sólo puede recibirlo en perjuicio suyo. ¿No es éste el sentido de las palabras de Simónides?

—Sí.

—Pero ¿debe darse a los enemigos lo que se les debe?

—Sí, sin duda, lo que se les debe; pero a un enemigo no se debe más que lo que conviene que se le deba, es decir, el mal.

—Simónides, por lo tanto, se ha explicado como poeta y de una manera enigmática sobre la justicia, puesto que ha creído, al parecer, que consistía en dar a cada uno lo que le conviene, aunque lo haya expresado como lo debido.

—Así parece.

—¡Oh, por Zeus! —exclamé—. Si alguno le hubiese preguntado: «Simónides, la medicina, ¿a quién da lo que le conviene y qué es lo que le da?», ¿qué crees que habría respondido?

—Que da al cuerpo alimentos, bebidas y los remedios convenientes.

—Y el arte del cocinero, ¿qué da, y a quién da lo que le conviene?

—Da a cada manjar su sazón.

—¿Y este arte que se llama justicia, qué da y a quién da lo que le conviene?

—Sócrates, si hemos de atenernos a lo que se ha dicho más arriba, la justicia produce ventajas para los amigos y daño para los enemigos.

—Entonces, Simónides llama justicia a hacer beneficios a los amigos y daño a los enemigos.

—Por lo menos, así me lo parece.

—¿Quién puede hacer bien a sus amigos y mayor mal a sus enemigos, en caso de enfermedad?

—El médico.

—¿Y en el mar a los navegantes, en caso de peligro?

—El piloto.

—Y el hombre justo, ¿en qué y en qué ocasión puede hacer mayor bien a sus amigos y mayor mal a sus enemigos?

—En la guerra a mi parecer, atacando a los unos y defendiendo a los otros.

—Muy bien; pero mi querido Polemarco, no hay necesidad del médico cuando no hay enfermedad.

—Eso es cierto.

—Ni del piloto cuando no se navega.

—También es cierto.

—Por la misma razón, ¿es inútil el hombre justo cuando no se hace la guerra?

—Yo no lo creo.

—Entonces la justicia, ¿sirve también para tiempo de paz?

—Sí.

—Pero la agricultura sirve también en este tiempo; ¿no es así?

—Sí.

—¿En la recolección de los frutos de la tierra?

—Sí.

—Y en el oficio de zapatero, ¿sirve en igual forma?

—Sí.

—Me dirás que sirve para obtener calzado.

—Sin duda.

—Dime ahora para provecho y obtención de qué es útil la justicia durante la paz.

—Es útil en los contratos.

—¿Entiendes por esto las asociaciones o alguna otra cosa?

—Las asociaciones, ciertamente.

—Cuando se quiere jugar a las fichas, ¿a quién conviene asociarse: a un hombre justo o a un jugador de profesión?

—A un jugador de profesión.

—Y para la colocación de ladrillos y piedras, ¿vale más dirigirse a un hombre justo que al arquitecto?

—Todo lo contrario.

—Mas, así como para aprender la música me dirigiré al músico con preferencia al hombre justo, ¿en qué caso me dirigiré más bien a éste que a aquél o al albañil?

—Cuando se trate de emplear dinero, me parece.

—Quizá no cuando sea preciso hacer uso de él; porque si quiero comprar o vender un caballo en unión con otro, me asociaré con preferencia a un chalán.

—Yo pienso lo mismo.

—Y con el piloto o el armador, si se trata de una nave.

—Sí.

—¿En qué, pues, me será el hombre justo particularmente útil cuando quiera yo dar con otro algún destino a mi dinero?

—Cuando se trate, Sócrates, de ponerlo en depósito y de conservarlo.

—Es decir, ¿cuándo no quiera hacer ningún uso de mi dinero, sino dejarlo ocioso?

—Sí, verdaderamente.

—De esa manera la justicia me será útil cuando mi dinero no me sirva para nada.

—Al parecer.

—Luego la justicia me servirá cuando sea preciso conservar una podadera en común o particularmente; pero si quiero servirme de ella, me dirigiré al viñador.

—En buena hora.

—Asimismo, me dirás que, si quiero guardar un broquel o una lira, la justicia me será buena para esto; pero que si quiero servirme de estos instrumentos, deberé cultivar la música o el arte militar.

—Forzosamente.

—Y, en general, trátese de la cosa que se quiera, la justicia me será inútil siempre que quiera servirme de esa cosa, y útil cuando no me sirva de ella.

—Quizá.

—Pero querido mío, la justicia no es de gran importancia si sólo es útil para las cosas de que no hacemos uso. Atiende a lo que te voy a decir. El que es el más diestro para dirigir golpes, sea en la guerra, sea en la lucha, ¿no lo es también para librarse de los que le dirijan?

—Sí.

—El que es hábil para preservarse de una enfermedad y prevenirla, ¿no es, al mismo tiempo, el más capaz de pasarla a otro?

—Eso creo.

—¿Quién es el más a propósito para guardar un campamento? ¿No lo es el que sabe robar los planes y los proyectos del enemigo?

—Sin duda.

—Por consiguiente, el mismo hombre que es a propósito para guardar una cosa, lo es también para robarla.

—Así parece.

—Luego, si el justo es a propósito para guardar el dinero, lo será también para disiparlo.

—Por lo menos, es una consecuencia de lo que acabamos de decir —dijo.

—Luego el hombre justo es un bribón. Esta idea pudiste tomarla de Homero, que alaba mucho a Autólico, abuelo materno de Ulises, y dice que superó a todos los hombres en el arte de robar y de engañar. Por consiguiente, según Homero, Simónides y tú, la justicia no es otra cosa que el arte de robar para hacer bien a los amigos y mal a los enemigos: ¿no es así como tú lo entiendes?

—No, ¡por Zeus!, no sé lo que he querido decir. Me parece, sin embargo, que la justicia consiste siempre en favorecer a sus amigos y dañar a sus enemigos.

—Pero ¿qué entiendes por amigos? ¿Son los que nos parecen hombres de bien o los que lo son en realidad, aun cuando no los juzguemos tales? Otro tanto digo de los enemigos.

—Me parece natural amar a los que se cree buenos, y aborrecer a los que se cree malos.

—¿No es frecuente que los hombres se engañen sobre este punto y tengan por hombre de bien al que lo es sólo en la apariencia o por un bribón al que es hombre de bien?

—Convengo en ello.

—Aquellos a quienes esto sucede, ¿tienen por enemigos hombres de bien, y por amigos hombres malos?

—Sí.

—Y así, respecto de ellos, la justicia consiste en hacer bien a los malos y mal a los buenos.

—Así parece.

—Pero los buenos, ¿son justos e incapaces de dañar a nadie?

—Así es.

—Es justo, por consiguiente, según dices, causar mal a los que no nos lo causan.

—Nada de eso, Sócrates, y es un crimen decirlo —respondió.

—Luego será preciso decir que es justo hacer daño a los injustos y hacer bien a los justos —dije yo.

—Eso es más conforme a la razón que lo que decíamos antes.

—De aquí resultará, Polemarco, que para todos aquellos que se engañan en los juicios que forman de los hombres será justo dañar a sus amigos, porque los mirarán como malos, y hacer bien a sus enemigos por la razón contraria: conclusión completamente opuesta a lo que supusimos que decía Simónides.

—La consecuencia es necesaria; pero alteremos algo la definición que hemos dado del amigo y del enemigo, porque no me parece exacta.

—¿Qué era lo que decíamos, Polemarco?

—Dijimos que nuestro amigo es el que nos parece hombre de bien.

—¿Qué alteración quieres hacer?

—Quisiera decir que nuestro amigo debe, a la vez, parecernos hombre de bien y serlo realmente, y que el que lo parece, sin serlo, sólo es nuestro amigo en apariencia. Lo mismo debe decirse de nuestro enemigo.

—En este concepto el verdadero amigo será el hombre de bien, y el malo el verdadero enemigo.

—Sí.

—¿Quieres, por consiguiente, que mudemos algo lo que dijimos tocante a la justicia, al decir que consistía en hacer bien al amigo y mal al enemigo, y que añadamos: que es justo hacer bien al amigo que sea bueno y mal al enemigo que sea malo?

—Sí, encuentro eso muy en su lugar.

—Pero ¿es posible —dije yo— que el hombre justo haga mal a otro hombre, cualquiera que él sea?

—Sin duda; debe hacerlo a los perversos y malvados.

—Cuando se maltrata a los caballos, ¿se hacen peores o mejores?

—Se hacen peores.

—Pero ¿se hacen tales en la virtud que es propia de esta especie de animales, o en la que es propia de los perros?

—En la propia de los caballos.

—Y así también los perros, cuando reciben daño, ¿se hacen peores respectos, no a la virtud de los caballos, sino a la de los perros?

—Por fuerza.

—¿No diremos, igualmente, que los hombres a quienes se causa mal se hacen peores en la virtud que es propia del hombre?

—Sin duda.

—¿No es la justicia la virtud propia del hombre?

—También esto es forzoso.

—Así, pues, mi querido amigo, necesariamente los hombres a quienes se causa mal se han de hacer más injustos.

—Eso parece.

—Pero ¿un músico puede, en virtud de su arte, hacer a alguno ignorante en la música?

—Eso es imposible.

—¿Un picador puede, mediante su arte, hacer de alguno un mal jinete?

—No, imposible.

—¿El hombre justo puede, mediante la justicia, hacer a un hombre injusto? ¿Y, en general, los buenos pueden por su virtud hacer a otros malos?

—Eso no puede ser.

—Porque el enfriamiento, pienso, no es efecto de lo caliente, sino de su contrario.

—Así es.

—Así como la humedad no es efecto de lo seco, sino de su contrario.

—Sin duda.

—El efecto de lo bueno no es tampoco el dañar; éste es el efecto de su contrario.

—Exacto.

—Pero ¿el hombre justo es bueno?

—Seguramente.

—Luego no es propio del hombre justo, Polemarco, el dañar ni a su amigo ni a ningún otro, sino que lo es de su contrario, es decir, del hombre injusto.

—Me parece, Sócrates, que tienes razón —repuso.

—Por consiguiente, si alguno dice que la justicia consiste en dar a cada uno lo que se le debe, y si por esto entiende que el hombre justo no debe más que mal a sus enemigos, así como bien a sus amigos, este lenguaje no es el propio de un sabio, porque no es conforme a la verdad, y nosotros acabamos de ver que nunca es justo hacer daño a otro.

—Estoy de acuerdo —dijo él.

—Y si alguno se atreve a sostener —dije— que semejante máxima es de Simónides, de Biante, de Pítaco o de cualquier otro sabio, tú y yo lo desmentiremos.

—Estoy dispuesto a ponerme de tu lado —contestó.

—¿Sabes de quién es esta máxima: que es justo hacer bien a sus amigos y mal a sus enemigos?

—¿De quién? —preguntó.

—Creo que es de Periandro, de Pérdicas, de Jerjes, de Ismenias el

Tebano o de cualquier otro rico y supuestamente poderoso.

—Dices verdad —apuntó.

—Sí —dije yo—, pero puesto que la justicia y lo justo no consisten en esto, ¿en qué consisten?

Durante nuestra conversación, Trasímaco había abierto muchas veces la boca, para interrumpirnos. Los que estaban sentados cerca de él se lo impidieron, porque querían oírnos hasta la conclusión; pero cuando nosotros cesamos de hablar, no pudo contenerse, y volviéndose de repente, se vino a nosotros como una bestia feroz para devorarnos. Polemarco y yo nos sentimos como aterrados. Y él, alzando la voz en medio de todos, dijo:

—Sócrates, ¿a qué viene toda esa palabrería? ¿A qué ese pueril cambio de mutuas concesiones? ¿Quieres saber sencillamente lo que es la justicia? No te limites a interrogar y a procurarte necia gloria de refutar las respuestas de los demás. No ignoras que es más fácil interrogar que responder. Respóndeme ahora tú. ¿Qué es la justicia? Y no me digas que es lo que conviene, lo que es útil, lo que es ventajoso, lo que es lucrativo, lo que es provechoso; responde neta y precisamente; porque yo no admitiré vaciedades como buenas respuestas.

Al oír estas palabras yo quedé como absorto. Le miraba temblando y creo que hubiera perdido el habla si él me hubiera mirado primero; pero yo había fijado en él mi vista en el momento en que estalló su cólera. De esta manera me consideré en estado de poderle responder, y le dije, no sin algún miedo:

—Trasímaco, no te irrites contra nosotros. Si Polemarco y yo hemos errado en nuestra conversación, vive persuadido de que ha sido contra nuestra intención. Si buscáramos oro, no nos cuidaríamos de engañarnos uno a otro, haciendo así imposible el descubrimiento; y ahora que nuestras indagaciones tienen un fin mucho más precioso que el oro, esto es, la justicia, ¿nos crees tan insensatos que gastemos el tiempo en engañarnos, en lugar de consagrarnos seriamente a descubrirla? Guárdate de pensar así, querido mío. No por eso dejo de conocer que esta indagación es superior a nuestras fuerzas. Y así, a vosotros todos, que sois hombres entendidos, debe inspiraros un sentimiento de compasión y no de indignación nuestra flaqueza.

—¡Por Heracles! —replicó Trasímaco con una risa sarcástica—; he aquí la ironía acostumbrada de Sócrates. Sabía bien que no responderías, y ya había prevenido a todos que apelarías a tus conocidas mañas y que harías cualquier cosa menos responder.

—Avisado eres, Trasímaco —le dije—; sabías muy bien que si preguntases a uno de qué se compone el número doce, añadiendo: «No me digas que es dos veces seis, tres veces cuatro, seis veces dos, o cuatro veces tres, porque no me contentaré con ninguna de estas vaciedades»; sabías, digo, que no podría responder a una pregunta hecha de esta manera. Pero si él te decía a su vez: «Trasímaco, ¿cómo explicas la prohibición que me impones de no dar ninguna de las respuestas que tú acabas de decir? ¿Y si la verdadera respuesta es una de ésas, quieres que diga otra cosa que la verdad? ¿Cómo entiendes tú esto?». ¿Qué podrías responderle?

—¿Tiene verdaderamente eso —dijo Trasímaco— algo que ver con lo que yo dije?

—Quizá. Pero aun cuando la cosa sea diferente, si aquel a quien se dirige la pregunta juzga que es semejante, ¿crees tú que no responderá según él piense, ya se lo prohibamos nosotros o ya dejemos de prohibírselo?

—¿Es esto lo que tú intentas hacer? ¿Vas a darme por respuesta una de las que te prohibí desde luego que me dieras? —preguntó.

—Bien examinado todo, no tendré por qué sorprenderme si lo hago así —dije.

—Y bien; si te hago ver —dijo él— que hay una respuesta tocante a la justicia mejor que ninguna de las precedentes, ¿a qué te condenas?

—A la pena —repuse— que merecen los ignorantes, es decir, a aprender de los que son más entendidos que ellos. Me someto con gusto a esta pena.

—En verdad que eres complaciente —dijo—. Pero además de la pena de aprender, me darás dinero.

—Sí, cuando lo tenga —dije.

—Nosotros lo tenemos —dijo Glaucón—. Si es el dinero lo que te detiene, habla, Trasímaco; todos nosotros pagaremos por Sócrates.

—Conozco vuestra intención —dijo él—. Queréis que Sócrates, según su costumbre, en lugar de responder, me interrogue y me haga caer en contradicciones.

—Pero de buena fe —dije yo—, ¿qué respuesta quieres que te dé quien, en primer lugar, no sabe ninguna ni la oculta? En segundo, un hombre nada despreciable ha prohibido todas las respuestas que podían darle. A ti te toca más bien decir lo que es la justicia, puesto que te alabas de saberlo. Y así, no te hagas rogar. Responde por amor a mí y no hagas desear a Glaucón y a todos los que están aquí la instrucción que de ti esperan.

En el momento de decir yo esto, Glaucón y todos los presentes le conjuraron para que se explicara. Sin embargo, Trasímaco se hacía el desdeñoso, aunque se conocía bien que ardía en deseos de hablar para conquistarse aplausos; porque estaba persuadido de que respondería cosas maravillosas. Al fin accedió.

—Tal es —dijo— el gran secreto de Sócrates; no quiere enseñar nada a los demás, mientras que va por todas partes mendigando la ciencia, sin tener que agradecerlo a nadie.

—Tienes razón, Trasímaco —repuse yo—, en decir que yo aprendo de los demás, pero no la tienes en añadir que no les esté agradecido. Les manifiesto mi reconocimiento en cuanto de mí depende, y les aplaudo, que es todo lo que puedo hacer, careciendo como carezco de dinero. Verás cómo te aplaudo con gusto en el momento que respondas, si lo que dices me parece bien dicho, porque estoy convencido de que tu respuesta será excelente.

—Pues bien, escucha. Digo que la justicia no es otra cosa que lo que es provechoso al más fuerte. ¡Y bien!, ¿por qué no aplaudes? Ya sabía yo que no lo habías de hacer.

—Espera, por lo menos —repliqué—, a que haya comprendido tu pensamiento, porque aún no lo entiendo. La justicia dices que es lo que es útil al más fuerte. ¿Qué entiendes por esto, Trasímaco? ¿Quieres decir que, porque el atleta Polidamante es más fuerte que nosotros, y es ventajoso para el sostenimiento de sus fuerzas comer carne de buey, sea igualmente provechoso para nosotros, que somos inferiores, comer la misma carne?

—Eres un burlón, Sócrates —dijo—, y sólo te propones dar un giro torcido a lo que se dice.

—¿Yo? Nada de eso —repuse—; pero por favor, explícate más claramente.

—¿No sabes que los diferentes Estados son tiránicos, democráticos o aristocráticos?

—Lo sé.

—El gobierno de cada Estado, ¿no es el que tiene la fuerza?

—Sin duda.

—¿No hace leyes cada uno de ellos en ventaja suya, el gobierno del pueblo leyes populares, la tiranía leyes tiránicas y así los demás? Una vez hechas estas leyes, ¿no declaran que la justicia para los gobernados consiste en lo conveniente para ellos? ¿No se castiga a los que las traspasan como culpables de una acción injusta? Aquí tienes mi pensamiento. En cada Estado la justicia no es más que la conveniencia del que tiene la autoridad en sus manos y, por consiguiente, del más fuerte. De donde se sigue, para todo hombre que sabe discurrir, que la justicia y lo que es conveniente al más fuerte en todas partes y siempre es una misma cosa.

—Comprendo ahora lo que quieres decir —dije yo—; pero ¿eso es cierto? Examinémoslo. Defines la justicia como lo que es conveniente, a pesar de que me habías a mí prohibido definirla de esa manera. Es cierto que añades: al más fuerte.

—¿Eso no es nada? —dijo.

—Yo no sé aún si es una gran cosa; lo que sé es que preciso ver si lo que dices es verdad. Convengo contigo en que la justicia es una cosa provechosa; pero añades que lo es sólo para el más fuerte. He aquí lo que yo ignoro, y lo que es preciso examinar.

—Examínalo, pues —dijo.

—Desde luego —repliqué—. Respóndeme: ¿no dices que la justicia consiste en obedecer a los que gobiernan?

—Sí.

—Pero los que gobiernan en los diferentes Estados, ¿pueden engañarse o no?

—Pueden engañarse —dijo.

—Luego cuando hacen las leyes unas estarán bien hechas y otras mal hechas.

—Así lo creo.

—Es decir, que hacerlas bien será hacerlas convenientes para ellos y hacerlas mal, inconvenientes. O ¿cómo lo concibes?

—Así.

—Sin embargo, los súbditos deben obedecerlas, y en esto consiste la justicia, ¿no es así?

—Sin duda.

—Luego es justo, en tu opinión, hacer, no sólo lo que es conveniente, sino también lo que es inconveniente para el más fuerte.

—¿Qué es lo que dices? —preguntó.

—Lo mismo que tú, creo. Pero pongamos la cosa más en claro. ¿No estás conforme en que los que gobiernan se engañan algunas veces sobre sus intereses al dar las leyes que imponen a sus súbditos y que es justo que éstos hagan sin distinción todo lo que se les ordena y manda? ¿No estábamos de acuerdo en eso?

—Así lo creo —dijo.

—Cree también, por consiguiente, que sosteniendo tú que es justo que los súbditos hagan todo lo que se les manda, tienes que convenir en que la justicia consiste en hacer lo que es inconveniente para los que gobiernan, es decir, para los más fuertes, en el caso en que, aunque sin quererlo, manden cosas contrarias a sus intereses. De aquí, ¿no debe concluirse, sapientísimo Trasímaco, que es justo hacer todo lo contrario de lo que decías al principio? Puesto que en este caso lo que se ordena y manda al más débil es inconveniente para el más fuerte.

—Sí, por Zeus; eso es evidente, Sócrates —dijo Polemarco.

—Sin duda —repuso Clitofonte—, puesto que tú lo atestiguas.

—¡Ah!, ¿qué necesidad tiene de testigos? El propio Trasímaco conviene en que los que gobiernan mandan algunas veces cosas contrarias a sus intereses, y que es justo, hasta en este caso, que los súbditos obedezcan.

—Trasímaco ha dicho sólo que era justo que los súbditos hiciesen lo que se les ordenaba, Polemarco.

—Pero también, Clitofonte, que la justicia es lo que es conveniente para el más fuerte. Habiendo sentado estos dos principios, convino en seguida en que los más fuertes hacen algunas veces leyes contrarias a sus intereses para que las ejecuten los inferiores por ellos gobernados. Y hechas estas concesiones, se sigue que la justicia es lo mismo lo que es conveniente que lo que es inconveniente para el más fuerte.

—Pero por conveniencia del más fuerte —dijo Clitofonte—, ha entendido lo que el más fuerte cree serle conveniente, y esto es, en su opinión, lo que el inferior debe practicar, y en lo que consiste la justicia.

—Trasímaco no se ha explicado de ese modo —dijo Polemarco.

—No importa, Polemarco —repliqué yo—; si Trasímaco hace suya esta explicación, nosotros la admitiremos.

Dime, pues, Trasímaco: ¿entiendes así la definición que has dado de la justicia?

¿Quieres decir que la justicia es lo que el más fuerte estima su conveniencia tanto si le conviene como si no? ¿Diremos que ésas fueron tus palabras?

—¿Yo? Nada de eso —dijo—. ¿Crees que llame yo más fuerte al que se engaña en tanto que se engaña?

—Yo —dije— creía que esto era lo que decías cuando confesabas que los que gobiernan no son infalibles, y que se engañan algunas veces.

—Eres un sicofanta, Sócrates, en la argumentación —contestó—. ¿Llamas médico al que se equivoca respecto a los enfermos en tanto que se equivoca, o calculador al que se equivoca en un cálculo en tanto que se equivoca? Es cierto que se dice: el médico, el calculador, el gramático se han engañado, pero ninguno de ellos se engaña nunca en tanto que él es lo que decimos que es. Y hablando rigurosamente, puesto que es preciso hacerlo contigo: ningún profesional se engaña, porque no se engaña sino en tanto que su saber lo abandona, y entonces ya no es profesional. Así sucede con el sabio y con el hombre que gobierna, aunque en el lenguaje ordinario se diga: el médico se ha engañado, el gobernante se ha engañado. Aquí tienes mi respuesta precisa. El que gobierna, considerado como tal, no puede engañarse; lo que ordena es siempre lo más ventajoso para él, y eso mismo es lo que debe ejecutar el que a él está sometido. Por lo tanto, es una verdad, como dije al principio, que la justicia consiste en lo que es conveniente para el más fuerte.

—¿Soy un sicofanta en tu opinión? —dije yo.

—Sí, lo eres —dijo.

—¿Crees que he intentado tenderte lazos en la argumentación valiéndome de preguntas capciosas?

—Lo he visto claramente —dijo—, pero no por eso adelantarás nada, porque no se me oculta tu mala fe, y por lo mismo no podrás abusar de mí en la disputa.

—Ni quiero intentarlo, bendito —repliqué yo—; mas para que en lo sucesivo no ocurra cosa semejante, dime si deben entenderse según el uso ordinario o con la más refinada precisión, según decías, estas expresiones: el que gobierna, el más fuerte, aquel cuya conveniencia es, como decías, la regla de lo justo respecto del inferior.

—Al que gobierna es preciso tomarlo en sentido riguroso —dijo—. Ahora pon en obra todos tus artificios para refutarme; no quiero que me des cuartel; pero no lo lograrás.

—¿Me crees tan insensato —dije—, que intente engañar a Trasímaco?

—Has intentado hacerlo, pero te ha salido mal la cuenta —contestó.

—Dejemos esto y respóndeme —dije yo—. El médico, tomado en sentido riguroso, tal como decías hace un momento, ¿es el hombre que intenta enriquecerse o se propone curar a los enfermos?

—Curar a los enfermos —dijo.

—Y el piloto, hablo del verdadero piloto, ¿es marinero o jefe de los marineros?

—Es su jefe.

—Poco importa, creo, que esté con ellos en la misma nave; no por esto se le ha de llamar marinero, porque no lo llamamos piloto por ir embarcado, sino a causa de su arte y de la autoridad que tiene sobre los marineros.

—Es cierto —dijo.

—¿No tiene cada uno su propia conveniencia?

—Sin duda.

—Y el objeto del arte —dije yo—, ¿no es el buscar y procurarse esta conveniencia?

—Ése es su objeto —dijo.

—Pero un arte cualquiera, ¿tiene otro interés que su propia perfección?

—¿Qué quieres decir?

—Si me preguntases si bastaba al cuerpo ser cuerpo —dije—, o si le falta aún alguna cosa, te respondería que sí, y que por faltarle se ha inventado el arte de la medicina, porque el cuerpo es imperfecto y no le basta ser lo que es. Y la medicina ha sido inventada para procurar al cuerpo lo que le conviene. ¿Tengo o no razón? — pregunté.

—La tienes.

—Te pregunto, en igual forma, si la medicina o cualquier otra arte está sometido a alguna imperfección y si tiene necesidad de alguna otra facultad, como los ojos necesitan de la vista y las orejas del oído, y tienen necesidad de un arte que examine y provea a lo que les es útil. ¿Está cada arte igualmente sujeta a algún defecto, y tiene necesidad de otra arte que vigile por su interés, y la que vigila, de otra semejante y así hasta el infinito? ¿O bien, cada arte provee por sí misma a su propia conveniencia? O más bien, ¿no necesita ni de sí misma ni del auxilio de ninguna otra para examinar lo conveniente a su propia imperfección, estando por su naturaleza exenta de todo defecto y de toda imperfección, de suerte que no tiene otra mira que la conveniencia del objeto a que está consagrada, mientras que ella subsiste siempre entera, sana y perfecta durante todo el tiempo que conserva su esencia? Examina con todo el rigor convenido cuál de estas dos opiniones es la más verdadera.

—La última parece serlo —dijo.

—La medicina no piensa, pues, en su conveniencia, sino en la del cuerpo —dije.

—Así es —dijo.

—Sucede lo mismo con la equitación, que no se interesa por sí misma, sino por los caballos; y lo mismo otras artes, que no teniendo necesidad de nada para ellas mismas, se ocupan únicamente de la ventaja del objeto sobre que se ejercitan.

—Así parece —dijo.

—Pero, Trasímaco, las artes gobiernan y dominan aquello sobre lo que se ejercen. Dificultad tuvo para concederme este punto.

—No hay, pues, disciplina que examine ni ordene lo que es conveniente para el más fuerte, sino el interés del inferior objeto sobre que se ejercita.

Al pronto quiso negarlo, pero al fin se vio obligado a admitir este punto como el anterior; y una vez admitido, dije yo:

—Por lo tanto, el médico como médico no se propone ni ordena lo que es una ventaja para él, sino lo que es ventajoso para el enfermo, porque estamos conformes en que el médico como médico gobierna el cuerpo, y no es mercenario; ¿no es cierto?

Convino en ello.

—Y que el verdadero piloto no es marinero, sino jefe de los marineros. Lo concedió también.

—Semejante piloto, pues, no ordenará ni se propondrá como fin su propia ventaja, sino la del marinero subordinado.

Lo confesó, aunque con dificultad.

—Por consiguiente, Trasímaco —dije yo—, todo hombre que gobierna, considerado como tal, y cualquiera que sea la naturaleza de su autoridad, jamás examina ni ordena lo conveniente para él sino para el gobernado y sujeto a su arte. A este punto es al que se dirige, y para procurarle lo que le es conveniente y ventajoso dice todo lo que dice y hace todo lo que hace.

Llegados aquí, y viendo todos los presentes claramente que la definición de la justicia era diametralmente opuesta a la de Trasímaco, éste, en lugar de responder, exclamó:

—Dime, Sócrates, ¿tienes nodriza?

—¿A qué viene eso? —dije yo—. ¿No sería mejor que respondieras en vez de hacer semejantes preguntas?

—Lo digo —replicó— porque te deja mocoso y sin haberte sonado. Tienes verdaderamente necesidad de ello, cuando no sabes siquiera lo que son ovejas y lo que es un pastor.

—¿Por qué razón? —dije yo.

—Porque crees que los pastores o vaqueros piensan en el bien de sus ovejas y vacas, y que las engordan y las cuidan teniendo en cuenta otra cosa que su interés o el de sus amos. También te imaginas que los que gobiernan —entiendo siempre los que gobiernan verdaderamente— tienen respecto de sus súbditos otra idea que la que tiene cualquiera respecto a las ovejas que cuida, y que día y noche se ocupan de otra cosa que de su provecho personal. Estás tan adelantado acerca de lo justo y de lo injusto, que ignoras que la justicia es en realidad un bien ajeno, conveniencia del poderoso que manda, y daño para el súbdito, que obedece; que la injusticia es lo contrario, y ejerce su imperio sobre las personas justas, que por sencillez ceden en todo ante el interés del más fuerte, y sólo se ocupan en cuidar los intereses de éste abandonando a los suyos. He aquí, hombre inocente, cómo es preciso tomar las cosas. El hombre justo siempre lleva la peor parte cuando se encuentra con el hombre injusto. Por lo pronto, en las transacciones y negocios particulares hallarás siempre que el injusto gana en el trato y que el hombre justo pierde. En los negocios públicos, si las necesidades del Estado exigen algunas contribuciones, el justo con fortuna igual suministrará más que el injusto. Si, por el contrario, hay algo en que se gane, el provecho todo es para el hombre injusto. En la administración del Estado, el primero, porque es justo, en lugar de enriquecerse a expensas del Estado, dejará que se pierdan sus negocios domésticos a causa del abandono en que los tendrá. Y aun se dará por contento si no le sucede algo peor. Además, se hará odioso a sus amigos y parientes, porque no querrá hacer por ellos nada que no sea justo. El injusto alcanzará una suerte enteramente contraria, porque teniendo, como se ha dicho, un gran poder, se vale de él para dominar constantemente a los demás. Es preciso fijarse en un hombre de estas condiciones para comprender cuánto más ventajosa es la injusticia que la justicia. Conocerás mejor esto si consideras la injusticia en su más alto grado, cuando tiene por resultado hacer muy dichoso al que la comete y muy desgraciados a los que son sus víctimas, que no quieren volver injusticia por injusticia. Hablo de la tiranía, que se vale del fraude y de la violencia con ánimo de apoderarse, no poco a poco y como en detalle de los bienes de otro, sino echándose de un solo golpe, y sin respetar lo sagrado ni lo profano, sobre las fortunas particulares y la del Estado. Los delincuentes comunes, cuando son cogidos in fraganti, son castigados con el último suplicio y se les denuesta con las calificaciones más odiosas. Según la naturaleza de la injusticia que han cometido, se les llama sacrílegos, secuestradores, butroneros, estafadores o ladrones; pero si se trata de uno que se ha hecho dueño de los bienes y de las personas de sus conciudadanos, en lugar de darle estos epítetos detestables, se le mira como el hombre más feliz, lo mismo por lo que él ha reducido a la esclavitud, que por los que tienen conocimiento de su crimen; porque si se habla mal de la injusticia, no es porque se tema cometerla, sino porque se teme ser víctima de ella. Tan cierto es, Sócrates, que la injusticia, cuando se la lleva hasta cierto punto, es más fuerte, más libre, más poderosa que la justicia, y que, como dije al principio, la justicia es la conveniencia del más fuerte, y la injusticia es por sí misma útil y provechosa.

Trasímaco, después de habernos, a manera de un bañero, inundado los oídos con este largo y terrible discurso, se levantó con ademán de marcharse; pero los demás le contuvieron y le comprometieron a que diera razón de lo que acababa de decir. Yo también se lo suplicaba con instancia y le decía:

—Pues, ¿qué, divino Trasímaco, puedes imaginarte salir de aquí después de lanzarnos un discurso semejante? ¿No es indispensable que antes aprendamos nosotros de ti, o que tú mismo veas si las cosas pasan como tú dices? ¿Crees que es de tan poca importancia el punto que nos ocupa? ¿No se trata de decidir la regla de conducta que cada uno debe seguir para gozar durante la vida la mayor felicidad posible?

—¿Quién os ha dicho que yo piense de otra manera? —dijo Trasímaco.

—Parece —dije yo— que te merecemos poca consideración, y que te importa poco que vivamos dichosos o no; todo por ignorar lo que tú pretendes saber. Instrúyenos, por favor, y no perderás el beneficio que nos hagas, siendo tantos como somos. En cuanto a mí, declaro que no pienso como tú y que no podré persuadirme jamás de que sea más ventajosa la injusticia que la justicia, aunque tenga todo el poder del mundo para obrar impunemente. Dejemos, amigo, que el injusto tenga el poder de hacer el mal, sea por fuerza o sea por astucia: nunca creeré que su condición sea más ventajosa que la del hombre justo. No soy seguramente el único de los presentes que piensa así. Pruébanos, por lo tanto, de una manera decisiva que estamos en un error al preferir la justicia a la injusticia.

—¿Y cómo quieres que yo lo pruebe? —dijo—. Si lo que he dicho no te ha convencido, ¿qué más puedo decir en tu obsequio? ¿Es preciso que yo haga que mis razones entren por fuerza en tu espíritu?

—¡No, por Zeus! Pero por lo pronto, sostente en lo que has dicho, o si mudas algo, hazlo con franqueza y no trates de sorprendernos, porque volviendo a lo que se dijo antes, ya ves, Trasímaco, que después de haber definido el médico con la mayor precisión, tú no te has creído en el deber de definir con la misma exactitud el verdadero pastor. Nos has dicho que el pastor, como pastor, no tiene cuidado de su ganado por el ganado mismo, sino como un glotón dispuesto al banquete, para su propio regalo o para venderlo como mercader, no como pastor. Pero esto es contrario a su profesión de pastor, cuyo único fin es procurar el bien del ganado que le ha sido confiado; porque en tanto que esta profesión conserve su esencia, es perfecta en su género, y para esto tiene todo lo que necesita. Por la misma razón creía yo que no podíamos menos de convenir en que toda administración, sea pública o privada, debe ocuparse únicamente del bien de la cosa que ha tomado a su cargo. ¿Crees, en efecto, que los que gobiernan los Estados —entiendo los que merecen ese título— estén muy contentos mandando?

—Por Zeus que no lo creo, sino que estoy seguro de ello.

—¿Cómo? —contesté yo—. ¿No has observado, Trasímaco, respecto a los otros cargos públicos, que nadie quiere ejercerlos por lo que ellos son, sino que se exige un salario por entender que por su naturaleza sólo son útiles a aquellos sobre los que se ejercen? Y dime, te lo suplico, ¿no se distinguen unas de otras las artes por sus diferentes efectos? Y no contestes, bendito mío, contra tu opinión, a fin de que adelantemos algo.

—Eso es distinto —dijo.

—Cada una de ellas procura a los hombres una utilidad que le es propia, no común a otras; la medicina, la salud; el pilotaje, la seguridad en la navegación, y así todas las demás. ¿No es así?

—Sin duda.

—Y la ventaja que procura el arte del mercenario, ¿no es el salario? Éste es el efecto propio de este arte. ¿Confundes la medicina con el pilotaje? O si quieres continuar hablando en términos precisos, como hiciste al principio, ¿dirás que el pilotaje y la medicina son la misma cosa porque un piloto recobre la salud, ejerciendo su arte, a causa de lo saludable que es el navegar?

—No, por cierto —dijo.

—Tampoco dirás que el arte del mercenario y el del médico son la misma cosa porque ocurra que el mercenario goce de salud ejerciendo su arte.

—Tampoco.

—¿Y la profesión del médico será la misma que la del mercenario porque el médico exija alguna recompensa por la cura de los enfermos?

Lo negó.

—¿No hemos reconocido que cada arte tiene su utilidad particular?

—Sí —dijo.

—Si existe una utilidad común a todos los practicantes de un arte, es evidente que sólo puede proceder de algo idéntico que todos ellos añaden al arte que ejercen.

—Seguramente es así —repuso.

—Digamos, pues, que el salario que reciben los artistas lo adquieren en calidad de mercenarios.

Convino en ello a duras penas.

—Por consiguiente, no es su arte el que da origen a este salario, sino que, hablando con exactitud, es preciso decir que el objeto de la medicina es dar la salud, y el del mercenariado, rendir un salario, y el de la arquitectura, construir casas; y si el arquitecto recibe un salario, es porque además es mercenario. Lo mismo sucede en las demás artes. Cada una de ellas produce su efecto propio, siempre en ventaja del objeto a que se aplica. En efecto, ¿qué provecho sacaría un artista de su arte si lo ejerciese gratuitamente?

—Ninguno, parece —dijo.

—¿Su arte dejaría de aprovecharle si trabajara gratis?

—Creo que sí le aprovecharía.

—Así, pues, Trasímaco es evidente que ningún arte, ninguna autoridad consulta su propio interés sino, como ya hemos dicho, el interés de su objeto; es decir, del más débil y no del más fuerte. Ésta es la razón que he tenido, Trasímaco, para decir que nadie quiere gobernar ni curar los males de otro gratuitamente, sino que exige una recompensa; porque si alguno quiere ejercer su arte como es debido, no trabaja para sí mismo, sino en provecho del gobernado. Por esto, para comprometer a los hombres a que ejerzan el mando, ha sido preciso proponerles alguna recompensa, como dinero, honores o un castigo si rehúsan aceptarlo.

—¿Cómo entiendes eso, Sócrates? —dijo Glaucón—. Yo conozco bien las dos especies primeras de recompensas, pero no ese castigo, cuya exención propones como una tercera clase de recompensa.

—No conoces entonces la propia de los sabios, la que les decide a tomar parte en los negocios públicos. ¿No sabes que ser interesado o ambicioso es cosa vergonzosa y que por tal se tiene?

—Lo sé —dijo.

—Por eso —dije yo— los sabios no quieren tomar parte en los negocios con ánimo de enriquecerse ni de tener honores, porque temerían que se les mirara como mercenarios si exigían manifiestamente algún salario por el mando, o como ladrones si convertían los fondos públicos en su provecho. Tampoco tienen en cuenta los honores, porque no son ambiciosos. Es preciso, pues, que se les obligue a tomar parte en el gobierno so pena de algún castigo. Y por esta razón se mira como cosa poco delicada el encargarse voluntariamente de la administración pública sin verse comprometido a ello. Porque el mayor castigo para el hombre de bien, cuando rehúsa gobernar a los demás, es el verse gobernado por otro menos digno; y este temor es el que obliga a los sabios a encargarse del gobierno, no por su interés ni por su gusto, sino por verse precisados a ello a falta de otros, tanto o más dignos de gobernar; de suerte que, si se encontrase un Estado compuesto únicamente de hombres de bien, se solicitaría el alejamiento de los cargos públicos con el mismo calor con que hoy se solicitan éstos; se vería claramente en un Estado de este género que el verdadero magistrado no mira su propio interés, sino el de sus administrados; y cada ciudadano, convencido de esta verdad, preferiría ser feliz mediante los cuidados de otro, a trabajar por la felicidad de los demás. No concedo, pues, a Trasímaco que la justicia sea el interés del más fuerte, pero ya examinaremos este punto en otra ocasión. Lo que ha añadido, tocante a la condición del hombre malo, la cual, según él, es más dichosa que la del hombre justo, es punto de mayor importancia aún. Tú, Glaucón, ¿tienes esa misma opinión? Entre estas dos afirmaciones, ¿cuál te parece más verdadera?

—La condición del hombre justo es más ventajosa —dijo Glaucón.

—¿Has oído —pregunté yo— la enumeración que Trasímaco acaba de hacer de los bienes afectos a la condición del hombre injusto?

—Sí, pero yo no los creo —contestó.

—¿Quieres que busquemos, si podemos, algún medio de probarle que se engaña?

—¿Cómo no he de quererlo? —repuso.

—Si oponemos —dije yo— al largo discurso que acaba de pronunciar otro discurso también largo en favor de la justicia, y luego otro él y otro nosotros, será preciso contar y pesar las ventajas de una y otra parte, y además serían necesarios jueces para pronunciar el fallo;

mientras que, tratando el punto amistosamente, hasta convenir en lo que nos parezca verdadero o falso, como antes hicimos, seremos a la vez jueces y abogados.

—Es cierto —dijo.

—¿Cuál de estos dos métodos te agrada más? —dije yo.

—El segundo —contestó.

—Pues bien, respóndeme de nuevo, Trasímaco —dije yo—. ¿Pretendes que la completa injusticia es más ventajosa que la justicia perfecta?

—Lo afirmo de plano —dijo Trasímaco—, y ya he dado mis razones.

—Muy bien; pero ¿qué piensas de estas dos cosas? ¿No das a la una el nombre de virtud y a la otra el de vicio?

—Sin duda.

—¿Das probablemente el nombre de virtud a la justicia y el de vicio a la injusticia?

—Eso parece, querido —exclamó—, puesto que yo pretendo que la injusticia es útil y que la justicia no lo es.

—¿Qué es lo que dices, pues?

—Todo lo contrario —replicó.

—¡Qué! ¿La justicia es un vicio?

—No; es una generosa candidez.

—¿Luego la injusticia es una maldad?

—No; es discreción —respondió.

—¿Luego los hombres injustos son buenos y sabios a tu parecer?

—Por lo menos —dijo— los que lo son en sumo grado, y que son bastante fuertes para someter a las ciudades y a los pueblos. Quizá crees que quiero hablar de los rateros. No es porque este oficio no tenga también sus ventajas, mientras cuente con la impunidad; pero estas ventajas no son nada cotejadas con las que acabo de mencionar

—Concibo muy bien tu pensamiento —dije—; pero lo que me sorprende es que das a la injusticia los nombres de virtud y de sabiduría, y a la justicia nombres contrarios.

—Pues eso es lo que pretendo.

—Eso es bien duro, amigo, y ya no sé qué camino tomar para refutarte —dije yo—. Si dijeses sencillamente, como otros, que la injusticia, aunque útil, es una cosa vergonzosa y mala en sí, podría responderte lo que de ordinario se responde. Pero toda vez que llegas hasta el punto de llamarla virtud y sabiduría, no dudarás en atribuirle la fuerza, la belleza y todos lo demás títulos que se atribuyen comúnmente a la justicia.

—No es posible adivinar mejor.

—Pero mientras tenga motivos para creer que hablas seriamente, no me es dado renunciar a este examen, porque se me figura, Trasímaco, que esto no es una burla tuya, sino que piensas realmente lo que dices.

—¿Qué te importa —replicó— que sea así o no? ¿No refutas mi argumento?

—Poco me importa, en efecto —dije yo—; pero permíteme hacerte aún otra pregunta. ¿El hombre justo querría tener en algo ventaja sobre el hombre injusto?

—No, verdaderamente; de otra manera —dijo— no sería ni tan encantador ni tan cándido como es.

—Pero ¿qué? ¿Ni siquiera con respecto a una acción justa?

—Ni con respecto a ella —replicó.

—¿No querría, por lo menos, sobrepujar al hombre injusto, y no creería poderlo hacer justamente?

—Lo creería y lo querría, pero sus esfuerzos serían inútiles —repuso.

—No es eso lo que quiero saber —dije—. Yo te pregunto solamente esto: si el justo tendrá la pretensión y la voluntad de tener ventaja, no sobre otro justo, sino solamente sobre el hombre injusto.

—Sí, tiene esta última pretensión —dijo.

—¿Y el injusto querría aventajar al justo y a la acción justa?

—¿Cómo no —dijo—, puesto que quiere prevalecer sobre todo el mundo?

—¿Querrá, por consiguiente, el injusto tener ventaja sobre el hombre y la acción injustos y se esforzará para tenerla sobre todos?

—Eso es.

—Por consiguiente, digamos —proseguí— que el justo no quiere tener ventaja sobre su semejante, sino sobre su contrario, mientras que el hombre injusto quiere tenerla sobre uno y sobre otro.

—Eso está muy bien dicho —asintió.

—¿Y no es el injusto inteligente y bueno —pregunté—, y el justo ni lo uno ni lo otro?

—También es exacto —contestó.

—¿El hombre injusto se parece, por consiguiente —dije—, al hombre inteligente y bueno, y el justo no se parece a éste?

—¿Cómo no ha de parecerse el que es de tal o de cual manera a los que son lo que él es, y el que no es tal, no parecerse?

—Muy bien, ¿cada uno de ellos es, por lo tanto, tal como aquellos a quienes se parece?

—¿Cómo podría ser de otra manera? —dijo.

—Trasímaco, ¿no dices de un hombre que es músico y de otro que es no-músico?

—Sí.

—¿A cuál de los dos llamas inteligente y a cuál no?

—Al músico lo llamo inteligente; al otro no.

—¿Y al uno, como inteligente, bueno; al otro malo por la razón contraria?

—Sí.

—¿No sucede lo mismo respecto del médico?

—Sí.

—¿Crees tú, hombre excelente, que un músico que arregla su lira, querrá, al aflojar o estirar las cuerdas de su instrumento, sobrepujar a otro músico?

—No me parece.

—¿Y al no-músico?

—A ése, por fuerza.

—Y el médico, en la prescripción de la comida y de la bebida, ¿querría llevar ventaja a otro médico o al arte mismo que profesa?

—No, sin duda.

—¿Y al que no es médico?

—Sí.

—Mira, pues, con respecto a cualquier saber e ignorancia, si te parece que el entendido querrá aventajar en lo que dice y en lo que hace a otro versado en el mismo saber, o si sólo aspira a hacer lo mismo en las mismas ocasiones.

—Podrá suceder que así sea —dijo.

—¿El ignorante no quiere, por el contrario, tener ventajas sobre el entendido y sobre el ignorante?

—Probablemente.

—Pero ¿el entendido es sabio?

—Sí.

—¿Y el sabio es bueno?

—Sí.

—Por lo tanto, el que es bueno y sabio no quiere tener ventaja sobre su semejante, sino sobre su contrario.

—Así parece —dijo.

—Mientras que el que es malo e ignorante quiere tener ventajas sobre el uno y sobre el otro.

—Es cierto.

—¿No nos ha parecido, Trasímaco —dije yo—, que el injusto quiere tener ventaja sobre su semejante y sobre su desemejante? ¿No era eso lo que decías?

—Lo he dicho —reconoció.

—¿Y que el justo no quiere tener ventaja sobre su semejante, y sí sólo sobre su desemejante?

—Sí.

—Se parecen, pues, el justo al hombre sabio y bueno —dije—, y el injusto al que es malo e ignorante.

—Puede suceder.

—Pero hemos convenido en que ambos son como aquellos a quienes se parecen.

—Sí, hemos convenido en eso.

—Luego es evidente que el justo es bueno y sabio, y el injusto ignorante y malo.

Trasímaco convino en todo esto, aunque no con tanta facilidad como yo lo refiero, pues le arranqué estas confesiones con un trabajo infinito. Sudaba en grande, con tanto más motivo cuanto que era verano, y entonces vi que por primera vez Trasímaco se ruborizaba. Pero cuando estuvimos de acuerdo en que la justicia es virtud y sabiduría, y la injusticia vicio e ignorancia, le dije:

—Demos este punto por decidido. Pero además hemos dicho que la injusticia es fuerte; ¿te acuerdas, Trasímaco?

—Me acuerdo —contestó—; pero no estoy satisfecho de lo que acabas de decir, y se me ocurre algo con que responderte. Pero sé muy bien que, sólo con que abra la boca, ya dirás que hago una arenga. Déjame, por lo tanto, la libertad de hablar, o si quieres interrogarme, hazlo; te responderé «sí», y aprobaré o desaprobaré con signos de cabeza, como se hace en los cuentos de viejas.

—Pero te conjuro —dije yo— a que no digas nada contrario a lo que piensas.

—Puesto que no quieres que hable como es de mi gusto, diré lo que sea del tuyo —contestó—, ¿quieres más?

—Nada, por Zeus, sino que, si has de hacerlo así, así lo hagas. Voy a interrogarte.

—Interroga, pues.

—Te pregunto, pues, tomando el hilo de nuestra discusión, qué es la justicia comparada con la injusticia. Me parece que has dicho que ésta era más fuerte y más poderosa que la justicia; pero si la justicia es sabiduría y virtud, me será fácil demostrar que es más fuerte que la injusticia, y no puede haber nadie que no convenga en ello, puesto que la injusticia es ignorancia. Pero sin detenerme en esta prueba tan fácil, Trasímaco, he aquí otra. ¿No hay Estados que llevan la injusticia hasta atentar contra la libertad de otros Estados y someter muchos a la esclavitud?

—Sin duda los hay —dijo—. Pero eso sucede en un Estado muy bien gobernado y que sabe ser injusto hasta el más alto grado.

—Sé que eso es lo que piensas —dije—. Lo que quería saber yo es si un Estado que se hace dueño de otro Estado puede llevar a cabo esta empresa sin emplear la justicia, o si se verá precisado a valerse de ella.

—Si la justicia es sabiduría, como decías antes —respondió—, será preciso que este Estado acuda a ella; pero si las cosas pasan como yo he dicho, empleará la injusticia.

—Te agradezco, Trasímaco, que me respondas explícitamente y no sólo por signos de cabeza —dije yo.

—Lo hago para complacerte —contestó.

—Lo agradezco, pero hazme el favor de decirme si un Estado, un ejército o una cuadrilla de bandidos y ladrones, o cualquiera otra sociedad de este género, podrían triunfar en sus empresas injustas si los miembros que la componen actuasen, los unos respecto de los otros, con injusticia.

—No podrían —dijo él.

—Y si no se hicieran injusticia, ¿no les iría mejor? —Desde luego.

—¿No sería porque la injusticia da origen a sediciones, odios y combates entre unos y otros, al paso que la justicia mantiene entre los mismos la paz y la concordia?

—Lo concedo, para no disputar contigo —dijo él.

—Haces bien, hombre excelente; pero dime: si es propio de la injusticia el engendrar odios y disensiones en todas partes donde se encuentra, ¿no producirá indudablemente el mismo efecto entre hombres, sean libres o esclavos, y no les hará impotentes para emprender cosa alguna en común?

—Desde luego.

—Y si se encuentra en dos hombres, ¿no estarán éstos siempre en discusión y en guerra? ¿No se aborrecerán mutuamente tanto cuanto aborrecen a los justos?

—Así será —dijo.

—Y ¿qué, hombre admirable? Cuando se encuentre en un solo hombre, ¿perderá la injusticia su propiedad, o bien la conservará?

—En buena hora la conserve —dijo.

—Es tal, pues, el poder de la injusticia, ya se encuentre en un Estado o familia, ya en un ejército o en cualquier otro lugar que, en primer lugar, lo hace absolutamente impotente para emprender nada a causa de las querellas y sediciones que provoca; y, en segundo lugar, lo hace enemigo de sí mismo y de todo lo que es a ello contrario, es decir, del hombre de bien. ¿No es esto verdad?

—Totalmente.

—Aun cuando no se encuentre más que en un hombre solo, producirá sus efectos naturales, le pondrá, por lo pronto, en la imposibilidad de obrar a causa de las sediciones que excitará y por la oposición continua en que lo pondrá consigo mismo; y será después su propio enemigo y el de todos los justos. ¿No es así?

—Sí.

—Pero los dioses, amigo, ¿no son también justos?

—Sea —dijo.

—Luego el injusto será enemigo de los dioses, Trasímaco, y el justo será su amigo.

—Disfruta tranquilamente —dijo— de tu argumentación; no me opondré a ella, a trueque de no tener que enredarme con los que nos escuchan.

—Lleva pues tu complacencia hasta el fin —dije yo— y continúa respondiéndome como hasta ahora. Acabamos de ver que los hombres de bien son mejores, más sabios y más capaces de actuar; mientras que los injustos no pueden emprender nada en unión de otros, y cuando hemos supuesto que la injusticia no les impedía ejecutar en común algún designio, esta suposición no descansaba en la verdad, porque si fueran totalmente injustos emplearían mutuamente la injusticia los unos contra los otros. Es evidente que conservan entre ellos un resto de justicia que les impide dañarse unos a otros, al mismo tiempo que causan daño a los demás, y que mediante la justicia es como llevan a cabo sus empresas. A la verdad, la injusticia es la que les hace idear empresas criminales; pero sólo son malos a medias, porque los que son injustos a toda prueba están también en una imposibilidad absoluta de obrar. Así pasan las cosas y no como dijiste tú al principio. Nos resta examinar si la condición del justo es mejor y más dichosa que la del injusto. Tengo motivos para creerlo, conforme a lo que queda dicho. Pero examinemos esta cuestión más a fondo, tanto más cuanto que no se trata de una bagatela, sino de lo que ha de ser la regla de nuestra vida.

—Examínala, pues —dijo.

—Es lo que voy a hacer —repliqué—. Respóndeme. El caballo, ¿no tiene una función que le es propia?

—Sí.

—¿No llamas función propia de un caballo o de cualquier otra cosa a aquello que no se puede hacer, o por lo menos hacer bien, sino por su medio?

—No entiendo —dijo.

—De otro modo: ¿puedes ver de alguna manera que no sea por los ojos?

—No, por cierto.

—¿Oír de otra manera que por los oídos?

—En modo alguno.

—¿Podremos decir, pues, con razón que éstas son sus funciones?

—Sí, sin duda.

—Y ¿qué? ¿Podrías cortar un sarmiento de una cepa con un cuchillo, un cincel o cualquier otro instrumento?

—¿Cómo no?

—Pero con nada será más cómodo hacerlo que con una podadera fabricada expresamente para esto, creo yo.

—Sin duda.

—¿No estableceremos, pues, que ésta es su función propia?

—Así lo estableceremos.

—Comprenderás ahora, supongo, lo que últimamente inquiría: si la función de una cosa es aquello que sólo ella puede hacer o hacerlo mejor que ninguna otra.

—Comprendo —dijo—, y me parece que ésa es efectivamente la operación propia de cada una.

—Muy bien —dije—. Todo lo que tiene una función particular, ¿no tiene igualmente una virtud que le es propia? Y volviendo a los ejemplos de que ya me he servido, ¿no dijimos que los ojos tienen su función?

—Así es.

—Luego, ¿tienen también una virtud que les es propia?
—También una virtud.
—¿No hay también una operación propia de los oídos?
—Sí.
—Y, por tanto, ¿hay también una virtud?
—También.
—¿Y no ocurrirá lo mismo con todas las demás cosas?
—Así es.
—Detente un momento. ¿Podrían los ojos desempeñar sus funciones si no tuviesen la virtud que les es propia, o si, en lugar de esta virtud, tuviesen el vicio contrario?
—¿Cómo habían de poder? —dijo—. Porque tú hablas, sin duda, del caso en que la ceguera hubiera sustituido a la facultad de ver.
—Cualquiera que sea la virtud de los ojos, poco importa —dije yo—; no es eso lo que yo quiero saber. Pregunto sólo, en general, si cada cosa desempeña bien su función a causa de la virtud que le es propia y mal a causa del vicio contrario.
—Verdad es lo que dices —asintió.
—De esa manera, ¿los oídos, privados de esa virtud propia, desempeñarán mal su función?
—Desde luego.
—¿No puede decirse otro tanto de cualquier otra cosa?
—Yo lo pienso así.
—Sigamos y pasemos a esto otro. ¿No tiene el alma su función, que ninguna otra cosa que no sea ella puede realizar, como hacerse cargo, gobernar, deliberar, y así lo demás? ¿Pueden atribuirse estas funciones a otra cosa que al alma? ¿No tenemos el derecho para decir que son propias de ella?
—De ninguna otra cosa.
—Vivir, ¿no es una de las funciones del alma?
—Ciertamente —dijo.
—El alma, ¿no tiene también su virtud particular?
—Eso diremos.
—El alma, privada de su propia virtud, ¿acaso podrá, Trasímaco, desempeñar bien sus funciones o bien le resultará imposible?
—Imposible.
—Luego es una necesidad que el alma mala se haga cargo y gobierne mal; por el contrario, que la que es buena haga bien todas esas cosas.

—Es necesario.

—Pero ¿no estamos de acuerdo en que la justicia es una virtud y la injusticia un vicio del alma?

—Sí. Nos pusimos de acuerdo en eso.

—Por consiguiente, el alma justa y el hombre justo vivirán bien, y el hombre injusto vivirá mal.

—Así debe suceder, conforme tú dices —asintió.

—Pero el que vive bien es dichoso; el que vive mal, lo contrario.

—¿Cómo no?

—Luego el justo es dichoso y el injusto desgraciado.

—Sea —dijo.

—Pero no es ventajoso ser desgraciado; lo es, por el contrario, el ser dichoso.

—¿Quién te dice que no?

—Luego jamás, bendito Trasímaco, será la injusticia más provechosa que la justicia.

—Regálate con estos discursos, Sócrates, y que éste sea tu festín de las Bendidias.

—Banquete por ti preparado, Trasímaco —observé yo—, que tanto te has suavizado y que has desechado esa cólera que tenías contra mí. Sin embargo, no he sido tan agasajado como yo hubiera querido; pero la falta no es tuya, sino mía. Me ha sucedido lo que a los glotones, que se arrojan sobre todas las viandas que se les presentan y no saborean ninguna. Antes de haber resuelto perfectamente la primera cuestión que se ha propuesto sobre la naturaleza de la justicia, he procurado indagar detenidamente si era vicio e ignorancia o sabiduría y virtud. Otra cuestión nos ha salido al encuentro, a saber: si la injusticia es más ventajosa que la justicia, y no he podido menos de abandonar la primera y pasar a la segunda. De manera que nada he aprendido de toda esta conversación; porque no sabiendo lo que es la justicia, ¿cómo podría yo saber si es una virtud o no, y si el que la posee es desgraciado o dichoso?

## LIBRO II

Después de haber hablado de esta manera, creí que se daría por terminada la conversación; pero, al parecer, todo lo dicho no fue más que el preludio. Glaucón dio en esta ocasión una prueba de su valor acostumbrado, y lejos de rendirse, como Trasímaco, tomó la palabra y dijo:

—Sócrates, ¿te contentas con figurarte que nos has convencido de que ser justo es, de todas maneras, preferible a ser injusto, o quieres realmente convencernos?

—Yo querría —le contesté— convenceros realmente, si esto estuviera en mi mano.

—Entonces —dijo— tú no haces lo que quieres, Sócrates; porque, dime, ¿no hay una clase de bienes que deseamos y que buscamos por lo que ellos son, sin cuidarnos para nada de sus resultados, como la alegría y otros placeres puros y sin mezcla, aunque no producen consecuencia alguna duradera, sino el placer de gozar de ellos?

—Sí —respondí—, hay, a mi parecer, bienes de esta naturaleza.

—Y ¿qué? ¿No hay otros que amamos a la vez por sí mismos y por sus resultados, como, por ejemplo, la inteligencia, la vista, la salud? Aquellos dos motivos, en mi opinión, nos mueven igualmente a procurárnoslos.

—Es cierto —asentí.

—Y por último —dijo— ¿no encuentras una tercera clase de bienes, como el entregarse a los ejercicios del cuerpo, el recuperar la salud, el ejercer la medicina o cualquier otra profesión lucrativa? Estos bienes, diremos que son penosos, pero útiles, y los buscaremos, no por sí mismos, sino por las ganancias y demás ventajas que nos proporcionan.

—Reconozco —dije— esta tercera clase de bienes. Pero ¿a dónde quieres ir a parar?

—¿En cuál de estas tres clases —preguntó— incluyes la justicia?

—Creo que en la mejor de las tres —respondí—, en la de los bienes que deben amar por ellos mismos y por sus resultados los que quieren ser verdaderamente dichosos.

—No es esa —dijo— la opinión común de las gentes, que ponen la justicia en el rango de aquellos bienes penosos que no merecen nuestros cuidados sino por la gloria y las recompensas que producen, y de los que debe huirse porque cuestan demasiado.

—Sé —respondí— que se piensa así ordinariamente, y en esto se fundó Trasímaco para rechazar la justicia y hacer tantos elogios de la injusticia. Pero eso yo no puedo entenderlo, y precisamente debe ser muy torpe mi inteligencia, a lo que parece.

—Pues bien —exclamó—, quiero ver si te adhieres a mi opinión. Escúchame. Me parece que Trasímaco, a manera de la serpiente que se deja fascinar, se ha rendido demasiado pronto al encanto de tus discursos. Yo no he podido darme por satisfecho con lo que se ha dicho en pro y en contra de cada una de las dos cosas. Quiero saber cuál es su naturaleza, y qué efecto producen ambas inmediatamente en el alma, sin tener en cuenta ni las recompensas que llevan consigo ni tampoco ninguno de sus resultados, buenos o malos. He aquí, pues, lo que me propongo hacer, si no lo llevas a mal. Tomaré de nuevo la objeción de Trasímaco. Diré por lo pronto lo que es la justicia, según la opinión común, y en dónde tiene su origen. En seguida haré ver que todos los que la practican no la miran como un bien, sino que se someten a ella como a una necesidad. Y, por último, demostraré que tienen razón de obrar así, porque la vida del injusto es infinitamente mejor que la del justo, a lo que se dice; porque yo, Sócrates, aún estoy indeciso sobre este punto, pues tan atronados tengo los oídos con discursos semejantes al de Trasímaco que no sé a qué atenerme. Por otra parte, no he encontrado a ninguno que me pruebe, como desearía, que la justicia es preferible a la injusticia. Deseo oír a alguien que la alabe en sí misma y por sí misma, y es de ti de quien principalmente espero este elogio; y por esta razón voy a extenderme sobre las ventajas de la vida injusta. Así te indicaré el modo en que yo deseo oírte atacar la injusticia y alabar la justicia. Mira si son de tu agrado estas condiciones.

—Al máximo —dije yo—. ¿Y de qué otro objeto puede un hombre inteligente hablar y escuchar con más gusto?

—Muy bien dicho —señaló—. Escucha ahora cuáles son, como anuncié al principio, la naturaleza y el origen de la justicia. Se dice que es un bien en sí cometer la injusticia y un mal el padecerla. Pero resulta mayor mal en padecerla que bien en cometerla. Los hombres cometieron y sufrieron la injusticia alternativamente; experimentaron ambas cosas, y habiéndose dañado por mucho tiempo los unos a los otros, no pudiendo los más débiles evitar los ataques de los más fuertes, ni atacarlos a su vez, creyeron que era un interés común impedir que se hiciese y que se recibiese daño alguno. De aquí nacieron las leyes y las convenciones. Se llamó justo y legítimo lo que fue ordenado por la ley. Tal es el origen y tal es la esencia de la justicia, la cual ocupa un término medio entre el más grande bien, que consiste en poder ser injusto impunemente, y el más grande mal, que es el no poder vengarse de la injuria que se ha recibido. Y se ha llegado a amar la justicia, no porque sea un bien en sí misma, sino en razón de la imposibilidad en que nos coloca de cometer la injusticia. Porque el que puede cometerla y es verdaderamente hombre no se cuida de meterse en tratos para evitar que se cometan o sufran injusticias, y sería de su parte una locura. He aquí, Sócrates, cuál es la naturaleza de la justicia, y he aquí en dónde se pretende que tiene su origen.

Y para probarte aún más que sólo a pesar suyo y en la impotencia de violarla abraza uno la justicia, hagamos una suposición. Demos a todos, justos e injustos, un poder igual para hacer todo lo que quieran; sigámoslos, y veamos a dónde conduce la pasión al uno y al otro. No tardaremos en sorprender al hombre justo siguiendo los pasos del injusto, arrastrado como él por el deseo de adquirir sin cesar más y más, deseo a cuyo cumplimiento aspira toda la naturaleza como a una cosa buena en sí, pero que la ley reprime y limita por fuerza, por respeto a la igualdad. En cuanto al poder de hacerlo todo, yo les concedo que sea tan extenso como el que se cuenta de Giges, uno de los antepasados del lidio. Giges era pastor del rey de Lidia. Después de una borrasca seguida de violentas sacudidas, la tierra se abrió en el paraje mismo donde pacían sus ganados; lleno de asombro a la vista de este suceso, bajó por aquella hendidura y, entre otras cosas sorprendentes que se cuentan, vio un caballo de bronce, en cuyo vientre había abiertas unas pequeñas puertas, por las que asomó la cabeza para ver lo que había en las entrañas de este animal, y se encontró con un cadáver de talla aparentemente superior a la humana. Este cadáver estaba desnudo, y sólo tenía en un dedo un anillo de oro. Giges lo cogió y se retiró. Posteriormente, habiéndose reunido los pastores en la forma acostumbrada al cabo de un mes, para dar razón al rey del estado de sus ganados, Giges concurrió a esta asamblea, llevando en el dedo su anillo, y se sentó entre los pastores. Sucedió que habiéndose vuelto por casualidad la piedra preciosa de la sortija hacia el lado interior de la mano, en el momento Giges se hizo invisible, de suerte que se habló de él como si estuviera ausente. Sorprendido de este prodigio, volvió la piedra hacia afuera, y en el acto se hizo visible. Habiendo observado esta virtud del anillo, quiso asegurarse repitiendo la experiencia y otra vez ocurrió lo mismo: al volver hacia dentro el engaste, se hacía invisible; cuando ponía la piedra por el lado de afuera se volvía visible de nuevo. Seguro de su descubrimiento, se hizo incluir entre los pastores que habían de ir a dar cuenta al rey. Llega a palacio, corrompe a la reina, y con su auxilio se deshace del rey y se apodera del trono. Ahora bien; si existiesen dos anillos de esta especie, y se diesen uno a un hombre justo y otro a uno injusto, es opinión común que no se encontraría probablemente un hombre de un carácter bastante firme para perseverar en la justicia y para abstenerse de tocar los bienes ajenos, cuando impunemente podría arrancar de la plaza pública todo lo que quisiera, entrar en las casas, abusar de todas las personas, matar a unos, liberar de las cadenas a otros y hacer todo lo que quisiera con un poder igual al de los dioses en medio de los mortales. En nada diferirían, pues, las conductas del uno y del otro: ambos tenderían al mismo fin, y nada probaría mejor que ninguno es justo por voluntad, sino por necesidad, y que el serlo no es un bien para él personalmente, puesto que el hombre se hace injusto tan pronto como cree poderlo ser sin temor. Y así los partidarios de la injusticia concluirán de aquí que todo hombre cree en el fondo de su alma, y con razón, que es más ventajosa que la justicia; de suerte que, si alguno, habiendo recibido un poder semejante, no quisiese hacer daño a nadie, ni tocara los bienes de otro, se le miraría como el más desgraciado y el más insensato de todos los hombres. Sin embargo, todos harían en público el elogio de su virtud, pero con intención de engañarse mutuamente y por el temor de experimentar ellos mismos alguna injusticia. Esto es lo que quería decir.

Sentado esto, sólo veo un medio de decidir con seguridad acerca de la condición de los dos hombres de que hablamos, y es el considerarles aparte el uno del otro en el más alto grado de justicia y de injusticia; si no, imposible. Y ¿cómo hacer esa separación? Así: no rebajemos al hombre injusto ninguna parte de la injusticia, ni al hombre justo ninguna parte de la justicia, y supongamos a ambos perfectos en el género de vida que han abrazado. Que el hombre malo actúe como los mejores artífices, semejante a esos pilotos hábiles o a esos grandes médicos, que ven inmediatamente todo lo que puede su arte, que en el acto conocen lo que es posible y lo que es imposible, y que cuando han cometido una falta saben diestramente repararla; que el hombre malo, digo, conduzca sus empresas injustas con tanta destreza que no se ponga en evidencia, porque si se deja sorprender y coger en falta ya no es un hombre hábil. El gran mérito de la injusticia consiste en parecer justo sin serlo. Hay que dotar, pues, al hombre perfectamente injusto de la injusticia perfecta sin quitar nada de ella, y que cometiendo los más grandes crímenes sepa crearse una reputación de hombre de bien; que si llega a dar un paso en falso se rehaga inmediatamente; que sea tan elocuente que convenza de su inocencia a los mismos ante quienes sus crímenes habrán de acusarle; bastante atrevido y bastante poderoso, ya por sí mismo, ya por sus amigos, para conseguir por la fuerza lo que no podría obtener de otra manera. He aquí el hombre injusto.

Pongamos ahora frente a frente al hombre justo, cuyo carácter es sencillo y noble, el hombre, como dice Esquilo:

Más ansioso de ser bueno que de parecerlo.

Quitémosle hasta la reputación de hombre de bien; porque si pasa por justo, se verá, como consecuencia, colmado de honores y de bienes, y de esta manera no podremos juzgar si ama la justicia por sí misma o a causa de los honores y bienes que ella le proporciona. En una palabra, despojémoslo de todo, menos de la justicia, y para que haya entre él y el injusto una completa oposición, que pase por el más malvado de los hombres sin haber cometido jamás la más pequeña injusticia; de suerte que su virtud se vea sometida a las más duras pruebas, sin que se conmueva ni por la infamia ni por los malos tratos, sino que marche con paso firme por el sendero de la justicia hasta la muerte, pasando toda su vida por un malvado, aunque sea un hombre justo. Teniendo a la vista estos dos modelos, el uno de justicia, el otro de injusticia consumada, quiero yo que decidamos acerca de cuál de los dos es más dichoso.

—¡Con qué precisión —exclamé— y con qué rigor, mi querido Glaucón, nos has presentado estos dos hombres, desnudos como estatuas, para que los juzguemos!

—He procurado —contestó— ser todo lo más exacto que he podido. Después de haberlos supuesto tales como acabo de decir, no será malo, a mi parecer, consignar mi juicio sobre la suerte que espera al uno y al otro. Digámoslo, por lo tanto, y si lo que yo acabo de decir te parece muy fuerte, acuérdate, Sócrates, de que no hablo por mi cuenta, sino en nombre de los que prefieren la injusticia a la justicia. El justo, dicen, el que es tal como yo lo he pintado, será azotado, atormentado, encadenado, se le quemarán los ojos y, en fin, después de haberle hecho sufrir toda clase de males, se le empalará, y por este medio se le hará comprender que no hay que cuidarse de ser justo y sí sólo de parecerlo. Al hombre injusto es más bien a quien deben aplicarse las palabras de Esquilo, porque al no ajustar su conducta a la opinión de los hombres, sino a la verdad, no quiere parecer injusto sino serlo en efecto:

Cosechando en el profundo surco de su corazón, del que brotan sus nobles designios.

Y con la reputación de hombre de bien tiene grande autoridad en el Estado, se enlazan él y sus hijos con las mejores familias y llevan a cabo todas las uniones que le agradan, sacando ventaja de todo esto, porque el crimen no le asusta. Cualquier cosa por la que dispute, sea en público o en privado, la consigue sobreponiéndose a todos los concurrentes; se enriquece, hace bien a sus amigos, mal a sus enemigos, ofrece a los dioses sacrificios y presentes magníficos, y se atrae la benevolencia de los dioses y de los hombres con más facilidad y seguridad que el justo. De donde puede deducirse, como cosa probable, que es también más querido de los dioses. De esta suerte, Sócrates, es más dichosa que la del justo la vida que al injusto le deparan tanto los dioses como los hombres.

Luego que Glaucón acabó de hablar, me preparaba a contestarle, pero su hermano Adimanto, tomando la palabra, me dijo:

—Sócrates, no creerás que la tesis está suficientemente discutida, ¿verdad?

—¿Y por qué no? —le dije.

—Mi hermano ha olvidado lo esencial —dijo.

—Pues bien —dije—, ya conoces el proverbio: venga el hermano en auxilio de su hermano. Suple tú lo que él ha omitido. Sin embargo, ha dicho lo bastante para ponerme fuera de combate y dejarme sin medios para defender la justicia.

—Todos tus subterfugios son inútiles; es preciso que me escuches a mí también. Voy a exponerte una tesis contraria a la suya, la tesis de los que toman el partido de la justicia contra la injusticia. Esta oposición hará más patente lo que Glaucón, a mi parecer, se ha propuesto mostrar. Los padres recomiendan la justicia a sus hijos y los maestros a sus discípulos. ¿Y lo hacen en vista de la justicia misma? No, sino a causa de la buena reputación que va unida a ella, a fin de que dicha reputación de hombres justos les proporcione dignidades, uniones honrosas y todos los demás bienes de que Glaucón ha hecho mención. Pero van aún más lejos, y les hablan de los inagotables favores que los dioses derraman a manos llenas sobre los justos. Citan al buen Hesíodo y a Homero; el primero dice que los dioses han hecho las encinas para los hombres justos, y que para ellos su copa tiene bellotas y su tronco abejas.

Sus corderos sucumben bajo el peso de su vellón. y otras mil cosas semejantes.

Y el segundo dice, de manera semejante:

Cuando un buen rey, imagen de los dioses, hace justicia a sus súbditos, para él la negra tierra da trigo y cebada, y los árboles se cargan de frutos, sus ganados se multiplican, y el mar le suministra pesca.

Museo y su hijo van más allá y prometen a los justos recompensas mayores aún. Los conducen después de la muerte al Hades; los sientan a la mesa coronados de flores, y pasan su vida en medio de festines, como si una embriaguez eterna fuese la más bella recompensa para la virtud. Según otros, estas recompensas no se limitan a sus personas. El hombre sano y fiel a sus semejantes revive en su posteridad, que se perpetúa de edad en edad. Tales o parecidos son los motivos que tienen para elogiar la justicia. A los malos y a los impíos, en cambio, los sumen en el cieno del Hades y los condenan a sacar agua con una criba. Añaden que, durante su vida, no hay afrentas y suplicios a que sus crímenes no les expongan, y todo lo que Glaucón ha dicho de los justos que pasan por injustos lo dicen de los injustos. He aquí lo que aducen en favor del justo y contra el injusto.

Escucha ahora, Sócrates, un lenguaje muy diferente sobre la justicia y la injusticia, lenguaje que el pueblo y los poetas tienen sin cesar en la boca. Cantan todos a una lo bello, y al mismo tiempo lo difícil y penoso de la templanza y la justicia; que, por el contrario, nada hay más dulce que la injusticia y el libertinaje, ni nada que cueste menos a la naturaleza; que estas cosas sólo son vergonzosas en la opinión de los hombres y porque la ley lo ha querido así; que las acciones injustas son más útiles que las justas; que la mayor parte de los hombres se inclinan a honrar sin escrúpulos, en público o en privado, y a mirar como dichoso al hombre malo que tiene riquezas y crédito, a menospreciar y vilipendiar al hombre justo, si es débil e indigente; aunque convengan en que el justo es mejor que el malvado. Pero de todos estos razonamientos, los más extraños son los que se relacionan con los dioses y con la virtud. Los dioses, dicen, no tienen, muchas veces, para los hombres virtuosos más que males y desgracias, mientras que colman a los perversos de prosperidades. Por su parte los sacrificadores y adivinos, asediando las casas de los ricos, les persuaden de que si ellos o sus antepasados han cometido alguna falta, pueden expiarla por medio de sacrificios y encantamientos, de fiestas y de juegos en virtud del poder que los dioses les han conferido. Si alguno tiene un enemigo al que quiere hacer daño, sea justo o injusto, lo cual importa poco, puede a poca costa hacerle mal, porque los tales sacrificadores y adivinos tienen ciertos secretos para atraerse el poder de los dioses y disponer de él a su gusto. Y todo esto lo comprueban valiéndose de la autoridad de los poetas, confiriendo a la maldad fácil acceso:

Se marcha fácilmente por el camino del vicio; el camino es llano y cercano a cada uno de nosotros.

Por el contrario, los dioses han puesto el sudor como condición de la virtud.

Y el camino, en este caso, es largo y escarpado. Y si quieren hacer ver que es fácil aplacar a los dioses, citan estos versos de Homero:

Los dioses mismos se dejan aplacar por sacrificios y oraciones aduladoras, y cuando se les ha ofendido,

se les aquieta con libaciones y con humo de grasa.

En cuanto a los ritos de los sacrificios producen una multitud de libros, compuestos por Museo y Orfeo, que hacen descender al uno de las Musas y al otro de la Luna, y hacen creer falsamente no sólo a los particulares, sino a ciudades enteras, que por medio de víctimas y de juegos se pueden expiar las faltas de los vivos y de los muertos. Llaman purificaciones a los sacrificios instituidos para librarnos de los males de la otra vida; y sostienen que a los que no los practican les aguardan los más terribles tormentos.

Todo eso, amigo Sócrates —prosiguió—, es lo que se dice de la virtud y del vicio, así como de la estimación que hacen los dioses de una y otro.

¿Qué impresión, mi querido Sócrates, deberán causar semejantes razonamientos en el alma de un joven de felices condiciones y cuyo espíritu sea capaz, como libando, de sacar consecuencias de todo lo que oye, tanto con relación a lo que él mismo debe ser como al género de vida que debe abrazar para ser dichoso? ¿No es probable que se diga a sí mismo aquello de Píndaro:

Subiré a la alta fortaleza por el camino de la justicia, o marcharé por el torcido sendero del fraude?

Para así vivir luego en ella atrincherado. Todo lo que oigo me hace creer que nada me acarreará ser justo si no adquiero la reputación de tal, salvo trabajos y penalidades. Se me asegura, por el contrario, que alcanzaré la suerte más dichosa, si sé conciliar la injusticia con la reputación de hombre de bien. Yo debo atenerme a lo que dicen los sabios, y puesto que afirman que la apariencia vence a la realidad y es dueña de la dicha, acepto resueltamente este camino; vestiré formas exteriores de virtud, y llevaré detrás de mí el zorro astuto y engañador del sabio Arquíloco. Si se me dice que es difícil al hombre malo ocultarse por mucho tiempo, responderé que todas las grandes empresas tienen sus dificultades, y que, suceda lo que quiera, si deseo ser dichoso, no tengo otro camino a seguir que el trazado por los discursos que oigo. Por lo demás, para escapar de las pesquisas, se pueden organizar sectas y hermandades. Hay maestros que nos enseñarán el arte de seducir con discursos artificiosos al pueblo y a los jueces. Emplearemos la elocuencia y, a falta de ella, la fuerza para escapar al castigo de nuestros crímenes. Pero la fuerza y el engaño nada pueden contra los dioses. Aunque si no hay dioses o si no se mezclan en las cosas de este mundo, ¿para qué preocuparse de engañarles? Si los hay y toman parte en los negocios humanos, sólo sabemos de ellos de oídas y por los poetas que han escrito su genealogía; y precisamente estos mismos poetas nos dicen que es posible aquietarlos y aplacar su cólera por medio de sacrificios, de votos y de ofrendas. Es preciso, pues, creerlos por entero o no creerlos en nada; y si es cosa de que se les ha de creer, seamos criminales y con el fruto de los crímenes hagamos sacrificios a los dioses. Es cierto que siendo justos nada tendríamos que temer de su parte, pero también perderíamos las ventajas que ofrece la injusticia, mientras que ganamos indudablemente en ser injustos; sin que, por otra parte, haya que temer nada de parte de los dioses, si nos procuramos el perdón de los crímenes con votos y súplicas. Pero seremos castigados, dicen, en el Hades en nuestra persona o en las de los descendientes por el mal cometido sobre la tierra. Pero, amigo mío, se nos responderá con cálculo: también hay dioses liberadores y sacrificios místicos que tienen un gran poder, al decir de ciudades enteras y de los poetas, hijos de los dioses y profetas inspirados.

¿Por qué, pues, habríamos de inclinarnos más a la justicia que a la suma injusticia, cuando, según la opinión de los sabios y del pueblo, todo nos saldrá bien siendo injustos, durante la vida y después de la muerte, así respecto de los dioses como de los hombres, con tal que demos a los crímenes la apariencia de virtud?

Después de todo lo que acabo de decir, ¿cómo es posible, Sócrates, que un hombre con capacidad de espíritu, riquezas, vigor corporal o buen linaje se declare respetuoso de la justicia, y no se burle de los elogios que puedan prodigarse a la misma en su presencia? Digo más: aun cuando un hombre estuviera persuadido de que lo que he dicho es falso, y de que la justicia es el más grande de todos los bienes, lejos de enfadarse contra los que viese comprometidos en el partido contrario, no podría menos de disculparlos; porque sabe que, a excepción de aquellos cuya excelencia de carácter hace que el vicio les inspire horror natural, o que se abstienen de él por su acendrado saber, nadie es justo por propia voluntad; y que si alguno combate la injusticia es porque la cobardía, la vejez o cualquiera otra debilidad le hacen impotente para obrar mal. Y la prueba de esto es que de todos cuantos se encuentran en este caso, el primero que consigue el poder de hacer mal es el primero también en servirse de él hasta donde le es posible.

La causa de todo esto es precisamente lo que nos ha comprometido a éste y a mí en la presente discusión; quiero decir, varón extraordinario, que, comenzando por los antiguos héroes, cuyos discursos se han conservado hasta nosotros en la memoria de los hombres, todos los que se han proclamado, como tú, defensores de la justicia, no han reprobado la injusticia y alabado la justicia sino en vista de la reputación, los honores y recompensas que de ellas derivan. Nadie ha considerado la justicia y la injusticia tales como son en sí mismas, en el alma del justo y del injusto, ignoradas de los dioses y de los hombres; y nadie ha probado aún, ni en prosa, ni en verso, que la injusticia sea el mayor mal del alma y la justicia su mayor bien. Porque si os hubierais puesto de acuerdo para usar de este lenguaje desde el principio, y desde la infancia nos hubierais inculcado esta verdad, en lugar de prevenirnos contra la injusticia de otro, cada uno de nosotros se pondría en guardia contra sí mismo, y temería obrar injustamente por no convivir así con el mayor de los males. Trasímaco o cualquier otro ha podido decir, sin duda, Sócrates, tanto o más que yo sobre este objeto, confundiendo ciegamente, a mi parecer, la naturaleza de la justicia y de la injusticia. Respecto a mí, no te ocultaré que lo que me ha movido a extenderme en estas objeciones es el deseo de oír lo que me vas a responder. No te límites a probarnos que la justicia es preferible a la injusticia; explícanos los efectos que ambas producen por sí mismas en quien las practica y que hacen que la una sea un bien y la otra un mal. No tengas ningún miramiento con la opinión, como Glaucón te ha recomendado; porque si no te desprendes en ambos casos de la opinión verdadera y llegas, en cambio, a admitir la falsa, diremos que no alabas la justicia, sino lo que se opina de la justicia; que tampoco combates de la injusticia más que las apariencias; que nos aconsejas que seamos injustos con tal que sea en secreto y que convienes con Trasímaco en que la justicia es un bien, pero para los demás, útil al más fuerte y no al que la posee, y que, por el contrario, la injusticia, útil y ventajosa para quien la práctica, sólo es dañosa al más débil. Puesto que convienes en que la justicia es uno de estos bienes excelentes que se deben buscar por sus ventajas y, aún más, por sí mismos, como la vista, el oído, la inteligencia, la salud y los demás que son fecundos por su naturaleza, independientemente de la opinión de los hombres, alaba la justicia por lo que tiene en sí de ventajosa para el justo, y vitupera la injusticia por lo que tiene en sí de perjudicial para el injusto. Deja que los demás hagan esos elogios que se fundan en las recompensas y en la reputación. Podría yo, quizá, sufrir en la boca de cualquier otro esta manera de alabar la justicia y de reprender la injusticia por el renombre y las ganancias que acarrean; pero no podría perdonártelo a ti, a menos que así me lo mandases, teniendo en cuenta que la justicia ha sido hasta ahora el único objeto de tus reflexiones. Y así no te contentes con demostrarnos que es mejor que la injusticia. Haznos ver cuáles son los efectos de una y otra por sí mismas, en virtud de qué son por sí mismas la una un bien y la otra un mal, tengan o no conocimiento de ello los dioses y los hombres.

Quedé agradablemente sorprendido al oír los discursos de Glaucón y de Adimanto. Nunca como en esta ocasión admiré tanto sus dotes naturales, y les dije:

—Hijos de un padre ilustre: con razón el amante de Glaucón comenzó la elegía que compuso para vosotros, cuando os distinguisteis en la jornada de Mégara, diciendo: Hijos de Aristón, linaje de una raza divina. Porque es preciso que haya en vosotros algo de divino, si después de lo que acabáis de decir en favor de la injusticia no estuvierais persuadidos de que vale infinitamente más que la justicia. Pero no; en mi opinión no estáis realmente persuadidos de tal cosa, porque vuestras costumbres y vuestra conducta me lo prueban bastante, aun cuando vuestros discursos me hicieran dudar; y cuanto más profunda es mi convicción en este sentido, tanto más embarazado me veo sobre el partido que debo tomar. Por una parte, no sé cómo defender los intereses de la justicia. Esto es superior a mis fuerzas. Y si lo creo así es porque pensaba que había probado suficientemente contra Trasímaco que aquélla es preferible a la injusticia; y, sin embargo, mis pruebas no os han satisfecho. Por otra parte, hacer traición a la causa de la justicia y sufrir que se la ataque delante de mí sin defenderla mientras que me quede un soplo de vida y bastante fuerza para hablar es lo que yo no puedo consentir sin incurrir en un crimen; y así, lo mejor será defenderla hasta donde pueda.

En el momento, Glaucón y los demás me conjuraron a que empléase todas mis fuerzas en su defensa, y para que, en vez de dejar la discusión, indagara con ellos la naturaleza de la justicia y de la injusticia, y lo que hay de real en las ventajas que se les atribuyen. Les dije que me parecía que la indagación en que querían empeñarse era muy espinosa y exigía un entendimiento muy claro.

—Así pues —añadí—, puesto que no me parece que estemos muy dotados, he aquí de qué manera pienso proceder en esta indagación. Si se diese a leer a personas de vista corta letras en pequeños caracteres, y ellas supiesen que estas mismas letras se encuentran escritas en otro punto en caracteres gruesos, indudablemente sería para ellas una ventaja ir a leer las letras grandes y confrontarlas en seguida con las pequeñas, para ver si eran las mismas.

—Es cierto —dijo Adimanto—. Pero ¿qué relación tiene esto con la investigación sobre lo justo?

—Voy a decírtelo —respondí—. ¿No existe la justicia propia de un solo hombre y también la de un Estado entero?

—Ciertamente —dijo.

—Pero el Estado es más grande que el hombre particular.

—Más grande —asintió.

—Por consiguiente, la justicia se mostrará en él con caracteres mayores y más fáciles de discernir. Y así indagaremos primero, si os parece, cuál es la naturaleza de la justicia en los Estados, en seguida, la estudiaremos en cada particular; y comparando estas dos especies de la justicia, veremos la semejanza de la pequeña con la grande.

—Muy bien dicho —aseguró él.

—Pero si examináramos con el pensamiento —proseguí— la manera de formarse un Estado, quizá descubriríamos cómo la justicia y la injusticia nacen en él.

—Podría ser —dijo.

—Entonces, ¿tendremos la esperanza de descubrir más fácilmente lo que buscamos?

—Mucho más.

—Pues bien, ¿queréis que comencemos? No es pequeña empresa la que emprendemos. Pensadlo.

—Estamos resueltos. Haz lo que acabas de decir —dijo Adimanto.

—Pues bien —comencé yo—, lo que da origen al Estado, ¿no es la impotencia en que cada hombre se encuentra de bastarse a sí mismo y la necesidad de muchas cosas que experimenta? ¿O hay otra causa?

—Ninguna otra —contestó.

—Así es que, habiendo la necesidad de una cosa obligado a un hombre a unirse a otro hombre, y otra necesidad a otro hombre, la aglomeración de estas necesidades reunió en una misma vivienda a muchos hombres con la mira de auxiliarse mutuamente, y a esta sociedad hemos dado el nombre de Estado; ¿no es así?

—Sí.

—Pero ¿acaso no se hace partícipe a otro de lo que uno tiene o se recibe de él lo que no se tiene porque se cree que de ello ha de resultar ventaja?

—Sin duda.

—Construyamos, pues —continué—, un Estado con el pensamiento. Nuestras necesidades serán evidentemente su base.

—¿Cómo no?

—Ahora bien, la primera y mayor de nuestras necesidades, ¿no es el alimento, del cual depende la conservación de nuestro ser y de nuestra vida?

—Naturalmente.

—La segunda necesidad es la de la habitación; la tercera, la del vestido y cosas similares.

—Es cierto.

—Bueno —dije yo—. ¿Y cómo podrá nuestro Estado proveer a tantas necesidades? Será necesario para esto que uno sea labrador, otro constructor y otro tejedor. ¿Añadiremos también un zapatero o cualquier otro artesano semejante?

—En buena hora.

—Todo Estado se compondrá, pues, esencialmente de cuatro o cinco personas.

—Así parece.

—Pero ¿será preciso que cada uno ejerza en provecho de los demás el oficio que le es propio? ¿Que el labrador, por ejemplo, prepare el alimento para cuatro, y destine para ello cuatro veces más de tiempo y de trabajo? ¿O sería mejor que, sin cuidarse de los demás, emplease la cuarta parte del tiempo en preparar su alimento, y las otras tres partes en construir su casa y hacerse vestidos y calzado?

Y Adimanto contestó:

—Me parece, Sócrates, que el primer procedimiento será más cómodo para él.

—No me extraña, por Zeus —dije yo—, porque en el mismo momento de hablar se ha fijado mi pensamiento en que no todos nacemos con el mismo talento, y que uno tiene más disposición para hacer una cosa y otro la tiene para otra. ¿No lo crees así?

—Lo creo.

—¿Cómo irán mejor las cosas, haciendo uno solo muchos oficios, o limitándose cada uno al suyo propio?

—Cada uno al suyo propio —dijo.

—Es también evidente, a mi parecer, que una cosa se frustra cuando no está hecha oportunamente.

—Eso es evidente.

—Porque la obra no debe depender de la disponibilidad del obrero, sino que es el obrero el que debe acomodarse a las exigencias de su obra.

—Necesariamente.

—De donde se sigue que se hacen más cosas, mejor y con más facilidad, cuando cada uno hace la que le es propia en el tiempo debido y sin cuidarse de todas las demás.

—Totalmente de acuerdo.

—Pero entonces necesitamos más de cuatro ciudadanos para las necesidades de que acabamos de hablar. Si queremos, en efecto, que todo marche bien, el labrador no debe hacer por sí mismo su arado, su azadón, ni los demás aperos de labranza. Lo mismo sucede con el constructor, el cual necesita muchos instrumentos; y lo mismo con el zapatero y con el tejedor; ¿no es así?

—Sí.

—He aquí, por tanto, que tenemos ya necesidad de carpinteros, herreros y otros obreros de esta clase, que tienen que entrar en nuestro pequeño Estado, que de este modo se agranda.

—Sin duda.

—Sin embargo, no aumentaremos mucho el Estado si le añadimos boyeros, ovejeros y pastores de todas las especies, a fin de que el labrador tenga bueyes para la labor; el constructor y el campesino, bestias de carga para el transporte de materiales; el zapatero y el tejedor, pieles y lanas.

—Un Estado en que se encuentren tantas gentes no es ya un Estado pequeño — dijo.

—No es esto todo —continué—. Es casi imposible que un Estado encuentre un punto de la tierra en el que no sean necesarias las importaciones.

—Es imposible, en efecto.

—También tendrá necesidad nuestro Estado, por consiguiente, de que vayan algunas personas a los Estados vecinos a buscar lo que le falta.

—Lo necesitará.

—Pero estas personas darán la vuelta sin haber recibido nada si no llevan para cambiar cosas que allí se necesiten. ¿No es así?

—Así parece.

—Por lo tanto, la producción del país no habrá de ser suficiente tan sólo para sus habitantes, sino también, en calidad y cantidad, para aquellos extranjeros de quienes se tiene necesidad.

—Es cierto.

—Por consiguiente, nuestro Estado tendrá necesidad de un número mayor de labradores y de otros obreros.

—Sin duda.

—Habrá necesidad también de gentes que se encarguen de la importación y exportación de los diversos objetos que se cambian. Los que tal hacen se llaman comerciantes; ¿no es así?

—Sí.

—Necesitamos, pues, comerciantes.

—Desde luego.

—Y si este comercio se hace por mar, se necesitará una infinidad de personas para la navegación.

—Es cierto.

—Pero en el Estado mismo, ¿cómo se comunicarán unos ciudadanos a otros el fruto de su trabajo? Porque ésta es la primera razón que tuvieron para vivir en sociedad y construir un Estado.

—Es evidente que será por medio de la compra y de la venta —contestó.

—Luego se necesitará un mercado y una moneda, signo del valor de los objetos cambiados.

—Sin duda.

—Pero si el labrador o cualquier otro artesano, al llevar al mercado lo que pretende vender, no acude precisamente en el momento en que los demás tienen necesidad de su mercancía, ¿su trabajo quedará interrumpido durante este tiempo, y permanecerá ocioso en el mercado esperando compradores?

—Nada de eso —respondió—. Hay gentes que se encargan de salvar este inconveniente, y en las ciudades bien administradas son de ordinario las personas débiles de cuerpo y que no pueden dedicarse a otros oficios. El suyo consiste en permanecer en el mercado y comprar a unos lo que llevan a vender, para volverlo a vender a otros que quieren comprar.

—Es decir, que nuestra ciudad no puede pasar sin mercaderes. ¿No es éste el nombre que se da a los que, permaneciendo en la plaza pública, no hacen más que comprar y vender, reservando el nombre de comerciantes para los que viajan y van de un Estado a otro?

—Exactamente.

—Hay, también, a mi parecer, algunos que no prestan un gran servicio a la sociedad por su inteligencia, pero que son robustos de cuerpo y capaces de los mayores trabajos. Trafican con la fuerza de su cuerpo y tienen opción a un salario en dinero por este tráfico, de donde les viene, yo creo, el nombre de asalariados. ¿No es así?

—Así es.

—Son, pues, los asalariados, en mi opinión, el complemento del Estado.

—Así lo creo.

—Pues bien, Adimanto, ¿tenemos ya un Estado bastante grande y puede mirársele como perfecto?

—Quizá.

—¿Cómo podremos, pues, encontrar en él la justicia y la injusticia? ¿Y dónde crees que tienen su origen en medio de todos estos diversos elementos?

—No lo veo claro, Sócrates —contestó—, a menos que no sea en las relaciones mutuas, que nacen de las diversas necesidades de los ciudadanos.

—Quizá —dije yo— has dado precisamente en ello; veámoslo y no nos desanimemos. Comencemos por echar una mirada sobre la vida que harán los habitantes de este Estado. Su primer cuidado será procurarse grano, vino, vestidos, calzado y habitación; trabajarán, durante el estío, desnudos y sin calzado; y, durante el invierno, bien vestidos y bien calzados. Su alimento será de harina de cebada y de trigo, con la que harán panes y tortas, que se les servirán sobre juncos o sobre hojas muy limpias; comerán acostados ellos y sus hijos en lechos de verdura, de nuez y de mirto; beberán vino, coronados con flores, cantando alabanzas de los dioses; juntos pasarán la vida agradablemente; y, en fin, procurarán tener el número de hijos proporcionado al estado de su fortuna, para evitar las incomodidades de la pobreza o de la guerra.

Entonces Glaucón interrumpió diciendo:

—Me parece que no les das nada para comer con el pan.

—Tienes razón —le dije yo—; se me olvidó decir que, además de pan, tendrán sal, aceitunas, queso, y hervirán cebollas y otras legumbres que produce la tierra. No quiero privarles ni aun de postres. Tendrán higos, guisantes, habas y después bayas de mirto y bellotas, que harán asar al fuego y que comerán bebiendo con moderación. De esta manera, llenos de gozo y de salud, llegarán a una avanzada vejez, y dejarán a sus hijos herederos de una vida semejante.

Pero él repuso:

—Si formases un Estado de cerdos, ¿los alimentarías de otra manera?

—Pues entonces, ¿qué es lo que debe hacerse, mi querido Glaucón? —pregunté.

—Lo que se hace de ordinario —respondió—. Si no quieres que vivan miserablemente, haz que coman en la mesa, acostados en lechos, y que se sirvan las viandas y postres que están hoy en uso.

—Muy bien, ya te entiendo —exclamé—. No es solamente el origen de un Estado el que buscamos, sino el de un Estado que rebose en placeres. Quizá no obraremos mal en esto, porque podremos de esta manera descubrir por dónde la justicia y la injusticia se han introducido en la sociedad. Sea de esto lo que quiera, el verdadero Estado, el Estado sano, es el que acabamos de describir. Si quieres ahora que echemos una mirada sobre el Estado enfermo y lleno de humores, nada hay que nos lo impida. Es probable que muchos no se den por contentos con el género de vida sencilla que hemos prescrito. Añadirán camas, mesas, muebles de todas especies, viandas bien condimentadas, perfumes, sahumerios, cortesanas y golosinas de todas clases y con profusión. No será preciso incluir sencillamente en el rango de las cosas necesarias esas de que hemos hablado antes —habitación, ropa y calzado—, sino que, yendo más adelante, se contará con la pintura y el bordado. Habrá necesidad del oro, del marfil y de otras materias preciosas de todas clases; ¿no es así?

—Sí —dijo.

—El Estado sano, de que hablé al principio, va a resultar demasiado pequeño. Será preciso agrandarlo y hacer entrar en él una multitud de gentes, que el lujo, no la necesidad, ha introducido en los Estados, como los cazadores de todos los géneros y aquellos cuyo arte consiste en la imitación mediante figuras, colores o sonidos; además, los poetas, con todo su cortejo, los rapsodos, los actores, los danzantes, los empresarios. También fabricantes de artículos de todos los géneros, sobre todo los que trabajan para las mujeres. También precisaremos de nuevos servidores: ¿no crees que harán falta ayos y ayas, nodrizas y camareras, peluqueros, pinches, cocineros y hasta porquerizos? En el primer Estado no había que pensar en todas estas cosas; pero en éste, ¿cómo es posible pasar sin ellas, lo mismo que sin toda esa clase de animales destinados a regalar el gusto de los gastrónomos?

—En efecto, ¿cómo no?

—Pero con este género de vida, los médicos, ¿no se hacen más necesarios que antes?

—Mucho más.

—Y el país que bastaba antes para el sostenimiento de sus habitantes, ¿no será desde este momento demasiado pequeño?

—Es cierto —dijo.

—Luego, si queremos tener bastantes pastos y tierra de labor, nos será preciso robarla a nuestros vecinos; y nuestros vecinos harán otro tanto respecto a nosotros, si traspasando los límites de lo necesario, se entregan también al deseo insaciable de tener.

—No puede suceder otra cosa, Sócrates —dijo.

—Como consecuencia de esto, ¿haremos la guerra, Glaucón? Porque, ¿qué otro partido puede tomarse?

—El que tú dices —respondió.

—No hablemos aún —proseguí— de los bienes y de los males que la guerra lleva consigo. Digamos solamente que hemos descubierto su origen en aquello que, cuando se produce, origina los mayores males para los Estados y para los particulares.

—Exactamente.

—Ahora es preciso, querido amigo, dar cabida en nuestro Estado a un numeroso ejército, que pueda ir al encuentro del enemigo y defender el Estado y todo lo que posee, de las invasiones del mismo.

—¡Pues qué! —arguyó él—, ¿no podrán los ciudadanos mismos atacar y defenderse?

—No —repliqué—, si el principio en que hemos convenido, cuando formamos el plan de un Estado, es verdadero. Convinimos, si te acuerdas, en que era imposible que un mismo hombre tuviese muchos oficios a la vez.

—Tienes razón —dijo.

—¿Y qué? —continué—. ¿No es, a juicio tuyo, un oficio el de la guerra?

—Sí, ciertamente —dijo.

—¿Crees que merece más atención el oficio de zapatero que el de militar?

—No, seguramente.

—Ahora bien, no hemos querido que el zapatero fuese al mismo tiempo labrador, tejedor o constructor, sino sólo zapatero, para que desempeñe mejor su oficio. Al mismo tiempo, hemos asignado a los demás artesanos una sola tarea, la más adecuada a sus aptitudes, sin permitirle a ninguno mezclarse en el oficio de otro, ni tener, durante su vida, otra ocupación que la perfección del suyo. ¿No crees que también el oficio de las armas es de la mayor importancia, o que es tan fácil de aprender, que un labrador, un zapatero o cualquier otro artesano pueda al mismo tiempo ser guerrero y que, en cambio, no es posible ser buen jugador de dados o de chaquete si uno no se ejercita desde joven, o cuando sólo se juega a intervalos? ¿Y basta con coger un broquel o cualquiera otra arma para estar en condiciones de pelear en seguida como hoplita o en cualquier otra arma, siendo así que en vano se cogerían en la mano instrumentos de cualquier otro arte, creyendo, con esto, hacerse artesano, o atleta, puesto que de nada servirán no teniendo un conocimiento exacto de cada arte y no habiéndose ejercitado en ellas por mucho tiempo?

—Si así fuese, todo el mérito de un artesano estaría en los instrumentos de su arte

—dijo.

—Por consiguiente —dije yo—, cuanto más importante es el cargo de estos guardianes del Estado, tanto más han de estar exentos de otras actividades y dedicarse a la suya con competencia y celo.

—Lo creo así —dijo.

—¿Pero no se necesita disposición natural para desempeñar semejante cargo?

—¿Cómo no?

—A nosotros, pues, nos corresponde escoger, si podemos, entre los diferentes caracteres, los que son más propios para la guardia del Estado.

—Esta elección es de nuestra incumbencia, en efecto.

—¡Difícil cosa es, por Zeus! —dije—; sin embargo, no hay que desanimarse; caminemos hasta donde nuestras fuerzas lo permitan.

—Es preciso no desalentarse —dijo.

—¿Encuentras que hay diferencia entre las cualidades de guardián de un joven noble y las de un perro de raza?

—¿Qué quieres decir?

—Quiero decir que ambos deben tener un sentido fino para descubrir al enemigo, actividad para perseguirle y fuerza para pelear después de haberle alcanzado.

—Es cierto —asintió—, todo ello es necesario.

—Y bravura también para combatir bien.

—¿Cómo no?

—Pero un caballo, un perro o cualquier otro animal, ¿puede ser valiente si no es fogoso? ¿No has observado que fogosidad es algo indomable, que hace al alma intrépida, e incapaz de retroceder ante el peligro?

—Sí. Lo he observado.

—Tales son, pues, las cualidades corporales que debe tener un guardián.

—Sí.

—Así como también cierta tendencia a la fogosidad respecto al alma.

—También.

—Pero, mi querido Glaucón —dije yo—, si ellos son tales como acabas de decir, ¿no serán feroces los unos para con los otros, así como respecto a los demás ciudadanos?

—Es muy difícil que no lo sean, por Zeus —dijo él.

—Sin embargo, es preciso que sean suaves para con sus conciudadanos, y que guarden toda su ferocidad para los enemigos; de no obrar así, no habrá que esperar que otros los aniquilen, porque no tardarán en destruirse los unos a los otros.

—Es cierto —dijo.

—Entonces, ¿qué partido deberá tomarse? —pregunté—. ¿Dónde encontraremos un carácter que sea a la vez dulce y fogoso? Al parecer, una de estas cualidades destruye la otra.

—Así parece.

—Y como no se puede ser buen guardián del Estado si falta una de ellas, y como tenerlas ambas parece cosa imposible, se infiere de aquí que en ninguna parte se encuentra un buen guardián.

—Me temo que así es —dijo.

Después de haber dudado por algún tiempo y reflexionado sobre lo que acabábamos de decir, continué:

—Mi querido amigo, si nos vemos en este conflicto, nos está bien merecido por habernos separado del ejemplo que pusimos antes.

—¿Cómo?

—No hemos reflexionado que, efectivamente, se encuentran esos caracteres, que hemos tenido por quiméricos, y que reúnen estas dos cualidades opuestas.

—¿Dónde están?

—Se observan en diferentes animales y, sobre todo, en el que tomamos por ejemplo. Sabes que el carácter de los perros de buena raza consiste en que no hay animales más mansos con la familia y con los que conocen y todo lo contrario con los de fuera.

—Lo sé.

—La cosa es, por lo tanto, posible —dije yo—; cuando queremos un guardián de este carácter, no exigimos, pues, nada que sea contra naturaleza.

—No parece.

—¿No crees que le falta aún algo más a nuestro guardián, y que además de fogoso conviene que sea naturalmente filósofo?

—¿Cómo? No te entiendo —dijo.

—Es fácil observar también este instinto en el perro, y en este concepto es muy digno de nuestra admiración —dije.

—¿Qué instinto?

—Que ladra a los que no conoce, aunque no haya recibido de ellos ningún mal, y halaga a los que conoce, aunque no le hayan hecho ningún bien; ¿no has admirado este instinto en el perro?

—No he fijado hasta ahora mi atención en este punto —dijo—, pero lo que dices es exacto.

—Sin embargo, esto prueba en el perro un natural feliz y verdaderamente filosófico.

—¿En qué?

—En que no distingue al amigo del enemigo —dije—, sino porque conoce al uno y no conoce al otro; y no teniendo otra regla para discernir el amigo del enemigo, ¿cómo no ha de estar ansioso de aprender?

—No puede ser de otra manera —respondió.

—Pero estar ansioso de aprender y ser filósofo —continué—, ¿no es una misma cosa?

—Lo mismo, en efecto —convino.

—¿Podemos decir, pues, con confianza del hombre que, para ser suave con sus familiares y con los que conoce, es preciso que tenga un carácter filosófico ansioso de conocimiento?

—Sea así —dijo.

—Y, por consiguiente, que un buen guardián del Estado debe tener, además de valor, rapidez y fuerza, filosofía.

—Convengo en ello —dijo.

—Tal será el carácter de nuestros guardianes. Pero ¿de qué manera formaremos su espíritu y su cuerpo? Examinemos antes si esta indagación puede conducirnos al fin de nuestra búsqueda, que es el conocer cómo la justicia y la injusticia nacen en la sociedad, para no despreciar este dato, si puede servir, o para omitirle, si es inútil.

Intervino entonces el hermano de Glaucón:

—Creo que esta indagación contribuirá mucho al descubrimiento de lo que buscamos.

—No dejemos, pues, por Zeus, este examen, mi querido Adimanto, aunque sea operación larga —dije yo.

—No.

—Formemos, pues, a nuestros hombres como si tuviéramos tiempo para narrar cuentos.

—Así ha de ser.

—¿Qué educación, pues, conviene darles? ¿No será difícil darles otra mejor que la practicada entre nosotros tradicionalmente, y que consiste en formar el cuerpo mediante la gimnasia y el alma mediante la música?

—En efecto.

—¿Comenzaremos su educación por la música más bien que por la gimnasia?

—Sin duda.

—Los discursos, a tu parecer —pregunté—, ¿son una parte de la música?

—Sí, por cierto.

—Y los hay de dos clases, unos verdaderos, otros falsos.

—Sí.

—¿Entrarán unos y otros igualmente en nuestro plan de educación, comenzando por los discursos falsos?

—No comprendo tu pensamiento —dijo.

—¿No sabes —dije yo— que lo primero que se hace con los niños es contarles fábulas, y que aun cuando se encuentre en ellas a veces algo de verdadero, no son ordinariamente más que un tejido de falsedades? Así intervienen las fábulas en la educación de los niños antes que los gimnasios.

—Es cierto.

—Ésta es la razón que tuve para decir que era preciso comenzar su educación por la música antes que por la gimnasia.

—Tienes razón —asintió.

—Tampoco ignoras que todo depende del comienzo, sobre todo tratándose de los niños, porque en esta edad su alma, aún tierna, recibe fácilmente todas las impresiones que se quieran.

—Nada más cierto.

—¿Llevaremos, por tanto, con paciencia que esté en manos de cualquiera contar indiferentemente toda clase de fábulas a los niños, y que su alma reciba impresiones contrarias en su mayor parte a las ideas que queremos que tengan en una edad más avanzada?

—Eso no debe consentirse.

—Comencemos, pues, ante todo por vigilar a los forjadores de mitos. Escojamos los mitos convenientes y desechemos los demás. En seguida comprometeremos a las nodrizas y a las madres a que entretengan a sus niños con los mitos autorizados, y formen así sus almas con más cuidado aun que el que ponen para formar sus cuerpos. En cuanto a las fábulas que les cuentan hoy, deben desecharse en su mayor parte.

—¿Cuáles? —preguntó.

—Juzgaremos de los pequeños por los grandes, porque todos están hechos por el mismo modelo y caminan al mismo fin. ¿No es cierto?

—Sí, pero no veo cuáles son esos grandes mitos de que hablas —dijo.

—Los que Hesíodo, Homero y demás poetas han divulgado —dije—; porque los poetas, lo mismo los de ahora que los de los tiempos pasados, no hacen otra cosa que divertir al género humano con falsas narraciones.

—Pero ¿qué clase de narraciones? —preguntó—. ¿Y qué tienes que reprender en ellas?

—Lo que merece serlo y mucho —dije—, especialmente si son invenciones indecorosas.

—¿Qué quieres decir?

—Quiero decir que nos representan con palabras a los dioses y a los héroes distintos de como son, como cuando un pintor hace retratos sin parecido.

—Convengo que eso es reprensible —dijo—, pero ¿a qué caso concreto te refieres?

—Ante todo —respondí—, ¿no es una falsedad de las más enormes y de las más graves la de Hesíodo relativa a los actos que refiere de Urano, a la venganza que provocaron en Crono, a las hazañas de éste y los malos tratamientos que recibió éste de su hijo? Aun cuando todo esto fuera cierto, no son cosas que deban contarse delante de niños desprovistos de razón; es preciso condenarlas al silencio; o si se ha de hablar de ellas, sólo debe hacerse en secreto delante de un corto número de oyentes, con prohibición expresa de revelar nada, y después de haberles hecho inmolar, no un puerco, sino una víctima preciosa y rara a fin de limitar el número de los iniciados.

—Sin duda —dijo—, porque semejantes historias son peligrosas.

—Por lo mismo no deben oírse nunca en nuestro Estado —dije—. No quiero que se diga en presencia de un joven que, cometiendo los más grandes crímenes y hasta vengándose cruelmente de su mismo padre por las injurias que de él hubiera recibido, no hará nada de extraordinario, ni nada de que los primeros y más grandes dioses no hayan dado el ejemplo.

—¡No, por Zeus! No me parece tampoco —dijo— que tales cosas puedan decirse.

—Y si queremos que los defensores de nuestra república tengan horror a las disensiones y discordias —seguí—, tampoco les hablaremos de los combates de los dioses, ni de los lazos que se tendían unos a otros; además de que no es cierto todo esto. Menos aún les daremos a conocer ni por medio de narraciones, ni de pinturas o de tapicerías, las guerras de los gigantes y todas las querellas que han tenido los dioses y los héroes con sus parientes y sus amigos. Si nuestro propósito es persuadirles de que nunca la discordia ha reinado entre los ciudadanos, ni puede reinar sin cometer un crimen, obliguemos a los poetas a no componer, y a los ancianos de uno y otro sexo a no referir a tales jóvenes, nada que no tienda a este fin. Que jamás se oiga decir entre nosotros que Hera fue aherrojada por su hijo y Hefesto precipitado del cielo por su padre, por haber querido socorrer a su madre cuando éste la maltrataba, ni contar todos esos combates de los dioses inventados por Homero, haya o no alegorías ocultas en el fondo de estos relatos, porque un niño no es capaz de discernir lo que es alegórico de lo que no lo es, y todo lo que se imprime en el espíritu en esta edad deja rastros que el tiempo no puede borrar. Por esto es importantísimo que los primeros discursos que oiga sean a propósito para conducirle a la virtud.

—Lo que dices es muy sensato —asintió—; pero si se nos

preguntase cuáles son esas fábulas admisibles, ¿qué responderíamos?

Yo contesté:

—Adimanto, ni tú ni yo somos poetas. Nosotros fundamos una república, y en este concepto nos toca conocer según qué modelo deben los poetas componer sus fábulas, y además prohibir que se separen nunca de él; pero no nos corresponde a nosotros componerlas.

—Tienes razón —dijo—; pero ¿qué deberán enseñarnos esas fábulas en orden a la divinidad?

—Por lo pronto, es preciso que los poetas nos representen por todas partes a Dios tal cual es, sea en la epopeya, sea en la oda, sea en la tragedia.

—Sin duda.

—Pero la divinidad, ¿no es esencialmente buena? ¿Debe hablarse de ella nunca en otro sentido?

—¿Quién lo duda?

—Lo que es bueno no es nocivo, ¿verdad?

—No.

—Lo que no es nocivo, ¿perjudica?

—En modo alguno.

—Lo que no perjudica, ¿hace algún daño?

—Tampoco.

—Y lo que no hace daño alguno, ¿podrá ser causa de algún mal?

—¿Cómo podría?

—Y lo que es bueno, ¿no es benéfico?

—Sí.

—¿Es causa, pues, del bien que se hace?

—Sí.

—Lo que es bueno no es, por tanto, causa de todas las cosas; es causa del bien, pero no es causa del mal.

—No cabe duda —dijo.

—Por consiguiente —proseguí— Dios, siendo esencialmente bueno, no es causa de todas las cosas, como se dice comúnmente. Y si los bienes y los males están de tal manera repartidos entre los hombres que el mal domina, Dios no es causa más que de una pequeña parte de lo que sucede a los hombres y no lo es de todo lo demás. A él sólo deben atribuirse los bienes; en cuanto a los males es preciso buscar otra causa que no sea la divinidad.

—Nada más cierto que lo que dices —contestó.

—No hay, pues, que dar fe a Homero ni a ningún otro poeta,

bastante insensato para disparatar acerca de los dioses y para decir, por ejemplo, que:

Sobre el umbral del palacio de Zeus hay dos toneles, uno lleno de destinos dichosos y otro de destinos desgraciados, si Zeus toma de uno y otro para un mortal, su vida será una mezcla de buenos y malos días; pero si toma sólo de uno u otro sin mezclarlos, una terrible miseria le perseguirá sobre la divina tierra. No hay que creer tampoco que Zeus es el distribuidor de los bienes y de los males.

Si alguno dice también que por instigación de Zeus y de Atenea violó Pándaro sus juramentos y rompió la tregua, nosotros nos guardaremos bien de aprobarlo. Lo mismo digo de la querella de los dioses provocada por Temis y por Zeus, y de estos versos de Esquilo, que no consentiríamos que se dijeran delante de nuestra juventud:

La divinidad hace crecer la culpa entre los hombres cuando quiere arruinar una familia totalmente.

Y si alguno canta en yambos como éstos las desgracias de Níobe, de los Pelópidas o de Troya, no le dejaremos decir que estas desgracias son obra divina, sino, como antes dijimos, que si Dios es el autor, no ha hecho nada que no sea justo y bueno, y que este castigo se ha convertido en provecho de los mismos que lo han recibido. Lo que no debe permitirse decir a ningún poeta es que aquellos a quienes Dios castiga son desgraciados; digan en buena hora que los malos son dignos de compasión por la necesidad que han tenido del castigo, y que las penas que Dios les envía son un bien para ellos. Y cuando alguno diga delante de nosotros que Dios, que es bueno, ha causado mal a alguno, nos opondremos con todas nuestras fuerzas, si queremos que nuestra república esté bien gobernada; y no permitiremos ni a los viejos ni a los jóvenes decir ni escuchar semejantes discursos, estén en verso o en prosa, porque son injuriosos a Dios, inconvenientes al Estado e inconsistentes.

—Me agrada esta ley y suscribo con gusto su establecimiento —dijo.

—Por lo tanto —dije—, nuestra primera ley y nuestra primera regla tocante a los dioses será obligar a nuestros ciudadanos a reconocer, lo mismo cuando hablen que cuando escriban, que Dios no es el autor de todas las cosas, sino sólo de las buenas.

—Con eso basta —dijo.

—¿Qué dices ahora de la segunda ley? ¿Debe mirarse a Dios como un encantador, que se complace en tomar mil formas diferentes, y que tan pronto aparece bajo una figura extraña, como nos engaña afectando nuestros sentidos cual si realmente estuviera presente? ¿No es más bien un ser simple y, entre todos los seres, el menos capaz de mudar de forma?

—En este momento no sé aún qué responderte —dijo.

—Pues ¿qué? Cuando alguno abandona su forma natural, ¿no es necesario que ese cambio venga de él mismo o de otro?

—Sí.

—Pero las cosas mejor constituidas, ¿no son las que están menos expuestas a cambios procedentes de causas extrañas? Por ejemplo, los cuerpos sufren la acción del alimento, la bebida y el trabajo. Lo primero sucede con las plantas con relación a los vientos, al ardor del sol y a otros trastornos similares. Pues bien, ¿no son los más sanos y robustos los menos expuestos a la alteración?

—¿Cómo no?

—¿Y el alma no es tanto menos alterada y turbada por los accidentes exteriores, cuanto más enérgica e inteligente?

—Sí.

—Por la misma razón los artefactos, que son producto de la mano del hombre, los utensilios, los edificios, los vestidos, resisten al tiempo y a todo lo que puede destruirlos en la proporción en que están bien trabajados y formados de buenos materiales.

—Sin duda, así es.

—En general, todo lo que es perfecto, ya nazca su perfección de la naturaleza, ya del arte, o de ambos, está muy poco expuesto a cambios por efectos de una causa extraña.

—Así debe de ser.

—Pero Dios, así como todo lo que pertenece a su naturaleza, es perfecto.

—¿Cómo no ha de serlo?

—Luego considerado Dios desde este punto de vista, de ninguna manera es susceptible de adoptar muchas formas.

—No, desde luego.

—¿Recibirá el cambio y la alteración de sí mismo?

—Es evidente que si tuviera lugar algún cambio en Dios —dijo—, no podría venir de otra parte.

—Pero ¿este cambio se verificaría para mejorar y embellecerse o para empeorar y desfigurarse?

—Necesariamente para empeorar, si es que se altera —dijo—,

porque no supondremos que a Dios falte ningún grado de belleza ni de virtud.

—Dices bien —asentí—. Y sentado esto, ¿crees, Adimanto, que nadie, sea hombre o dios, tome de suyo una forma peor en algún sentido que la suya?

—Eso es imposible —repuso.

—Luego es imposible que Dios quiera cambiar —concluí—. Y cada uno de los dioses, muy bueno y muy bello por naturaleza, conserva siempre la forma que le es propia.

—Me parece que las cosas no pueden suceder de otra manera —dijo.

—Por consiguiente, amigo —dije—, que ningún poeta venga diciéndonos que Los dioses, disfrazados bajo formas extrañas, andan por todas partes, de ciudad en ciudad, ni divulgando falsedades con motivo de la metamorfosis de Proteo y de Tetis. Que no se nos represente en la tragedia o en cualquier otro poema a Hera bajo la figura de sacerdotisa, mendigando p ara los hijos benéficos del río Ínaco de Argos, y que no se nos cuenten mentiras de esta naturaleza. Que las madres, ilusionadas con estas ficciones poéticas, no amedrenten a sus hijos, haciéndoles creer falsamente que los dioses van a todas partes, porque eso es a la vez blasfemar contra los dioses y hacer a sus hijos cobardes y tímidos.

—Es preciso que se abstengan de hacer cosas semejantes —dijo.

—Pero ¿quizá los dioses —dije yo—, no pudiendo mudar de figura, pueden por lo menos influir sobre nuestros sentidos, y hacernos creer en estos cambios por medio de prestigios y encantamientos?

—Eso podría suceder —admitió.

—¿Y acaso un dios puede querer mentir de hecho o de palabra, presentándonos un fantasma en lugar de su personalidad?

—No lo sé —contestó.

—¡Qué! ¿No sabes que la verdadera mentira —pregunté—, si puede decirse así, es igualmente detestada por los hombres que por los dioses?

—¿Qué entiendes por eso? —dijo.

—Entiendo —aclaré— que nadie quiere acoger la mentira en la parte más noble de sí mismo, sobre todo con relación a las cosas de la mayor importancia; por el contrario, no hay cosa que más se tema.

—Aún no te comprendo —dijo.

—Crees que digo algo demasiado sublime —apunté—. Lo que digo es que nadie quiere ser ni haber sido engañado en su alma tocante a la naturaleza de las cosas, y que no hay nada que más temamos y más detestemos, que abrigar la ignorancia y la mentira en nosotros mismos.

—Tienes mucha razón —dijo.

—La mentira, hablando con propiedad, es la ignorancia, que afecta el alma del que es engañado; porque la mentira en las palabras no es más que una expresión del sentimiento que el alma experimenta; no es una mentira pura, sino un fantasma hijo del error. ¿No es cierto?

—Sí.

—¿La verdadera mentira es, por lo tanto, igualmente detestada por los hombres que por los dioses?

—Así lo creo.

—Pero ¿qué decir de la mentira en las palabras? ¿No hay circunstancias en que la mentira de palabra pierde lo que tiene de odioso, porque se hace útil? ¿No tiene su utilidad cuando, por ejemplo, se sirve uno de ella para engañar a su enemigo, y lo mismo a su amigo, a quien el furor y la demencia arrastran a cometer una acción mala en sí? ¿No es en este caso la mentira un remedio que se emplea para separarle de su designio? Y aun en lo tocante a la mitología de la que estábamos hablando, la ignorancia en que estamos en punto a los hechos antiguos, ¿no nos autoriza para acudir a la mentira que hacemos útil, dándole el colorido que la aproxime más a la verdad?

—Cierto —asintió—. Así es.

—Pero ¿por cuál de estas razones puede ser la mentira útil a Dios? ¿La ignorancia de lo que ha pasado en tiempos lejanos le obligaría a disfrazar la mentira o a mentir bajo las apariencias de lo verosímil?

—¡Eso sería ridículo decirlo! —exclamó.

—¿Luego Dios no es un poeta embustero?

—No lo creo.

—¿Mentiría por temor a sus enemigos?

—Nada de eso.

—¿O a causa de sus amigos furiosos o insensatos?

—Pero los furiosos y los insensatos no son amados por los dioses —apuntó.

—Luego ninguna razón obliga a Dios a mentir.

—No.

—Luego todo lo que es espiritual y divino, ¿es enemigo de la mentira?

—Totalmente —dijo.

—Dios, por tanto, es esencialmente recto y veraz en sus palabras y en sus acciones, no muda de forma, ni puede engañar a los demás, ni mediante fantasmas, ni mediante discursos, ni valiéndose de signos, sea durante el día y la vigilia, sea durante la noche y en sus sueños.

—Me parece que tienes razón al decir eso —asintió.

—¿Apruebas, por consiguiente, nuestra segunda ley, que prohíbe hablar y escribir, respecto a los dioses, como si fueran encantadores que toman diferentes formas y que intentan engañarnos con sus discursos y sus acciones?

—La apruebo.

—Por tanto, aunque haya en Homero muchas cosas dignas de alabanza, nunca aprobaremos el pasaje en que refiere que Zeus envió un sueño a Agamenón, ni el pasaje de Esquilo, donde hace decir a Tetis que Apolo, cantando en sus bodas, celebró su feliz descendencia: que mis hijos, libres de enfermedades, tendrían larga vida. Me había anunciado una suerte protegida por los dioses, con el canto de un peón que me colmó de alegría.

Que la mentira pudiera salir de la boca divina de Febo, que pronuncia tantos oráculos, yo no lo temía.

Pero este dios, que cantó y asistió a mis bodas, que me había prometido tanto, es, él mismo, el asesino de mi hijo.

Siempre que alguno hable de los dioses de esta manera lo rechazaremos con indignación. No consentiremos tampoco tales discursos en bocas de los maestros encargados de la educación de los jóvenes si queremos que los guardianes guarden el respeto a los dioses, hasta hacerlos semejantes a ellos en cuanto lo consiente la debilidad humana.

—Apruebo todas estas reglas —dijo él—, y soy de opinión que todas ellas deben convertirse en leyes.

## LIBRO III

—Tales son —concluí—, en orden a la naturaleza de los dioses, los discursos que conviene, a mi parecer, que oigan y que no oigan, desde la infancia, hombres cuyo principal fin debe ser honrar a los dioses y a sus padres, y mantener entre sí la amistad como un bien nada pequeño.

—Lo que hemos dispuesto sobre este punto —dijo— me parece muy razonable.

—Ahora, si queremos hacerlos valientes, ¿no es preciso que lo que se les diga tienda a hacerles despreciar la muerte? ¿Crees que se puede temer la muerte y tener valor?

—No, ¡por Zeus! —exclamó.

—Ahora bien, un hombre que está persuadido de que existe el Hades y es horrible, ¿podrá dejar de temer la muerte? ¿Podrá preferirla en los combates a una derrota y a la esclavitud?

—Eso es imposible.

—Luego nuestro deber es estar muy en guardia respecto a los discursos que tengan esta tendencia y recomendar a los poetas que no denigren tan simplistamente todo lo del Hades, con tanto más motivo cuanto que lo que refieren ni es verdadero ni beneficia a los que han de ser guerreros.

—Sin duda —asintió.

—Borremos, pues, de sus obras —dije yo— todos los versos que siguen, comenzando por los siguientes:

Yo preferiría la condición de labrador al servicio de un hombre pobre, que viva del trabajo de sus manos, a reinar sobre la multitud toda de los muertos.

Y éstos:

Se mostraría a las miradas de los mortales y de los inmortales esta estancia de tinieblas y de horrores, aborrecida por los dioses mismos.

Y después:

¡Ay de mí!, en las estancias de Hades aún nos queda un alma y una imagen, pero privada de todo entendimiento.

Y también: Él sólo piensa; los demás son sombras errantes.

Y éstos: Su alma, al salir del cuerpo, voló al Hades llorando su destino y echando de menos su virilidad y su juventud.

Y también:

Su alma, como el humo, se sume bajo la tierra dando gemidos.

Y, en fin:

Como los murciélagos, que en el fondo de un antro sagrado revolotean dando chillidos, cuando uno de ellos ha caído de la roca, y se enganchan los unos a los otros, así ellas se iban dando gemidos.

Conjuremos a Homero y a los demás poetas a que no lleven a mal que borremos de sus obras estos pasajes y otros semejantes. No es porque no sean muy poéticos y que no halaguen agradablemente el oído público; pero cuanto más bellos son, tanto son más peligrosos para los niños y para los hombres que, destinados a vivir libres, deben preferir la muerte a la servidumbre.

—Tienes razón.

—Borremos también estos nombres odiosos y formidables de Cocito, Estigia, Infiernos, Manes y otros semejantes, que hacen temblar a los que los oyen. Quizá tienen su utilidad para otro objeto; pero es de temer que el terror que ellos inspiran enfríe y debilite el valor de nuestros guardianes.

—Este temor es muy fundado —dijo.

—¿Los suprimes, pues?

—Sí.

—Y ¿nos serviremos, lo mismo en la conversación que en poesía, de expresiones enteramente contrarias?

—Evidentemente.

—¿Quitaremos igualmente esas lamentaciones y sollozos que se ponen en boca de los grandes hombres?

—Es una consecuencia necesaria —convino— de lo que acabamos de decir.

—Veamos antes si la razón autoriza o no esta supresión —seguí—. ¿No admitimos que el hombre de bien no mirará como un mal la muerte de un amigo semejante a él?

—Es cierto, lo admitimos.

—No llorará, por consiguiente, por él, como si le hubiera sucedido una desgracia.

—No, ciertamente.

—Digamos igualmente que ese hombre se basta a sí mismo para vivir bien, y que tiene sobre los demás hombres la ventaja de no necesitar de nadie para ser dichoso.

—Nada más cierto —dijo.

—Luego no será para él una desgracia perder un hijo, un hermano, riquezas o cualquier otro bien de esta naturaleza. Cuando esto le suceda, no se lamentará, sino que lo soportará con toda la paciencia posible.

—Sin duda.

—Luego con razón suprimimos en los hombres ilustres las lamentaciones, y las reservamos a las mujeres, y no a las más dignas entre ellas, así como a los hombres viles; puesto que queremos que los que destinamos para guardar nuestro país se avergüencen de semejantes debilidades.

—En esto obramos perfectamente —dijo.

—Conjuremos una vez más a Homero y a los demás poetas para

que no nos representen a Aquiles, el hijo de una diosa,

Tan pronto echado sobre el costado, tan pronto boca arriba o boca abajo sobre la tierra, tan pronto errante, presa del dolor, sobre la ribera del mar estéril, ni Tomando el polvo negruzco con dos manos, y cubriéndose con él la cabeza, o llorando y gimiendo; ni a Príamo, rey casi igual a los dioses, suplicando y Revolcándose por el estiércol, y llamando uno tras otro a cada uno por su nombre.

También les suplicamos que no nos representen a los dioses llorando y exclamando:

¡Ay de mí! ¡Cuán lamentable es mi suerte, madre desgraciada de un héroe!

Y si no respetan a los demás dioses, que no tengan al menos el atrevimiento de poner en la boca del más grande de ellos estas palabras:

¡Ay de mí! Veo con sentimiento a un mortal que me es querido, huyendo alrededor de las murallas; mi corazón está turbado.

Y en otro pasaje:

¡Desgraciado de mí! He aquí el momento en que Sarpedón, el mortal que más quiero, va por la voluntad del destino a perecer en manos de Patroclo el Menecíada.

Porque, mi querido Adimanto, si nuestros jóvenes toman en serio esta clase de historias, y si no se burlan de todas estas debilidades, como indignas de los dioses, les será difícil creerlas indignas de sí mismos; puesto que de todas maneras no son más que hombres, no se avergonzarán de tales acciones y discursos, y a la menor desgracia que les suceda, se abandonarán cobardemente a los gemidos y a las lágrimas, sin vergüenza ni entereza.

—Nada más cierto que lo que dices —asintió.

—Acabamos de ver que no debe ser así, y debemos atenernos a las razones expuestas mientras no se nos presenten otras mejores.

—Sin duda, no debe ocurrir.

—Pero tampoco será conveniente que se sientan inclinados a la hilaridad. Una risa excesiva da lugar casi siempre a una alteración también violenta.

—Lo creo así —dijo.

—Luego no debemos consentir que se nos represente a los hombres grandes, y menos aún a los dioses, dominados por una risa que no puedan contener.

—Mucho menos —dijo.

—Y no aceptaremos a Homero cosas como ésta:

Una risa inextinguible estalló entre los dioses, cuando vieron a Hefesto agitarse cojeando.

Esto, según tu razonamiento, es inadmisible.

—Si tú dices que es mío... —dijo—. Sea, no hay que admitirlo.

—Sin embargo, la verdad tiene derechos, que es preciso respetar. Porque, si no nos engañamos cuando dijimos que la mentira nunca es útil a los dioses, pero que lo es algunas veces a los hombres, cuando se sirven de ella como de un remedio, es evidente que su uso sólo puede confiarse a los médicos y no a todo el mundo indiferentemente.

—Es evidente —dijo.

—Sólo a los magistrados supremos pertenece el poder mentir, a fin de engañar al enemigo o a los ciudadanos para bien de la república. La mentira no debe nunca permitirse a los demás hombres, y así diremos que un particular que engaña al magistrado es tanto o más culpable que un enfermo que engaña a su médico, que un atleta que oculta al maestro encargado de su formación las disposiciones de su cuerpo, y que un marinero que disimula al piloto el estado de la nave y de sí mismo o del resto de la tripulación.

—Es muy cierto —dijo.

—Por consiguiente, si el magistrado coge en mentira a algún ciudadano, sea de la condición de los artesanos, sea adivino, sea médico, sea carpintero, le castigará severamente, como a quien introduce en el Estado lo mismo que en la nave un mal capaz de trastornarle y perderle.

—Este mal indudablemente perdería al Estado, si los actos correspondiesen a las palabras —dijo.

—¿No deberemos también desarrollar en nuestros jóvenes la templanza?

—¿Cómo no?

—¿No son los principales efectos de la templanza para la mayoría hacernos sumisos para con los que mandan y dueños de nosotros mismos en todo lo relativo a comer y beber y en los placeres amorosos?

—Sí, así me lo parece.

—Por lo mismo, aprobaremos el pasaje de Homero en que Diomedes dice:

Amigo, siéntate, guarda silencio sigue mis consejos.

Y este otro:

Los griegos marchan llenos de ardor y de valor,

en silencio, mostrando su respeto a los jefes,
y todos los demás pasajes semejantes.

—Los aprobaremos.

—¿Diremos lo mismo de estas palabras?:

Borracho, que tienes los ojos de un perro y el corazón de un ciervo,

¿y lo que sigue, así como todas las injurias que los poetas y los demás escritores ponen en boca de los inferiores en contra de los superiores?

—Ésos no están bien.

—Semejantes discursos no son a propósito, creo, para inspirar moderación a nuestros jóvenes, aunque si les inspiran algún deleite, no debe sorprendernos. ¿Qué piensas?

—Pienso como tú —respondió.

—¡Pero qué! Cuando Homero hace decir al sabio Ulises que nada le parecía más bello que mesas cubiertas de pan y carne, y un escanciador sacando el vino de la crátera para llevarlo y derramarlo en las copas. ¿Te parece apto para que el joven que lo oiga tenga autodominio? Y en otra parte, que la muerte más triste es perecer de hambre. O cuando nos presenta a Zeus olvidando, por el exceso de la pasión, los proyectos que había formado cuando sólo él vigilaba durante el sueño de los dioses y de los hombres; y de tal manera impresionado a la vista de Hera que no espera a retirarse a su palacio, sino que quiere yacer con ella en aquel mismo sitio, protestándole que jamás había sentido tanto cariño por ella, ni cuando por primera vez se vieron sin saberlo sus padres o cuando se refiere a la aventura de Ares y Afrodita, sorprendidos en las redes de Hefesto.

—De ninguna manera, por Zeus, me parece apto.

—En cambio —dije yo—, cuando nos pinta sus héroes hablando y obrando con espíritu invencible, entonces sí que es preciso admirarle y escucharle; como, por ejemplo, cuando dice:

Golpeándose el pecho, reprendió a su corazón con estas palabras:

Mantente firme, corazón mío, tú has soportado los más terribles males.

—Sí, ciertamente —asintió.

—Tampoco debe consentirse que nuestros hombres sean ansiosos de riqueza, ni que se dejen corromper por presentes.

—No, sin duda.

Que no se cante delante de ellos que Los presentes ganan a los dioses, ganan a los reyes venerables.

Y que no se tenga por sabio el consejo que Fénix, ayo de Aquiles, dio a éste, diciéndole que socorriera a los aqueos si le hacían presentes, y que les guardara resentimiento si no se los hacían. También nos negaremos a creer y confesar que Aquiles haya sido codicioso hasta el punto de recibir presentes de Agamenón, y de no entregar un cadáver hasta no haber recibido el rescate.

—Tales hechos no son dignos de alabanza —dijo.

—Me abstengo de decir por respeto a Homero que es una impiedad atribuir tales hechos a Aquiles y haber dado crédito a lo que otros antes que él habían publicado. Otro tanto digo de las amenazas que este héroe dirige a Apolo:

Tú me has engañado, arquero, el más funesto de los dioses: yo te castigaría si tuviera poder para ello.

Y de su resistencia frente a un dios, el río Janto, contra el que estaba dispuesto a batirse; y de lo que dijo con ocasión de su cabellera, que estaba consagrada a otro río, el Esperqueo:

Al héroe Patroclo quiero dar mi cabellera.

No es creíble que haya hecho eso cuando murió Patroclo, ni que haya arrastrado el cadáver de Héctor alrededor de la tumba de aquél, ni que haya inmolado y hecho quemar en la hoguera troyanos cautivos. Sostendremos que nada de esto es cierto, y no consentiremos que se haga creer a los nuestros que Aquiles, el hijo de una diosa y del sabio Peleo, y descendiente éste en tercer grado de Zeus, Aquiles, el discípulo del sapientísimo Quirón, haya tenido un alma tan desarreglada que se dejara dominar por dos pasiones tan contrarias, como lo son una miserable avaricia y un orgullo que le llevaba a despreciar a los dioses y a los hombres.

—Tienes razón —dijo.

—Guardémonos de creer eso y de permitir que se diga que Teseo, hijo de Poseidón, y Pirítoo, hijo de Zeus, hayan intentado los raptos sacrílegos que se les atribuyen, ni que ningún otro hijo de Zeus, ningún héroe se haya hecho culpable de las crueldades y de las impiedades de que les acusan falsamente ahora. Obliguemos a los poetas a reconocer que los héroes nunca han cometido semejantes acciones; o que, si las han cometido, ya no son descendientes de los dioses. Pero no les permitamos decir que son a la vez hijos de los dioses y culpables de semejantes crímenes, ni que persuadan a nuestros jóvenes de que los dioses han producido algo malo y que los héroes no valen más que los hombres. Porque, como dijimos antes, esta clase de discursos ofenden a la verdad y a la religión y ya hemos demostrado lo repugnante que es suponer que los dioses sean autores de mal alguno.

—¿Cómo no?

—Añadamos que tales discursos son muy peligrosos para los que los escuchan. En efecto, cualquier hombre justificará a sus ojos su propia maldad cuando esté persuadido de que no hace más que lo que han hecho los descendientes de los dioses, los parientes de Zeus, que tienen en la cima del Ida, en medio del puro éter, un altar en que hacen sacrificios a su padre, y que llevan aún en sus venas la sangre de los inmortales. Por todas estas razones desterremos de nuestra ciudad esta clase de ficciones, por temor de que engendren en la juventud una lamentable facilidad para cometer los mayores crímenes.

—Desde luego —dijo.

—Puesto que hemos comenzado a fijar —continué— los discursos que deben decirse y los que no, ¿hay todavía algunos de otra especie de que tengamos que hablar? Ya hemos tratado todo lo que hace relación a los dioses, a los genios, a los héroes y al Hades.

—Ciertamente.

—Aquí correspondería agregar lo relativo a los discursos que se refieren a los hombres, ¿no es así?

—Sin duda.

—Pero, mi querido amigo, en este momento esto es imposible.

—¿Por qué?

—Porque yo creo que diríamos que los poetas y los autores de fábulas se engañan gravemente con relación a los hombres cuando dicen que los malos son dichosos en su mayor parte y los hombres de bien desgraciados; que la injusticia es útil en tanto que permanece oculta y, por el contrario, que la justicia es dañosa al que la práctica y útil a los demás. Les prohibiríamos semejantes discursos y les prescribiríamos que en lo sucesivo cantaran y relataran lo contrario, ¿no es verdad?

—Estoy persuadido de ello —dijo.

—Pero si confiesas que en esto tengo razón, ¿no deberé concluir que convienes en lo que se cuestiona desde el principio de esta conversación?

—Es justa tu reflexión —dijo.

—Por consiguiente, ¿reservaremos el tratar de cuáles son los discursos que deben admitirse respecto de los hombres para cuando hayamos descubierto lo que es la justicia y si es ventajoso en sí ser justo, sea uno o no tenido por tal?

—Tienes mucha razón —dijo.

—Basta lo dicho sobre los discursos, y pasemos a la dicción. De esta manera habremos tratado a fondo lo que debe ser materia de los discursos y la forma que conviene darle.

—No entiendo eso que dices —replicó Adimanto.

—Pues hay que entenderlo —respondí—. Veamos si me entenderás mejor de otra manera. Todo lo que dicen los poetas y los autores de fábulas, ¿es otra cosa que una narración de las cosas pasadas, presentes o futuras?

—¿Qué otra cosa puede ser? —dijo.

—Para ello, ¿no emplean o una narración simple, o una imitativa, o una compuesta de una y otra?

—Te suplico que te expliques más claramente también en esto —dijo.

—Soy un maestro singular, a lo que parece, porque no puedo hacerme entender —exclamé—. Voy a ver, siguiendo el ejemplo de los que no tienen facilidad en explicarse, si puedo hacerte comprender mi pensamiento presentándotelo, no en general, sino en ejemplos sucesivos. Respóndeme. ¿Sabes los primeros versos de la Ilíada, donde Homero refiere que Crises fue en busca de Agamenón para suplicarle que le entregara su hija, y que como Agamenón se negara con aspereza, él se retiró y conjuró al dios para que enviara males a los aqueos?

—Lo sé.

—Sabes también que hasta en estos versos:

Imploraba a todos los aqueos, y sobre todo a los dos hijos de Atreo, jefes de pueblos, el poeta habla en su nombre, y no trata de hacernos creer que sea otro el que habla y no él. Pero después de estos versos habla en nombre de Crises y emplea todo su arte para persuadirnos de que no es Homero el que habla sino el anciano sacerdote. La mayor parte de las relaciones de lo ocurrido en Ilión e Ítaca y de la Odisea entera son de este género.

—Es cierto —dijo.

—Ahora bien, ¿no es siempre una narración, ya hable el poeta por sí o ya lo haga por boca de otros?

—¿Cómo no ha de serlo?

—Y cuando habla por boca de otros, ¿no diremos que trata de conformarse todo lo posible con el lenguaje de aquel en cuyo nombre habla?

—Sí lo diremos.

—Ahora bien, asimilarse uno mismo a otro por el gesto o por la palabra, ¿no es imitarle?

—¿Qué, si no?

—Por lo tanto, en estos casos las narraciones, tanto del poeta considerado como de los demás, son narraciones imitativas.

—En efecto.

—Por el contrario, si el poeta no se ocultase nunca bajo la persona de otro, todo su poema y su narración serían simples y sin imitación; y para que no me digas que no comprendes cómo puede hacerse esto, voy a explicártelo. Si Homero, después de haber dicho que Crises había venido al campo con el rescate de su hija y que había suplicado a los aqueos, sobre todo a los dos reyes, hubiera continuado la relación como tal Homero, y no como Crises, reconocerás que no sería ya una imitación sino una narración sencilla. He aquí, por ejemplo, cómo se hubiera explicado; y me serviré de la prosa, porque no soy poeta:

«El sacerdote, al llegar al campamento, suplicó a los dioses que permitieran a los griegos tomar a Troya, y que les concedieran una vuelta feliz. Al mismo tiempo conjuró a los griegos, por respeto al dios, a que le devolvieran a su hija y aceptaran su rescate. Todos los griegos llenos de respeto por este anciano, consintieron en su demanda; pero Agamenón se levantó contra él, le mandó que se retirara y que no se presentara jamás en su presencia, no fuese que ni el cetro ni las ínfulas del dios le librasen de su cólera. Que antes de entregar la hija, ella envejecería con él en Argos; que se marchase y no le irritase más, si quería volver sano y salvo a su casa. El anciano se retiró temblando y sin decir nada. Luego que se alejó del campamento dirigió una súplica a Apolo, invocándole con todos sus nombres, recordándole todo lo que había hecho por agradarle, ya construyendo templos, ya inmolándole víctimas escogidas; y en recompensa de su piedad le suplicó que lanzara sus flechas sobre los aqueos, para vengar las lágrimas que le habían hecho derramar».

A esto llamo yo una narración simple y sin imitación.

—Lo entiendo —dijo.

—Comprende igualmente —añadí— que hay una especie de narración que es opuesta a ésta. Es aquella en la que el poeta, suprimiendo todo lo que intercala por su cuenta en los discursos de aquellos a quienes hace hablar, sólo deja el diálogo.

—Comprendo también eso —dijo—. Esta narración es la propia de la tragedia.

—Justamente —dije—. Creo ahora haberte hecho entender lo que no comprendías al principio; a saber, que en la poesía y en toda ficción la primera clase de narración es imitativa y, como acabas de decir, pertenece a la tragedia y a la comedia. La segunda se hace en nombre del poeta, y la verás empleada en los ditirambos. La tercera es una mezcla de una y otra, y nos servimos de ella en la epopeya y en otras cosas, ¿me entiendes?

—Sí, entiendo lo que querías decir —asintió.

—Recuerda también lo que dijimos antes: que después de haber establecido lo que se debe decir, nos faltaba examinar el modo de decirlo.

—Lo recuerdo.

—Quería decirte que necesitábamos discutir juntos si hemos de dejar a los poetas la libertad de servirse de narraciones puramente imitativas o de unas y otras a la vez, y qué reglas les prescribiremos para esta clase de narraciones, o si les prohibiremos toda imitación.

—Adivino tu intención —dijo—: quieres ver si admitiremos o no la tragedia y la comedia en nuestro Estado.

—Quizá —dije yo—, y acaso algo más. En este momento no lo sé aún. Pero iré adonde el soplo de la argumentación me lleve.

—Bien dicho —señaló.

—Examina ahora, mi querido Adimanto, si será conveniente que nuestros guardianes sean imitadores o no. ¿No resulta, de lo que antes dijimos, que cada uno sólo puede hacer bien una sola cosa, y que si se aplica a muchas no conseguirá ser bien considerado en ninguna?

—¿Cómo no va a ser así?

—¿No sucede lo mismo con respecto a la imitación, que un hombre solo no puede imitar muchas cosas tan bien como una sola?

—No, ciertamente.

—Menos podría aplicarse a una función importante y al mismo tiempo imitar muchas cosas y sobresalir en la imitación, cuando se ve que en dos cosas, que tanto se dan la mano como la comedia y la tragedia, es difícil que un mismo hombre sobresalga en ambas. ¿No las llamabas antes imitaciones?

—Sí, y tienes razón en decir que no se puede sobresalir a la vez en estos dos géneros.

—Tampoco se ve que un mismo hombre pueda ser a la vez rapsodista y actor.

—Es cierto.

—Los mismos actores no son siquiera buenos por igual para lo trágico y para lo cómico. Y, sin embargo, estos dos géneros no son más que imitaciones, ¿no?

—Lo son.

—Es más, me parece, Adimanto, que las facultades del hombre se dividen con relación a aplicaciones más limitadas aún; de suerte que le es imposible imitar bien muchas cosas o hacer seriamente las cosas que reproduce por la imitación.

—Nada más cierto —dijo.

—Si nos atenemos, pues, al primer principio establecido, según el cual nuestros guardianes, libres de toda otra ocupación, deben ser únicamente artesanos hábiles de la libertad del Estado por todos los medios propios a este efecto, no les conviene hacer ni imitar ninguna otra cosa; o si imitan algo, que sea, desde niños, aquello que puede conducirles a su fin, es decir, el valor, la templanza, la piedad, la grandeza de alma y las demás virtudes; pero que no imiten nada que sea bajo y vergonzoso, no sea que se hagan tales como los que imitan. ¿No has observado que la imitación, cuando se contrae el hábito desde la juventud, trasciende a las costumbres y a la naturaleza, modificando el aspecto corporal, la voz y el pensamiento?

—Eso sucede comúnmente —dijo él.

—No consintamos, pues —seguí—, que los que son objeto de nuestro cuidado y para quienes es un deber llegar a ser hombres de bien, se complazcan, siendo varones, en imitar a una mujer, sea joven o vieja, querellosa para con su marido o llena de orgullo, que pretenda igualarse a los dioses, jactanciosa de su supuesta felicidad, o que se abandone en la desgracia a quejas y lamentaciones. Menos imitarán a la enferma, a la enamorada o a la que está con los dolores del parto.

—De ningún modo —dijo él.

—Que tampoco imiten a los esclavos, hombres o mujeres, en las acciones propias de su condición.

—Tampoco eso.

—Ni a los hombres malos y cobardes, o con cualidades opuestas a las que antes citábamos, que se querellan, se dirigen burlas u obscenidades unos a otros, ya cuando están embriagados, ya a sangre fría; ni las demás acciones o discursos en que tales gentes faltan a lo que se deben a sí mismos y a los demás. No creo tampoco que deban acostumbrarse a remedar lo que dicen o hacen los dementes. Debe conocerse a los dementes y a los malos hombres y mujeres, pero no se les debe imitar ni parecérseles.

—Es cierto —dijo.

—Pues ¿qué? —proseguí—. ¿Deben imitar a los herreros o a cualquier otro obrero, a los remeros de trirremes o a los que les marcan el ritmo, en fin, a personas semejantes?

—¿Cómo han de poder hacerlo —dijo—, cuando no les es permitido ni aun prestar atención a ninguna de estas profesiones?

—Y ¿qué hay del relincho de los caballos, el mugido de los toros, el murmullo de los ríos, del mar, del rayo y todo lo demás? ¿Les conviene imitar todo esto?

—¡Pero si se les ha vedado que sean locos y que imiten a los que lo son!

—Entonces —dije—, si comprendo bien tu pensamiento, hay un modo de hablar y de narrar de que se sirve el hombre de bien cuando tiene algo que decir; y hay otro modo muy diferente de éste, del cual se sirven los hombres cuyo natural o educación son opuestos a aquéllos.

—¿Cuáles son esos modos? —preguntó.

—En mi opinión —dije— el hombre cabal, cuando su discurso le lleva a referir lo que ha dicho o hecho un hombre semejante a él, se esforzará por representarle en su persona, y no se avergonzará de semejante imitación, sobre todo cuando tenga por objeto pintarle en una situación en que haya mostrado sabiduría y firmeza, y no lo hará con tanto gusto y asiduidad cuando se haya visto abatido por la enfermedad, vencido por el amor, embriagado o en cualquier otra situación análoga. Pero cuando se le presente un personaje que esté por bajo de él, nunca se rebajará hasta el punto de imitarlo seriamente, y lo hará sólo como de paso y cuando aquél haya de realizar una buena acción; y aun en este caso no dejará de ruborizarse, porque no está acostumbrado a imitar esta clase de personas, y se querría muy mal si se amoldase y formase según un modelo inferior a sí mismo; y sólo por ser cosa momentánea no rechazará esta imitación con desprecio.

—Es natural —dijo.

—Su narración será, pues, como la que referimos antes de Homero, en parte simple y en parte imitativa, si bien haciendo que aparezca pocas veces la imitación en todo el desarrollo del discurso; ¿tengo razón?

—Sí, así es como debe hablar un hombre de ese carácter —dijo.

—Con respecto al que tiene un carácter opuesto, en cambio —

continué—, cuanto más malo sea, mayor será su tendencia a imitarlo todo; creerá que no hay nada que sea inferior a él, y así hará estudio en imitar en público a todas las cosas que antes enumeramos: el ruido del trueno, de los vientos, del granizo, de los ejes de los carros, de las ruedas; el sonido de las trompetas, de las flautas, siringes y toda suerte de instrumentos, incluso las voces de los perros, los corderos y las aves; todo su discurso se reducirá a imitar el tono y las expresiones de otro, sin que apenas entre en él la narración simple.

—No puede ser de otra manera —convino.

—Tales son las dos clases de narración de que quería hablarte.

—Así son, en efecto —dijo.

—La primera, como ves, admite pocos cambios y tan pronto como se ha encontrado la armonía y el ritmo que le convienen, al recitador le basta con ceñirse a la misma cadencia y armonía —pues son escasas las variaciones— y a un ritmo también muy uniforme.

—Así es —dijo.

—La segunda clase, por el contrario, ¿no te parece que necesita de todas las armonías y de todos los ritmos para expresar bien lo que quiere decir, puesto que abraza todos los cambios imaginables?

—Es cierto también, en efecto.

—Pero ¿acaso todos los poetas, y en general los que refieren alguna cosa, no emplean ya una, ya otra de estas narraciones, o las mezclan?

—Forzosamente —admitió.

—¿Qué haremos en este caso? —pregunté—. ¿Daremos cabida en nuestro Estado a estas tres clases de narraciones o sólo admitiremos una u otra de las simples o la mixta?

—Si ha de vencer mi opinión —dijo—, nos atendremos a la imitación simple, hecha para representar al hombre de bien.

—Sí; pero mi querido Adimanto, la narración mixta es también muy grata; pero la narración opuesta a la que tú escoges es la que agrada más a los niños, a los que gobiernan a la juventud y al pueblo en general.

—En efecto, es la que más agrada.

—Aunque quizá alegarás —dije— que no se conforma esto con nuestro plan de gobierno, porque entre nosotros no hay un hombre que reúna en sí los talentos de dos o más hombres, y cada uno sólo puede hacer una cosa.

—En efecto, no se ajusta.

—Por este mismo motivo, sólo en nuestro Estado el zapatero es simplemente zapatero y no piloto; el labrador, labrador y no juez; el guerrero, guerrero y no comerciante; y así de los demás.

—Es cierto —dijo.

—Luego, si uno de estos hombres, hábiles en el arte de imitarlo todo y de adoptar mil formas diferentes, viniese a nuestra ciudad para exhibir su arte y sus obras, nosotros le rendiríamos homenaje como a un hombre divino, maravilloso y arrebatador; pero le diríamos que nuestro Estado no puede poseer un hombre de su condición y que no nos era posible admitir personas semejantes. Le despediríamos después de haber derramado mirra sobre su cabeza y de haberla adornado con ínfulas de lana; y nos daríamos por contentos con tener un poeta y recitador más austero y menos agradable, si bien más útil, que imitara el tono del discurso que conviene al hombre de bien, y siguiera escrupulosamente las fórmulas que hemos prescrito al trazar el plan de la educación de nuestros guerreros.

—Si se nos dejara la elección, preferiríamos el último sin dudar —dijo.

—Pues bien, me parece, mi querido amigo —continué—, que hemos tratado a fondo esta parte de la música que corresponde a los discursos y a las fábulas, puesto que hemos hablado de lo que hay que decir y de la forma de decirlo.

—Soy de tu parecer yo también —dijo.

—Nos resta hablar —proseguí— de esta otra parte de la música que corresponde al canto y a la melodía, ¿no?

—Sí, evidentemente.

—¿Quién no ve, desde luego, lo que deberemos decir sobre este punto y qué reglas habremos de prescribir, si seguimos nuestros principios?

Entonces Glaucón, echándose a reír, dijo:

—No soy de este número, me temo, Sócrates, porque no podría decir con exactitud a qué debemos atenernos sobre esta materia, aunque lo entrevea confusamente.

—Por lo menos —repliqué—, puedes decirnos algo primordial: que la melodía se compone de tres elementos: las palabras, la armonía y el ritmo.

—¡Ah, eso sí! —dijo.

—En cuanto a las palabras cantadas, ¿no deben, como las no acompañadas de música, componerse según las leyes que hemos ya prescrito?

—Sin duda —dijo.

—Es preciso que la armonía y el ritmo, por su parte, correspondan a las palabras.

—¿Cómo no?

—Pero hemos dicho ya que no hacían ninguna falta en el discurso las quejas y las lamentaciones.

—Ninguna, en efecto.

—¿Cuáles son las armonías lastimeras? Dímelo, ya que eres músico.

—La lidia mixta, la lidia tensa y otras semejantes —enumeró.

—Es preciso, por consiguiente, suprimirlas como malas —dije yo— no sólo para los hombres, sino también para aquellas mujeres que se precian de ser sabias y moderadas.

—Totalmente de acuerdo.

—Nada más indigno de los guardianes, asimismo, que la embriaguez, la molicie y la indolencia.

—¿Cómo no?

—¿Cuáles son, pues, las armonías muelles y usadas en los festines?

—Algunas variedades de la jónica y la lidia, consideradas armonías relajantes.

—¿Pueden ser de algún uso para los guerreros, querido?

—De ninguno —aseguró—, y, por lo tanto, no quedan otras que la dórica y la frigia, me temo.

—Yo no conozco todas las especies de armonía —dije—, escoge sólo éstas: una fuerte, que traduzca el tono y las expresiones de un hombre de corazón, sea en la pelea, sea en cualquier otra acción violenta, como cuando, sin que le detengan las heridas ni la muerte o estando sumido en la desgracia, espera en tales ocasiones, con firmeza y sin abatirse, los azares de la fortuna; otra más tranquila, propia de las acciones pacíficas y completamente voluntarias de alguien que intenta convencer a otro de algo, con súplicas si es un dios, con advertencias o amonestaciones, si es un hombre; o que, al contrario, se rinde a sus súplicas, escucha sus lecciones y sus dictámenes, y que por lo mismo nunca experimenta el menor contratiempo, y que, en fin, lejos de enorgullecerse con sus triunfos, se conduce con sabiduría y moderación y está siempre contento con su suerte. Reservemos estas dos armonías, violenta y pacífica, que pueden imitar las voces de los desdichados o los felices, los prudentes o los valerosos.

—Las que pides son precisamente las dos últimas que yo he

nombrado —dijo.

—¿Tampoco tendremos necesidad de instrumentos de numerosas cuerdas ni de la técnica panarmónica en nuestros cantos y en nuestra melodía?

—No, sin duda —aseguró.

—¿Ni sostendremos fabricantes de triángulos, de plectros y otros instrumentos de cuerdas numerosas y de muchas armonías?

—No lo parece.

—¿Pero consentirías en nuestra república a los constructores y tocadores de flauta?

¿No equivale este instrumento a los que tienen el mayor número de cuerdas? Y los que reproducen todos los tonos, ¿son otra cosa que imitaciones de la flauta?

—Lo son, en efecto —dijo.

—Así, no nos quedan más que la lira y la cítara para la ciudad —dije— y para los campos la siringa, que usarán los pastores.

—Es evidente, después de lo que acabamos de decir —reconoció.

—Por lo demás, mi querido amigo, no haremos nada extraordinario al dar preferencia a Apolo sobre Marsias, y a los instrumentos inventados por este dios a los del sátiro.

—No, ciertamente, por Zeus —exclamó.

—¡Por el Can! —exclamé yo—, ya tenemos reformado, sin apercibirnos de ello, este Estado, que decíamos que rebosaba en delicias.

—Y lo hemos hecho sabiamente —asintió.

—Reformémoslo, pues, por entero —dije— y digamos del ritmo como dijimos de la armonía, que es preciso desterrar la variedad y multiplicidad de medidas; indagar qué ritmos expresan el carácter de la vida ordenada y valerosa, y después de haberlos encontrado, someter el pie y la melodía a las palabras, y no las palabras al pie y a la melodía. A ti te toca decir cuáles son estos ritmos, como lo has hecho respecto a las armonías.

—¡Por Zeus! No me es fácil satisfacerte —replicó—. Sólo te diré que todas las medidas se reducen a tres tipos, así como todas las armonías resultan de cuatro tonos principales; eso lo digo porque lo he observado, pero no podré decirte qué medidas convienen a los diferentes caracteres que se quieren expresar.

—Examinaremos más adelante con Damón qué medidas expresan la bajeza, la insolencia, la demencia y otros defectos semejantes, así como las que convienen a las virtudes opuestas. Creo haberte oído hablar algo confusamente de cierto metro compuesto que llamaba enoplio, de un dáctilo y un heroico, y que componía, no sé cómo, igualando la parte tónica con la átona y terminando en sílabas largas o breves; además, formaba otro que llamaba yambo, a lo que creo, y yo no sé qué otro que llamaba troqueo, que se componían de largas y breves. Observé también que en algunas ocasiones aprobaba o condenaba tanto el metro como el ritmo mismo, o un no sé qué que resultaba del uno y del otro, porque no puedo decir con claridad lo que es; pero dejemos este punto, como te dije antes, para discutirlo con Damón. Me parece que esta discusión exige mucho tiempo; ¿o piensas otra cosa?

—En absoluto, por Zeus.

—Por lo menos, podrás decirnos si se encuentra gracia allí donde se encuentra la perfección del ritmo, y lo contrario allí donde esta perfección falta.

—¿Cómo no?

—Pero la perfección del ritmo sigue de ordinario a la belleza de las palabras y la arritmia a lo contrario; porque, como dijimos antes al hablar de lo armónico y lo inarmónico, el ritmo y la armonía están hechos para las palabras, y no las palabras para el ritmo y la armonía.

—Es cierto que uno y otro deben acomodarse al discurso —dijo él.

—Pero el género de la dicción y el discurso mismo, ¿no se siguen del carácter del alma?

—¿Cómo no?

—Y todo lo demás, ¿no sigue también a la expresión?

—Sí.

—Por consiguiente, la belleza de la dicción, la armonía, la gracia y el buen ritmo del discurso son consecuencia de la simplicidad del alma. Y no entiendo por esta palabra la estupidez, como con el fin de suavizar la expresión se llama a la necedad, sino que entiendo el carácter de un alma cuyas costumbres son verdaderamente bellas y buenas.

—Es cierto —dijo.

—Nuestros jóvenes, ¿no deben proponerse, pues, adquirir todas estas cualidades, si quieren cumplir sus deberes?

—Sin duda deben perseguirlas.

—Por lo menos, éste es el objeto de la pintura y de toda artesanía análoga, del arte de tejer y bordar, de la arquitectura y de la naturaleza misma en la producción de las plantas y de los cuerpos vivos. La gracia o la falta de gracia se encuentra en sus obras; y así como la falta de gracia, de ritmo y de armonía se hermanan con el lenguaje grosero y el mal carácter, así las cualidades opuestas son la imagen y la expresión del carácter opuesto, sensato y bondadoso.

—Tienes toda la razón —dijo.

—No bastará, pues, que vigilemos a los poetas, obligándoles a que nos presenten en sus obras modelos de buen carácter o a no divulgarlas en absoluto. Será preciso que fijemos nuestras miradas sobre todos los demás artistas, para impedir que copien en pintura, en arquitectura o en cualquier otro género, la maldad, la intemperancia, la vileza o la fealdad. En cuanto a los que no pueden obrar de otra manera, deberemos prohibirles que trabajen entre nosotros por temor de que los encargados de la guarda de nuestro Estado, educados en medio de estas imágenes viciosas, como en malos pastos, y alimentándose, por decirlo así, cada momento con la vista de tales objetos, no contraigan al fin algún mal vicio en el alma, sin apercibirse de ello. Nos interesa, por el contrario, buscar artistas hábiles, capaces de seguir la huella de la naturaleza de lo bello y de lo gracioso, a fin de que nuestros jóvenes, educados en medio de sus obras como en una atmósfera pura y sana, reciban sin cesar saludables impresiones por los ojos y por los oídos, y que desde la infancia se vean insensiblemente conducidos a imitar y amar lo bello, y a establecer entre éste y ellos mismos un perfecto acuerdo. ¿No es así?

—Nada puede ser preferible a una educación semejante —respondió.

—¿No es por esta misma razón, mi querido Glaucón —dije yo—, la música la parte principal de la educación, porque insinuándose desde muy temprano en el alma, el ritmo y la armonía se apoderan de ella, y consiguen que la gracia y lo bello entren como un resultado necesario en ella, siempre que se dé esta parte de educación como conviene darla, puesto que sucede todo lo contrario cuando se la desatiende? Y también porque, educado un joven cual conviene, en la música, advertirá con la mayor exactitud lo que haya de imperfecto y de defectuoso en las obras de la naturaleza y del arte, y experimentará a su vista una impresión justa y penosa; alabará por la misma razón con entusiasmo la belleza que observe, le dará entrada en su alma, se alimentará con ella, y se hará, por este medio, excelente; mientras que en el caso opuesto mirará con desprecio y con una aversión natural lo indecoroso; y como esto sucederá desde la edad más tierna, antes de que le ilumine la luz de la razón, apenas haya ésta aparecido la verá venir con más alegría que nadie al reconocerla como algo familiar.

—He aquí, a mi parecer, las ventajas que se buscan al educar a los niños en la música —dijo él.

—Pues bien —continué—, en la misma forma que no podemos suponernos instruidos en la lectura mientras no conozcamos perfectamente todas las letras elementales, que son pocas, en todas sus combinaciones, sin despreciar ninguna, pequeña o grande, como indigna de atención, y no nos dediquemos a reconocer por todas partes estas letras, porque de no saberlo así nunca llegaríamos a saber leer...

—Es cierto.

—Lo mismo que, si no conociésemos las letras en sí mismas, jamás podríamos reconocer su imagen representada en el agua y en los espejos, siendo lo uno y lo otro objeto de la misma ciencia y del mismo estudio...

—Del todo cierto.

—De la misma manera, en nombre de los dioses inmortales, ¿no podré decir que nunca seremos nosotros, ni serán los guardianes que nos proponemos formar, excelentes músicos, si no nos familiarizamos con las formas específicas de la templanza, de la valentía, de la generosidad, de la grandeza de alma y demás virtudes, hermanas de éstas, que se nos presentan en mil objetos diferentes, así como de sus contrarias respectivas; si no las distinguimos a primer golpe de vista, así como sus imágenes, dondequiera que estén, en grande o en pequeño, sin despreciar ninguna, persuadidos de que, cualquiera que sea la forma en que se presenten, son el objeto de la misma ciencia y del mismo estudio?

—No puede ser de otra manera —dijo.

—¿Y no será, por tanto —dije—, el más bello de los espectáculos para el que pueda contemplarlo, ver un alma y un cuerpo igualmente bellos, unidos entre sí, y en los que se encuentren todas las virtudes en un perfecto acuerdo?

—Sí, ciertamente.

—Pero lo que es muy bello es también muy digno de ser amado.

—Sin duda.

—El verdadero músico, por consiguiente, no puede menos de amar a todos aquellos en quienes encuentre esta armonía; pero no amará a aquellos que carezcan de esa armonía.

—Si esta falta de acuerdo está en el alma —objetó—, convengo en ello; pero si sólo se encuentra en el cuerpo, el músico por esto no dejará de amarlo.

—Veo —repliqué— que tú has amado o que amas en este momento a alguna persona de esas condiciones, y lo comprendo; pero dime: la templanza y el placer excesivo, ¿pueden estar juntos?

—¿Cómo puede ser esto —dijo—, cuando el exceso de placer no turba menos el alma que el dolor?

—¿Se concierta, por lo menos, con la virtud en general este abuso de los placeres?

—En absoluto.

—¿Concuerda entonces con la desmesura y la incontinencia?

—Más que con ninguna otra cosa.

—¿Conoces un placer más grande y más vivo que el amor sensual?

—No; ni tampoco otro más próximo a la locura —respondió.

—Por el contrario, el recto amor es un amor sensato y concertado de lo bello y lo honesto.

—Efectivamente —respondió.

—Luego no debe dejarse que se una a este recto amor nada que adolezca de locura o incontinencia.

—No —dijo él.

—Luego el placer de que hablábamos no puede mezclarse con él ni intervenir entre los que se aman como es debido.

—No, Sócrates —convino—, no deben mezclarse, por Zeus.

—Por consiguiente, en el Estado cuyo plan estamos formando, ordenarás por una ley expresa que el amante bese al amado, esté con él y le toque como un padre a su hijo, para un fin honesto, de suerte que, en la comunicación que el amante tenga con el que ama, jamás dé lugar a sospechar que han ido más adelante, porque, en otro caso, se le habrá de echar en cara su poca delicadeza y su falta de educación.

—Consiento en ello —dijo.

—¿Te parece —concluí— que aún nos resta algo que decir sobre la música? Por lo menos nuestro discurso ha concluido por donde debía concluir, porque toda conversación sobre la música debe venir a parar en el amor a lo bello; ¿no es así?

—Estoy de acuerdo —dijo.

—Después de la música, formaremos a nuestros jóvenes en la gimnasia.

—¿Cómo no?

—Es preciso que se consagren a ella seriamente desde muy

temprano y por toda la vida. He aquí mi pensamiento sobre este punto; mira si es también el tuyo. No es, a mi parecer, el cuerpo, por bien constituido que esté, el que por su propia virtud hace al alma buena; por el contrario, el alma, cuando es buena, es la que da al cuerpo, por su propia virtud, toda la perfección de que es susceptible; ¿qué te parece?

—Soy de tu dictamen —respondió.

—Si después de haber cultivado el alma con el mayor esmero, le encargamos que forme el cuerpo, contentados con indicarle de qué manera general para no extenderlo demasiado, ¿no obraremos bien?

—Sin duda.

—Ya dijimos que habían de renunciar a la embriaguez, porque a nadie conviene menos embriagarse y no saber dónde se encuentra que al que está encargado de guardar la república.

—En efecto, sería ridículo que un guarda tuviese necesidad de ser guardado —apuntó.

—En cuanto al alimento, ¿no han de ser nuestros hombres atletas destinados al más fuerte de todos los combates?

—Sí.

—¿Les convendría el régimen de los atletas ordinarios?

—Quizá.

—Este régimen, sin embargo —objeté—, concede demasiado al sueño y hace depender la salud de los menores accidentes. ¿No ves que los atletas pasan la vida durmiendo, y que, por poco que se separen del régimen que se les prescribe, contraen peligrosas enfermedades?

—Lo tengo observado.

—Necesitamos, pues —dije—, un régimen de vida más flexible para los atletas guerreros, que deben estar, como los perros, siempre alerta, verlo todo, oírlo todo, mudando sin cesar en campaña el alimento y la bebida, sufrir el frío y el calor y, por consiguiente, tener un cuerpo a prueba de todas las fatigas.

—Pienso como tú.

—La mejor gimnasia, ¿no será, pues, hermana de esa música de que hablamos hace un momento?

—¿Cómo quieres decir?

—Entiendo una gimnasia sencilla, moderada, tal como debe ser para los guerreros.

—¿Y en qué consiste?

—En Homero lo puedes aprender. Sabes que en la mesa de sus

héroes nunca se sirvieron pescados aunque estuviesen acampados en el Helesponto, ni carne guisada, sino sólo asada, alimento cómodo para las gentes de guerra, a quienes les es más fácil en todas partes hacer fuego que llevar consigo útiles de cocina.

—Mucho más.

—Tampoco recuerdo que Homero haga mención jamás de golosinas; los atletas mismos, ¿no saben que es preciso abstenerse de ellas, si quieren estar en buenas condiciones?

—Lo saben, y efectivamente se abstienen de ellas —asintió.

—Si este género de vida te agrada, no aprobarás —creo— los festines de Siracusa, ni esa variedad de guisados tan de moda en Sicilia.

—No, según creo.

—También censurarás que tengan una joven amiga corintia gentes que quieren gozar de una salud robusta.

—Por supuesto que lo censuro.

—¿Llevarás también a mal las golosinas tan estimadas de la pastelería ática?

—Por fuerza.

—Puede entonces decirse con razón, creo, que ese género de vida y de manjares es respecto a la gimnasia lo que es para la música una melodía y un canto en que entran todos los tonos y todos los ritmos.

—Pues ¿cómo no?

—¿No vimos que allí la variedad producía licencia y aquí engendra enfermedad? En la música, la sencillez hace, en cambio, al alma continente; en la gimnasia, hace al cuerpo sano.

—Es muy cierto —dijo.

—Pero en un Estado donde reinan la licencia y la enfermedad no tardarán en hacerse necesarios los tribunales y los hospitales. Y la jurisprudencia y la medicina se verán bien pronto honradas, cuando un gran número de ciudadanos bien nacidos las cultiven con ardor.

—¿Cómo no ha de ser así?

—¿Hay en un Estado señal más segura de una mala y viciosa educación que la necesidad de médicos y de jueces hábiles no sólo para los artesanos y pueblo bajo, sino también para los que se precian de haber sido educados como hombres libres?

¿No es cosa vergonzosa y una prueba insigne de ignorancia el verse forzado a acudir a una justicia extraña por no ser uno mismo justo, y el convertir a los demás en dueños y jueces de su derecho?

—Nada más vergonzoso —convino.

—¿No lo es aún mucho más —seguí— no sólo pasar casi toda la vida litigando ante los tribunales, sino también, dando muestras de bajeza de sentimientos, jactarse de ello y hacer alarde de ser injusto, como si fuera bueno saber todas las trampas curiales y giros tortuosos, acudir a toda clase de subterfugios y escapar doblándose como el mimbre a fin de evitar el castigo, aun en asuntos intrascendentes? Y todo esto se hace porque no se calcula que es infinitamente mejor y más decoroso conducirse de manera que no haya necesidad de acudir a un juez soñoliento.

—Sí, eso aún es más vergonzoso —afirmó.

—¿Y lo será menos el acudir sin cesar al médico —proseguí—, no en caso de heridas o de cualquier enfermedad producida por la estación, sino por tener el cuerpo lleno de humores y de vapores, como los pantanos, a causa de esa vida muelle que hemos descrito, obligando a los ingeniosos Asclepíadas a inventar para tales enfermedades las palabras nuevas de «flatulencia» y «catarro»?

—Es cierto —dijo— que estas palabras son nuevas y estrambóticas.

—Y desconocidas, en mi opinión —dije yo—, en tiempo de Asclepio. Lo que me obliga a pensar así es que sus dos hijos, que se encontraron en el sitio de Troya y que se hallaron presentes cuando una mujer dio a Eurípilo, que estaba herido, una bebida hecha de vino de Pramno, de harina y de queso, cosas todas a propósito para engendrar inflamaciones, no reprendieron ni a esta mujer ni a Patroclo, que curó la herida.

—Sin embargo, era una bebida bien extraña, dado el estado del hombre —comentó.

—Juzgarás de otra manera —repliqué—, si reflexionas que antes de Heródico los Asclepíadas no conocían este método tan de moda hoy día, que consiste en conducir «pedagógicamente» las enfermedades. Heródico había sido maestro de gimnasia; cuando se encontró valetudinario, hizo una mezcla de la medicina y la gimnasia, de que se sirvió primero para atormentarse a sí mismo, y después para atormentar a muchos más.

—¿Cómo? —inquirió.

—Procurándose una muerte lenta —respondí—; como su enfermedad era mortal y no podía curarla enteramente, se obstinó en seguirla paso a paso, despreciando todo lo demás, para consagrar a ella toda su atención, y siempre estaba devorado por la inquietud, a poco que se separara de su régimen; de suerte que, a fuerza de arte y de cuidado, llegó hasta la vejez, arrastrando una vida moribunda.

—Su arte le prestó un gran servicio... —observó.

—Lo merecía bien —dije— por no haber sabido que no fue por ignorancia ni por falta de experiencia el no haber transmitido Asclepio a sus discípulos este medio de tratar las enfermedades, sino porque sabía que en todo Estado bien ordenado cada cual tiene una ocupación que es necesario que desempeñe; y que nadie debe pasar la vida enfermo y haciéndose cuidar como tal. Vemos lo ridículo de este uso en los artesanos, pero tratándose de los ricos, que se tienen por dichosos, no nos apercibimos de ello.

—¿Cómo es eso? —preguntó.

—Que caiga enfermo un carpintero, y verás cómo pide al médico que le dé un vomitivo o un purgante o, si es necesario, recurra al hierro o el fuego. Pero si le prescribe un largo tratamiento, a base de cubrirse con un gorrito de lana la cabeza y lo demás que se estila, dirá bien pronto que no tiene tiempo para estar malo y que le tiene más cuenta morir que renunciar a su trabajo para ocuparse de su mal. En seguida despedirá al médico y volverá a su método ordinario de vida, con lo que o bien recobrará la salud viviendo para su trabajo, o si el cuerpo no puede resistir la enfermedad, vendrá la muerte en su auxilio y quedará libre de preocupaciones.

—En efecto —dijo— ese modo de tratar las enfermedades parece convenir a esa clase de gentes.

—¿Y acaso —dije yo— no es porque tienen un oficio, y que sin trabajar no pueden vivir?

—Claro —dijo.

—En cambio, el rico, según se dice, no tiene ninguna clase de tarea a la que no pueda renunciar sin renunciar a la vida.

—Eso es lo que se dice, al menos.

—¿Has oído, pues, lo que dice Focílides?:
Es preciso cultivar la virtud cuando se tiene con qué vivir.

—Creo que así debe hacerse, aun antes de tener con qué vivir.

—No le discutamos a Focílides —dije— la verdad de esta máxima; pero investiguemos nosotros mismos si el rico debe practicar la virtud, de modo que le sea imposible vivir cuando no la practique, o si la manía de atender a la enfermedad, que impide al carpintero y a otros artesanos atender sus oficios, impide igualmente al rico cumplir con la exhortación de Focílides.

—Sí, ¡por Zeus!, se lo impide —exclamó—. Y hasta puede que nada haya que ponga a este fin más obstáculos que este excesivo cuidado del cuerpo, que va más allá de las reglas de la gimnástica, pues este cuidado excesivo es verdaderamente una rémora, tanto en el manejo de las cosas domésticas como en las militares y en el desempeño de cargos sedentarios en la ciudad.

—Pero lo peor es que es incompatible con el estudio de cualquier disciplina, con la meditación y con la reflexión. Pues tememos sin cesar los dolores de cabeza y los desvanecimientos, que se imputan a la filosofía, de modo que, dondequiera que este cuidado del cuerpo se dé, será un impedimento para ejercitarse en la virtud y distinguirse en ella, porque hace que uno se crea enfermo y que no se preocupe sino del mal estado de su salud.

—Es natural que suceda —dijo.

—Digámoslo de una vez; éstas son las razones que obligaron a Asclepio a no prescribir tratamiento alguno, como no fuese para los que, dotados de buena complexión y observando una vida frugal, se veían acometidos de alguna enfermedad pasajera, limitando sus remedios a bebidas e incisiones, y sin alterar nada el método ordinario de vida del paciente, para que la república no recibiese ningún daño. Respecto a los cuerpos radicalmente enfermizos, no creyó conveniente alargarles la vida y los sufrimientos por medio de un régimen constante de infusiones y evacuaciones bien dispuestas, ni ponerles tampoco en el caso de tener descendientes que se les pareciesen. Creyó, en fin, que no deben curarse aquellos que por su mala constitución no pueden aspirar al término ordinario de la vida marcado por la naturaleza, porque esto no es conveniente ni para ellos ni para el Estado.

—Tú conviertes a Asclepio en un gran político —dijo.

—Es claro que lo era —dije—, y sus hijos son una prueba de ello. ¿No ves que, además de portarse con bravura en el sitio de Troya, siguieron en el ejercicio de su arte las reglas que acabo de decir? ¿No recuerdas que cuando Menelao fue herido con una flecha por Pándaro, se contentaron con exprimir la sangre de la llaga, y aplicar a ella remedios calmantes sin prescribir, ni a él, ni a Eurípilo lo que habían de comer y beber después? Sabían que para curar a hombres que antes de sus heridas eran sobrios y de buen temperamento, bastaban remedios sencillos, aun cuando en aquel mismo acto hubiesen tomado el brebaje de que hablamos antes. En cuanto a los que están sujetos a las enfermedades y a la intemperancia, no creyeron que estaba en su interés ni en el interés público el prolongarles la vida, ni que la medicina estuviera hecha para ellos; ni tampoco que se debiera asistirles aunque fuesen más ricos que lo era Midas.

—¡Dices cosas maravillosas de los hijos de Asclepio! —exclamó.

—Nada digo que no sea exacto —dije—; sin embargo, los poetas trágicos y Píndaro no son de nuestro dictamen. Dicen que Asclepio era hijo de Apolo, y además que se comprometió a precio de oro a curar a un hombre rico atacado de una enfermedad mortal, y que por esta razón fue herido del rayo. Nosotros, según lo que sentamos arriba, no daremos crédito a las dos partes de esta historia. Si Asclepio era hijo de un dios, no pudo cegarle la codicia; y si le cegó, no era ya hijo de un dios.

—Tienes razón, Sócrates —dijo—, pero respóndeme a esto: ¿no es preciso que nuestro Estado se halle provisto de buenos médicos? ¿Y pueden hacerse tales de otro modo que tratando a la mayor cantidad de personas, sanas y enfermas? En igual forma, ¿puede uno ser buen juez si no ha tratado con toda clase de caracteres?

—Sin duda —convine—; quiero que tengamos muy buenos médicos, pero ¿sabes lo que yo entiendo por esto?

—Si tú me lo dices —respondió.

—Es lo que voy a hacer —dije—; pero tú has complicado en la misma cuestión dos cosas bien diferentes.

—¿Cómo? —preguntó.

—Se hará más hábil médico —dije— aquel que, después de haber aprendido a fondo los principios de su arte, haya tratado desde su juventud el mayor número de cuerpos mal constituidos, y que, enfermizo él mismo, haya tenido toda clase de enfermedades. Porque no es mediante el cuerpo como los médicos curan el cuerpo, porque entonces nunca deberían ellos estar natural o accidentalmente enfermos; es mediante el alma, la cual no puede curar, como es preciso, cualquier mal, si ella, a su vez, está enferma.

—Eso es exacto —asintió.

—Mientras que el juez, amigo mío, como tiene que gobernar el alma de otro mediante la suya, no necesita haber frecuentado desde muy temprano el trato de almas perversas, ni haber cometido él mismo toda clase de crímenes para conocer desde luego la injusticia de los demás por la suya propia, como puede el médico juzgar por sus enfermedades de las de los demás. Es preciso, por el contrario, que su alma sea pura, exenta de vicio en la juventud, para que su bondad le haga discernir más seguramente lo que es justo. Por esa razón los hombres de bien son en su juventud sencillos y están expuestos a ser seducidos por la astucia de los malos, porque no tienen en sí mismos ningún modelo que les permita identificar a los malos.

—Es cierto que son muchas veces engañados —dijo.

—Así —proseguí— que un buen juez no puede ser joven, sino anciano, que haya aprendido tarde lo que es la injusticia, que la haya estudiado por mucho tiempo, no en sí mismo, sino en los demás, y que la distinga bien, antes por ciencia que por experiencia.

—Sí, ése es un juez excelente, según parece —dijo.

—Un buen juez, tal como tú reclamabas —proseguí—; porque el que tiene el alma buena es bueno. Pero el hombre hábil y suspicaz, avezado a la práctica de la injusticia, y que se cree astuto e inteligente, no aparece tal sino cuando tiene que habérselas con otros semejantes a él, porque su propia conciencia le advierte la necesidad de estar entonces en guardia. Mas cuando se encuentra con hombres de bien, avanzados ya en edad, entonces su incapacidad se muestra en sus desconfianzas y en sus sospechas indebidas; se ve que ignora lo que son la rectitud y la franqueza por no tener en sí mismo un modelo de estas virtudes, y que, si pasa más bien por inteligente que por ignorante a sus ojos y a los del vulgo, es porque tiene más tratos con los malos que con los hombres de bien.

—Eso es exactamente cierto —convino.

—No es, pues, el juez bueno y sabio que necesitamos, sino uno que sea tal como yo lo he descrito antes; porque la maldad no puede conocerse a fondo a sí misma y conocer la virtud, sino que la virtud, auxiliada por la educación y al cabo de los años, se conocerá a sí misma y conocerá al vicio. Y así, la verdadera sabiduría es patrimonio del hombre virtuoso y no del hombre malo.

—Pienso como tú —dijo.

—Por consiguiente, establecerás en nuestra república una medicina y una judicatura que sean como acabamos de decir, y que se limiten al cuidado de los que han recibido de la naturaleza un cuerpo sano y un alma bella. En cuanto a aquellos cuyo cuerpo está mal constituido, se los dejará morir, y se castigará con la muerte a aquellos cuya alma es naturalmente mala e incorregible.

—Es lo más conveniente para ellos y para el Estado —aprobó.

—Es evidente que nuestros jóvenes —continué—, educados en los principios de esta sencilla música que hace nacer en el alma la templanza, obrarán de manera que no tendrán necesidad de los jueces.

—Sin duda —respondió.

—Y el músico, si observa las mismas reglas respecto de la gimnasia, podrá pasarse sin médicos, fuera de los casos de necesidad.

—Así me parece.

—En los ejercicios del cuerpo se propondrá, empero, sobre todo, aumentar la fuerza moral más bien que el vigor físico, a diferencia de los otros atletas que, fieles observantes de un régimen, sólo se proponen hacerse más robustos.

—Muy bien —dijo él.

—¿No es cierto, mi querido Glaucón —continué—, que, en contra de lo que muchos otros se imaginan, la música y la gimnasia no han sido creadas, la una para formar el alma, la otra para formar el cuerpo?

—¿Para qué, si no? —preguntó.

—Me parece que ambas han sido creadas para formar el alma principalmente — dije.

—¿Cómo?

—¿Has tenido cuidado de observar —pregunté— las condiciones de carácter de los que durante toda su vida se consagran en exclusiva a la gimnasia o a la música?

—¿Qué pasa con ellos? —preguntó a su vez.

—Que los unos son duros e intratables, y los otros, blandos y muelles —aclaré.

—En efecto —dijo—, he observado que los que únicamente se dedican a la gimnasia adquieren, por lo ordinario, más rudeza de la debida; y que los que sólo han cultivado la música tienen una suavidad que no les hace mucho honor.

—Y, sin embargo, semejante rudeza —dije yo— no puede darse sino en un carácter ardiente y lleno de fuego, que produciría el valor si estuviese bien cultivado; pero que cuando se hace demasiado tirante, degenera en dureza y brutalidad.

—Así lo pienso yo —asintió.

—¿Y la dulzura no es señal de un carácter filosófico que, si se relaja demasiado, se convierte en excesiva suavidad, pero que si se le cultiva como es debido se convierte en mansedumbre y gentileza?

—Es cierto.

—Pero nosotros queremos que nuestros guardianes reúnan estos dos caracteres.

—Sí, es necesario.

—Es preciso, pues, buscar el medio de ponerlos en armonía.
—Sin duda.
—Porque el acuerdo entre ellos hace al alma a la vez valiente y moderada.
—Sí.
—Y su desacuerdo la hace cobarde y grosera.
—Desde luego.
—Así, pues, cuando un hombre, dedicándose por entero a la música, sobre todo a las armonías dulces, suaves y lastimeras, la deja insinuarse y deslizarse suavemente en el alma por el canal del oído, y pasa toda su vida cantando y dejándose llevar por la belleza del canto, ¿no es cierto que el primer efecto de la música es dulcificar su valor, lo mismo que el fuego ablanda el hierro, y aflojar esa tirantez que le inutilizaba antes y le hacía de difícil trato? Pero si continúa entregándose a su hechizo sin contenerse, ese mismo valor desaparece y se derrite poco a poco, cortados, por así decir, los nervios del alma, y el tal no es ya más que un guerrero pusilánime.
—Tienes razón —asintió.
—Este efecto no tardará en producirse —continué—, si ha recibido de la naturaleza un alma sin fogosidad. Si es fogosa, en cambio, bien pronto su coraje, al debilitarse, se hace inestable; el más pequeño motivo lo irrita o lo calma, y en lugar de ser fogoso se vuelve colérico, irascible, lleno de malhumor.
—Es cierto.
—Pero que el mismo hombre se dedique a la gimnasia, que se ejercite, que coma mucho y que desprecie enteramente la música y la filosofía. ¿No le infundirá su buen estado corporal, al pronto, arrogancia y coraje? ¿No se tornará más valiente que antes?
—Sin duda.
—Pero si no se ocupa de nada más, si no tiene comunicación con las musas; y si su alma, aun cuando tenga algún deseo de aprender, no cultiva ninguna ciencia, ningún estudio, ninguna conversación, ni, en fin, parte alguna de la música, ¿no se hará insensiblemente débil, sorda y ciega, a causa del poco cuidado que ella pone en despertarse, alimentarse y purificar sus sensaciones?
—Así es —dijo.
—Pues ahí le tienes ya, enemigo de las letras y de las musas. No seguirá el camino de la convicción por argumentos para llegar a los fines que se proponga; sino que, a manera de una bestia feroz, empleará

en todas ocasiones la fuerza y la violencia. Vivirá en la ignorancia y en la rusticidad, y ajeno al ritmo y a la gracia,

—Absolutamente —dijo.

—Los dioses han hecho a los hombres, pues, según parece, el presente de la música y de la gimnasia, no con objeto de cultivar el alma y el cuerpo (porque si este último saca alguna ventaja, es sólo indirectamente); sino para cultivar el alma sola, y perfeccionar en ella el amor al saber y el coraje, concertándolos, ya dándoles expansión, ya conteniéndolos dentro de justos límites.

—Me parece que así es —convino.

—Por consiguiente, el que ha llegado a encontrar el debido acuerdo entre gimnástica y música, y las aplica como conviene a su alma, merece mucho más el nombre de músico y posee mejor la ciencia de las armonías que aquel que se limita a templar las cuerdas de su instrumento.

—Probablemente, Sócrates —dijo.

—Así, pues, ¿podrá subsistir, mi querido Glaucón, nuestra constitución si el Estado no tiene a su cabeza a un hombre de este carácter que la gobierne?

—Es de absoluta necesidad una persona de tales condiciones.

—Aquí tienes ya, pues, las pautas de la crianza y la educación que ha de impartirse, porque sería inútil que nos extendiéramos ahora en todo lo relativo a la danza, a la caza y a las competiciones ecuestres y gimnásticas. Es evidente que en todos estos puntos es preciso seguir los principios que hemos establecido, y que es fácil prescribir las reglas consiguientes.

—No creo que eso sea dificultoso —dijo.

—¿Qué es lo que ahora tenemos que arreglar? —proseguí—. ¿No es la elección de los que deben gobernar o ser gobernados?

—¿Por qué no?

—Es claro que los ancianos deben ser los gobernantes y los jóvenes los gobernados.

—Sin duda.

—Y que entre los ancianos deben escogerse los mejores.

—También.

—Los mejores labradores, ¿no son los más dotados para la agricultura?

—Sí.

—Puesto que es preciso entonces escoger igualmente por jefes a los mejores guardadores del Estado, escogeremos los que tienen en más alto grado las cualidades de excelentes guardadores.

—Sí.

—Para esto es preciso que, además de la prudencia y de la energía necesaria, tengan mucho celo por el bien público.

—Así es.

—Pero de ordinario se consagra uno sobre todo a aquello que ama.

—Forzosamente.

—Y amamos sobre todo las cosas cuyos intereses son inseparables de los nuestros, y de cuya desgracia o felicidad estamos persuadidos que depende nuestra felicidad o nuestra desgracia.

—Es cierto —dijo.

—Escojamos, pues, entre todos los guardianes, aquellos que, previo un maduro examen de toda su vida, nos parezcan más dispuestos a procurar el bien público y de ningún modo a lo contrario.

—En efecto, esos son los que nos convienen —convino.

—Creo que será oportuno seguirles en sus diferentes edades, observar si son constantemente fieles a esta máxima, y si la seducción o la coacción no les ha hecho perder alguna vez de vista y arrojar de sí la obligación de trabajar por el bien público.

—Pero ¿qué entiendes por «arrojar de sí»? —preguntó.

—Voy a explicártelo —contesté—. Las opiniones abandonan nuestro espíritu de dos maneras: o de buen grado, o a pesar nuestro. Renunciamos de buen grado a las opiniones falsas, cuando se nos desengaña, y abandonamos, a pesar nuestro, las que son verdaderas.

—Concibo fácilmente el primer punto; pero no comprendo el segundo —dijo.

—¿Qué? ¿No concibes —proseguí— que los hombres renuncian al bien, a pesar suyo, y renuncian al mal de buen grado? ¿No es un mal separarse de la verdad y un bien el encontrarla? ¿No es encontrarla tener una opinión exacta de cada cosa?

—Tienes razón —dijo—. Concibo ahora que los hombres renuncian a pesar suyo a las opiniones verdaderas.

—Esta desgracia no puede, pues, sucederles sino mediante robo, por encantamiento o por violencia.

—No entiendo tampoco esto muy bien —dijo.

—Me sirvo, al parecer, de expresiones trágicas —aclaré—. Por robo entiendo la disuasión y el olvido; éste es obra del tiempo, y aquélla, obra de las palabras. ¿Me entiendes ahora?

—Sí.

—Por violencia entiendo la pena y el dolor, que obligan a mudar de opinión.

—Lo concibo, y tienes razón —dijo.

—Creo que comprenderás sin dificultad que el encantamiento obra sobre los que mudan de opinión seducidos por el atractivo del placer y por el temor de algún mal.

—Sin duda —dijo—, puede mirarse como un encantamiento todo lo que produce en nosotros engaño.

—A nosotros toca, pues, observar, como dije antes, los que guardan más fielmente su propia convicción de que debe hacerse todo lo que se juzgue que exige el bien público; experimentarlos desde la infancia, poniéndolos en circunstancias en que más fácilmente pueden olvidar esta máxima y dejarse engañar; y aprobaremos a aquel que más fácilmente la conserve en la memoria, y que sea, por lo tanto, el más difícil de seducir; y desecharemos al que no. ¿No te parece?

—Sí.

—En seguida los pondremos a prueba de trabajos, de combates, de dolor, y veremos cómo la soportan.

—Muy bien —asintió.

—En fin —seguí—, ensayaremos en ellos una tercera clase de prueba: la seducción; y a semejanza de lo que se hace con los caballos jóvenes, que se los lleva en medio del ruido y del tumulto, para ver si son espantadizos, los llevaremos, cuando aún son jóvenes, a lugares terribles y luego a otros placenteros; y procuraremos probarlos con más cuidados que se prueba el oro por el fuego; y si en todos estos lances el encanto no puede nada sobre ellos y se mantienen en la decencia; si, atentos siempre a vigilarse a sí mismos y sin olvidar las lecciones de la música que han recibido, hacen ver en toda su conducta que su alma se arregla según las leyes del ritmo y de la armonía; en una palabra, que son tales como deben ser para servir eficazmente a su patria y para ser útiles a sí mismos. Y haremos jefe y guardador de la república al que, en la infancia, en la juventud y en la edad viril, haya pasado por todas estas pruebas y salido de ellas puro; le colmaremos de honores durante su vida y le levantaremos, después de su muerte, un magnífico mausoleo con todos los demás monumentos a propósito para perpetuar su memoria. Los que no reúnan estas condiciones los desecharemos. He aquí, a mi parecer, mi querido Glaucón, en suma e imperfectamente, de qué manera debemos conducirnos en la elección de gobernantes y guardianes del Estado.

—Soy de tu dictamen —dijo.

—¿No son estos los que debemos mirar como los verdaderos y los primeros guardianes, tanto respecto de los enemigos como de los ciudadanos, para quitar a éstos la voluntad y a aquéllos el poder de dañar, no siendo los jóvenes, a quienes damos el título de guardianes, realmente más que ministros e instrumentos del pensamiento de los magistrados?

—Lo pienso así —dijo.

—¿De qué manera nos gobernaremos ahora —seguí— para inventar para los magistrados o, por lo menos, para los demás ciudadanos, una mentira del género de aquellas que, según hemos dicho, son de grande utilidad?

—¿Cuál es ese género de mentira? —preguntó.

—No es nuevo —dije—, tiene su origen en Fenicia; y, por lo que dicen los poetas, que al parecer hablan convincentemente, es un hecho real que se ha verificado en muchos puntos. Pero en nuestros días no ha tenido lugar, ni sé que pueda tenerlo en lo sucesivo. No es poco, si se consigue el hacerlo creer.

—Parece que tienes dificultad en decírnoslo —observó.

—Cuando lo hayas oído, verás que no me falta razón para ello —repliqué.

—Habla y no temas nada —dijo.

—Voy a decirlo; pero en verdad, no sé a dónde acudir, para cobrar ánimo y encontrar las expresiones que necesito para convencer a los magistrados y a los guerreros, y después al resto de los ciudadanos, de que la educación que les hemos dado no es más que un sueño; que donde han sido efectivamente educados y formados ha sido en el seno de la tierra, así ellos como sus armas, como todo lo que les pertenece; que después de haberles formado la tierra, su madre, les ha dado a luz; y que, por lo tanto, deben considerar la tierra en que habitan como su madre y su nodriza, defenderla contra todo el que intente atacarla, y tratar a los demás ciudadanos como hermanos salidos del mismo seno.

—No sin razón dudabas, al pronto —dijo—, en contarnos esta mentira.

—Convengo en ello —observé—. Pero ya que he comenzado, escucha lo demás.

«Vosotros, que sois todos parte del Estado, vosotros —les diré continuando la ficción— sois hermanos; pero el dios que os ha formado ha hecho entrar el oro en la composición de aquellos que están destinados a gobernar a los demás, y así son los más preciosos. Mezcló plata en la formación de los auxiliares, y hierro y bronce en la de los labradores y demás artesanos. Como poseéis todos un origen común, aunque tendréis, por lo ordinario, hijos que se os parezcan, podrá suceder, sin embargo, que una persona de la raza de oro tenga un hijo de la raza de plata, que otra de la raza de plata dé a luz un hijo de raza de oro, y que lo mismo suceda respecto a las demás razas. Ahora bien, este dios previene, principalmente a los magistrados, que, de todas las cosas de las que deben ser buenos guardianes, se fijen sobre todo en el metal de que se compone el alma de cada niño. Y si sus propios hijos tienen alguna mezcla de hierro o de bronce, no quiere que se les dispense ninguna gracia, sino que les releguen al estado que les conviene, sea al de artesano, sea al de labrador. Quiere igualmente que, si estos últimos tienen hijos en quienes se muestren el oro o la plata, se los eduque a los de plata en la condición de auxiliares, y a los de oro, en la dignidad de guardianes, porque hay un oráculo que dice que perecerá la república cuando sea gobernada por el hierro o por el bronce». ¿Sabes de algún medio para hacerles creer esta fábula?

—No veo que sea posible —respondió— convencer a las personas de que hablamos; pero creo que se podrá conseguir de sus hijos y de todos los que después nazcan.

—Comprendo lo que quieres decir. Esto sería excelente para inspirarles más aún el amor al Estado y a sus conciudadanos.

Que esta invención tenga todo el éxito que la fama quiera darle. Respecto a nosotros, armemos desde luego a estos hijos de la tierra y hagámoslos avanzar conducidos por sus jefes. Que se aproximen y que escojan en nuestro Estado un sitio para campamento, desde el que puedan reprimir mejor las sediciones de dentro y rechazar los ataques de fuera, si el enemigo viene como un lobo a echarse sobre el rebaño. Que después de haber designado el sitio para acampar y hecho sacrificios a quien convenga, monten sus alojamientos; ¿no es así?

—Sin duda —respondió.

—Que sean tales que los libren del frío y del calor, ¿no es eso?

—¿Cómo no? Porque supongo que hablas de habitaciones.

—Sí —dije—; pero habitaciones de guerreros y no de negociantes.

—¿Qué diferencia encuentras entre unas y otras? —preguntó.

—Voy a explicártelo —respondí—. No habría cosa más peligrosa ni más vergonzosa para los pastores que el alimentar, para la guarda de sus rebaños, perros cuya intemperancia, hambre o cualquier otro apetito desordenado les arrastrara a dañar a los ganados, y que en lugar de perros, fuesen más bien lobos.

—Sería terrible —asintió—. ¿Cómo no?

—Procuremos, pues, a todo trance, que los ministros no hagan lo mismo respecto a sus conciudadanos, tanto más cuanto que tienen en su mano la fuerza, y que en lugar de ser sus defensores y protectores, puedan convertirse en sus dueños y tiranos.

—Es preciso prevenir este desorden —convino.

—Pero ¿no es el modo más seguro de prevenirlo darles una excelente educación?

—Pero ya la han recibido —exclamó. Entonces dije yo:

—Aún no tenemos plena seguridad, mi querido Glaucón. Lo que hay de cierto es, como antes dijimos, que una buena educación, cualquiera que ella sea, les es necesaria, especialmente en un punto muy importante, que consiste en que tengan dulzura tanto los unos respecto de los otros, como respecto de todos aquellos cuya defensa les está encomendada.

—Tienes razón —dijo.

—Además de esta educación, todo hombre sensato habrá de convenir en que las habitaciones y bienes que se les asignen deben ser tales que no les impidan ser excelentes guardadores, ni les induzcan a dañar a sus conciudadanos.

—Y tendrá razón.

—Mira, pues —dije yo—, si el género de vida y la clase de habitación que les propongo son propios para este objeto. En primer lugar, que ninguno de ellos tenga nada suyo, a no ser lo absolutamente necesario; que no tengan ni casa ni despensa donde no pueda entrar todo el mundo. En cuanto al alimento que necesitan guerreros sobrios y valientes, sus conciudadanos se encargarán de suministrárselo en justa remuneración de sus servicios, y en términos que ni sobre ni falte durante el año. Que coman sentados en mesas comunes, y que vivan juntos como deben vivir los guerreros en el campo. Que se les haga entender que los dioses han puesto en su alma oro y plata divina y, por consiguiente, que no tienen necesidad del oro y de la plata de los hombres; que no les es permitido manchar la posesión de este oro inmortal con la del oro terrestre; que el oro que ellos tienen es puro, mientras que el de los hombres ha sido en todos tiempos origen de muchos crímenes. En el Estado serán ellos los únicos, entre los demás ciudadanos, a quienes esté prohibido manejar y hasta tocar el oro y la plata, guardarlos para sí, adornar con ellos sus vestidos, beber en copas de estos metales, y éste será el único medio de conservación así para ellos como para el Estado. Porque desde el momento en que se hicieran propietarios de tierras, de casa y de dinero, de guardianes que eran se convertirían en empresarios y labradores, y de defensores del Estado se convertirían en sus enemigos y sus tiranos; pasarían la vida aborreciéndose mutuamente y armándose lazos unos a otros; entonces los enemigos que más deberían temerse serían los de dentro, y el Estado y ellos mismos correrían rápidamente hacia su ruina. He aquí las razones que nos han obligado a establecer este régimen sobre la habitación y las posesiones de nuestros guerreros. ¿Haremos de esto una ley?

—Desde luego —dijo Glaucón.

## LIBRO IV

Tomando entonces la palabra, Adimanto dijo:

—¿Qué responderás, Sócrates, si se te objeta que no haces a esos hombres muy dichosos, y esto por falta suya, pues son realmente dueños del Estado y, sin embargo, están privados de todas las ventajas de la sociedad, no poseyendo como los demás ni tierras, ni casas grandes, bellas y bien amuebladas; no pudiendo ni sacrificar a los dioses en una habitación doméstica, ni tener donde recibir huéspedes, ni poseer oro y plata, y en fin, nada de lo que en opinión de los hombres sirve para hacer una vida cómoda y agradable? En verdad se dirá que los tratas como auxiliares mercenarios que están a sueldo del Estado, sin otro destino que el de guardarle.

—Sí. Y añade —le dije yo— que su sueldo sólo consiste en el alimento y que además de esto no tienen paga como los demás y, por lo tanto, no pueden ni viajar por su cuenta ni regalar a libertinas, ni disponer de nada a su gusto, como hacen los que presumen de dichosos. ¿Por qué pasas en silencio estos capítulos de acusación y otros muchos semejantes?

—Únelos, si quieres, a lo que he dicho —contestó.

—¿Me preguntas qué defensa podemos oponer a todo esto?

—Sí.

—Sin separarnos del camino que hasta aquí hemos seguido —respondí—, creo que encontraremos en nuestro mismo plan recursos para justificarnos. Por lo pronto diremos que no sería una cosa sorprendente que la condición de los recién descritos fuese muy dichosa a pesar de todos estos inconvenientes. Que de todos modos, al formar un Estado, no nos hemos propuesto como fin la felicidad de un cierto orden de ciudadanos, sino la del Estado entero, porque hemos creído deber encontrar la justicia en un Estado gobernado de esta manera y la injusticia en un Estado mal constituido y por medio de este descubrimiento ponernos en posición de decidir la cuestión que es objeto de nuestra polémica. Ahora bien, en este momento nuestra tarea consiste en fundar un gobierno dichoso, a nuestro parecer por lo menos, un Estado en el que la felicidad no sea patrimonio de un pequeño número de particulares, sino común a toda la sociedad. Examinaremos bien pronto la forma de gobierno que se opone a ésta. Si nos ocupáramos en pintar estatuas y alguno nos objetara que no empleábamos los más bellos colores para pintar las más bellas partes del cuerpo, por ejemplo, que no pintábamos los ojos con bermellón, sino con negro, creeríamos responder cumplidamente a este censor diciéndole: no te imagines, hombre sorprendente, que nosotros habíamos de pintar los ojos tan bellos que dejaran de ser ojos, y lo que digo de esta parte del cuerpo debe entenderse de todas las demás, y así lo que debes examinar es si damos a cada parte el color que le conviene, de suerte que resulte un conjunto perfecto. Y ahora te digo a ti otro tanto: no nos obligues a hacer que vaya unida a la condición de nuestros guardianes una felicidad que les haría dejar de ser lo que son. Podríamos, si quisiéramos, vestir a nuestros labradores con mantos señoriales, cargarlos de oro y no hacerles trabajar la tierra sino por placer. Podríamos acostar a los alfareros al pie del horno, cerca de sus ruedas, en reposo, comiendo y bebiendo anchamente, y con la libertad de trabajar cuando quisieran. Podríamos hacer dichosos de la misma manera a todos los de las demás condiciones, para que el Estado entero gozase de una perfecta felicidad; pero no nos des semejante consejo, porque si lo siguiésemos, el labrador cesaría de ser labrador, el alfarero de ser alfarero; cada cual saldría de su condición y no habría ya sociedad. Además, que los otros artesanos se mantengan o no en sus respectivos oficios, no es negocio de gran importancia; que el zapatero sea mal zapatero, que se deje corromper, o que alguno se tenga por zapatero sin serlo, la comunidad no sufrirá por esto un gran daño. Pero si los que están designados para guardar el Estado y las leyes sólo son guardadores en el nombre, ya conoces que conducirán la república a la ruina, porque de ellos es de quienes depende su buena administración y su felicidad. Por consiguiente, si queremos formar buenos guardianes, pongámoslos en la imposibilidad de dañar en lo más mínimo a la comunidad. El que sea de otro dictamen y quiera hacer de ellos labradores o alegres convidados a una fiesta pública, tendrá en cuenta todo lo que se quiera menos la idea de un Estado. Por lo tanto, veamos si nuestro propósito, al establecer los guardianes, es proporcionarles la mayor felicidad posible, o si es más bien el proveer a la felicidad de todo el Estado, y de convencer y precisar a los auxiliares y guardianes, como a todos los demás ciudadanos, a que cumplan lo mejor posible la tarea que les está asignada; de suerte que cuando el Estado se haya robustecido y esté bien administrado, todos participarán de la felicidad pública, unos más, otros menos, según la naturaleza les procure.

—Lo que dices me parece muy sensato —convino.

—No sé si este otro razonamiento, que es del mismo género, te parecerá menos exacto —dije yo.

—¿De qué se trata?

—Mira si lo que voy a decir no es lo que corrompe y pierde de ordinario a los artesanos.

—¿Qué es lo que les pierde?

—La opulencia y la pobreza —contesté.

—¿Cómo?

—De la manera siguiente: el alfarero, si se hace rico, ¿se ocupará mucho de su oficio?

—De ningún modo —respondió.

—Se hará, por lo tanto, cada día más holgazán y más negligente.

—Mucho, sin duda.

—Y, por consiguiente, peor alfarero.

—También —dijo—. Mucho peor.

—Por otra parte, si la pobreza le quita los medios de proporcionarse instrumentos y todo lo necesario para su arte, se resentirá su trabajo, y sus hijos y los demás obreros a quienes él enseñe serán menos hábiles.

—¿Cómo no?

—Y así, las riquezas y la pobreza dañan igualmente a las artes y a los que las ejercen.

—Así parece.

—He aquí dos cosas en que nuestros guardianes deberán poner gran cuidado para que no entren en nuestro Estado.

—¿Cuáles son?

—La opulencia y la pobreza —dije—, porque la una engendra la molicie, la holgazanería y el amor a las novedades; y la otra este mismo amor a las novedades, la bajeza y el obrar mal.

—Convengo en ello —dijo—; pero Sócrates, te suplico que fijes tu atención en una cosa. ¿Cómo podrá nuestro Estado sostener la guerra si no tiene tesoros, sobre todo si tiene que habérselas con una república rica y poderosa?

—Es cierto que habrá dificultad para defenderse contra una sola —dije—; pero se defenderá más fácilmente contra dos.

—¿Qué es lo que dices? —preguntó.

—Por lo pronto, si es preciso luchar —dije—, nuestras gentes, ejercitadas en la guerra, ¿no tienen que habérselas con enemigos ricos?

—Sí, por cierto —replicó.

—Pero Adimanto, un luchador ejercitado al máximo en su oficio, ¿no vencerá fácilmente a dos adversarios no púgiles, ricos y obesos? —pregunté.

—Quizá no, si ha de habérselas con los dos a la vez —contestó.

—¡Qué! —señalé—, si tuviese la posibilidad de huir y pudiese herir, volviéndose, al que le siguiese más de cerca, y si emplease muchas veces esta estrategia a la luz del sol y en medio de un calor ardiente, ¿le sería difícil batir a muchos, unos en pos de otros?

—Verdaderamente no tendría nada de extraño —dijo.

—¿No crees tú que los ricos de que hablamos estén más ejercitados en la guerra que en la lucha?

—No creo —contestó.

—Por consiguiente, a lo que parece, nuestros atletas se batirán sin dificultad contra un ejército dos o tres veces más numeroso.

—Estoy conforme —dijo—, porque me parece que tienes razón.

—Y si pidiesen socorro a los habitantes de uno de los dos Estados vecinos, diciéndoles lo que es verdad: nosotros no tenemos necesidad de oro ni de plata, y nos está prohibido tenerlo; venid a nuestro socorro, y os abandonaremos los despojos de nuestros enemigos; ¿crees tú que aquellos a quienes se hiciesen tales ofrecimientos querrían más hacer la guerra a perros flacos y robustos, que unirse a ellos contra un ganado gordo y delicado?

—No lo creo —dijo—; pero si algún Estado vecino reúne de esa manera todas las riquezas de los demás, temo que se haga temible al que carece de ellas.

—¡Dichoso tú, que crees que el nombre de Estado pueda convenir a otro que al que nosotros formamos!

—¿Por qué no? —preguntó.

—Es preciso —dije— dar a los demás un nombre de significación más extensa; porque cada uno de ellos no es uno sino muchos, como se dice en el juego. Por lo menos encierra dos que se hacen la guerra: el uno compuesto de ricos, el otro compuesto de pobres; y cada uno de ellos se subdivide en otros muchos. Si los tratas como si formaran un solo Estado, errarás por completo: pero si consideras cada uno de estos Estados como compuesto de muchos y abandonas las riquezas, el poder y aun la vida de los unos a los otros, tendrás siempre muchos aliados y pocos enemigos. Todo Estado gobernado por leyes sabias, como las nuestras, será muy grande, no digo en apariencia, sino en realidad, aun cuando no pueda poner sobre las armas más que mil combatientes. Con dificultad encontrarás otro mayor entre los griegos y los bárbaros, aunque haya muchos que parezcan serlo. ¿Crees tú lo contrario?

—No, por Zeus —dijo.

—Ya tenemos, pues, fijado el límite más perfecto —proseguí— que nuestros magistrados pueden poner al acrecentamiento del Estado y de su territorio, el cual no deben traspasar nunca.

—¿Cuál es su límite? —preguntó.

—Es, a mi juicio —dije—, el dejarle agrandar cuanto pueda ser, pero sin que jamás deje de ser uno con perjuicio de la unidad.

—Muy bien —asintió.

—Y así ordenaremos a nuestros guardianes que obren de tal manera que el Estado no parezca grande ni sea pequeño, sino que deba permanecer en un justo medio y siempre uno.

—¡Eso no es de mucha importancia! —dijo.

—De menos es lo que arriba les recomendamos —continué—, cuando dijimos que era preciso hacer descender a la condición más humilde al hijo degenerado del guardián, y elevar al rango de los guardianes a los hijos de baja condición que se hiciesen dignos de ello. Quisimos por este medio hacerles entender que cada ciudadano sólo debe aplicarse a una cosa, aquella para la que está dotado, a fin de que cada particular, ajustándose a la profesión que le conviene, sea uno; para que el Estado sea también uno, y no haya ni muchos ciudadanos en un solo ciudadano, ni muchos Estados en un solo Estado.

—Es cierto que este punto es más insignificante que el primero —dijo.

—Todo lo que nosotros, Adimanto, les ordenamos aquí no es tan importante como pudiera imaginarse, sino de poca monta. Interesa solamente observar un punto, el único grande, o más bien suficiente en vez de grande —dije.

—¿Cuál es? —preguntó.

—La educación y la crianza —contesté—. Si nuestros ciudadanos son bien educados y se hacen hombres en regla, verán por sí mismos fácilmente la importancia de todos estos puntos y de muchos otros que omitimos aquí, como todo lo relativo a las mujeres, al matrimonio y a la procreación de los hijos; y verán, digo, que según el proverbio, todas las cosas deben ser comunes entre los amigos.

—Sería lo mejor —dijo él.

—Más aún —dije—: en un Estado, si el primer impulso va bien, sigue agrandándose como el círculo. Una buena crianza y educación forman buenos caracteres y éstos, así imbuidos, se hacen capaces, entre otras cosas, de dar a luz hijos que les superan a ellos mismos en mérito, como sucede en los animales.

—Así debe ser —dijo.

—Por lo tanto, para decirlo todo en dos palabras, los que hayan de cuidar de nuestro Estado vigilarán especialmente para que la educación se mantenga pura; y, sobre todo, para que no se haga ninguna innovación irregular ni en la gimnasia ni en la música; temiendo que, si algún poeta dice:

Los cantos más nuevos que surgen de boca de los aedos son los que más agradan,

no sea porque el poeta se refiere a canciones nuevas, sino a una manera nueva de cantar, y por lo mismo no deben aprobar semejantes innovaciones. No debe alabarse ni introducirse alteración ninguna de esta especie. En materia de música han de estar muy prevenidos para no admitir nada, porque corren el riesgo de perderlo todo, o como dice Damón, y yo soy en esto de su dictamen, no se puede tocar las reglas de la música sin conmover las leyes fundamentales del gobierno.

—Cuéntame entre los que piensan así —dijo Adimanto.

—Nuestros guardianes, pues —dije—, establecerán en la música, según parece, su cuerpo de guardia.

—En efecto, ahí es donde el desprecio de las leyes se desliza insensible con más facilidad —dijo.

—Eso es cierto —asentí—. Al pronto parece que es un juego y que no hay ningún mal que temer.

—En efecto —señaló—; en un principio no hace más que insinuarse poco a poco y deslizarse suavemente en los hábitos y en las costumbres. Después sigue aumentándose, y se introduce en las relaciones que tienen entre sí los miembros de la sociedad, y desde aquí avanza hasta las leyes y principios de gobierno, que ataca, mi querido Sócrates, con la mayor insolencia; concluyendo por producir la ruina del Estado y de los particulares.

—¿Sucede esto? —pregunté.

—Por lo menos, así me lo parece —contestó.

—Por consiguiente, y tal como decíamos, habrá que someter muy en tiempo los juegos de los niños a la más severa disciplina, porque por poco que ésta llegue a relajarse y que nuestros niños se extravíen en este punto, es imposible que en la edad madura sean virtuosos y sumisos a las leyes.

—¿Cómo no? —dijo.

—Mientras que si los juegos de los niños se someten a regla desde el principio; si el amor al orden entra en su corazón con la música, sucederá al contrario que antes: que aquél los seguirá por doquier y los hará perfeccionarse y enderezará la anterior postración del Estado.

—Es cierto —dijo.

—Y ellos mismos restablecerán estas reglas que pasan por minuciosas, y que sus predecesores habrán dejado caer enteramente en desuso —añadí.

—¿Cuáles son esas reglas?

—Las siguientes: estar los jóvenes callados delante de los ancianos, levantarse cuando éstos se presentan, cederles siempre el puesto de honor, respetar a los padres, conservar el modo de vestir, de cortarse el pelo y de calzarse, todo lo relativo al cuidado del cuerpo y otras mil cosas semejantes, ¿no te parece?

—Ciertamente.

—Sería una locura hacer leyes sobre tales objetos, pues ya se impongan por escrito o a viva voz, no por eso serían mejor observadas. Por otra parte, ningún legislador ha descendido nunca a semejantes pormenores.

—¿Cómo iban a ser observadas?

—Parece, pues, mi querido Adimanto —dije yo—, que todas estas prácticas son un resultado natural de la educación, porque lo semejante, ¿no atrae siempre a su semejante?

—¿Qué otra cosa, si no?

—Por consiguiente, al término del proceso surgirá algo pleno y vigoroso, sea bueno o al revés.

—¿Cómo no? —dijo él.

—Por esta razón yo no querría estatuir nada sobre esta clase de cosas —añadí.

—Tienes razón —dijo él.

—Pero en nombre de los dioses —proseguí—, ¿emprenderemos el formar reglamentos sobre el contrato de compra y venta, los convenios, los tratos sobre la mano de obra, los insultos, las violencias, los procesos, el nombramiento de los jueces, la imposición o supresión de derechos por la entrada o salida de las mercancías por mar o tierra y, en una palabra, sobre todo lo relativo al tráfico, a la ciudad y al puerto? ¿Nos atreveremos a legislar sobre ello?

—No es necesario —repuso— prescribir nada sobre eso a los hombres de bien; ellos encontrarán por sí mismos sin dificultad los reglamentos que sean precisos.

—Sí, mi querido amigo —dije—, si Dios les da el don de conservar en toda su pureza las leyes que nosotros hemos establecido al principio.

—Si no, pasarán su vida redactando cada día nuevos reglamentos sobre todos estos artículos, los adicionarán haciendo correcciones sobre correcciones, imaginándose siempre que así conseguirán la perfección —dijo.

—Es decir, que su conducta —respondí— se parecerá a la de aquellos enfermos que por intemperancia no quieren renunciar a un género de vida que altera su salud.

—Justamente.

—La vida de tales enfermos es ciertamente encantadora. Todos los remedios que toman no hacen más que complicar y empeorar su enfermedad y, sin embargo, esperan siempre la salud en cada remedio que se les aconseja.

—Ése es precisamente su estado —dijo.

—¿Y no es lo más singular en ellos —proseguí— el que consideren como su más mortal enemigo al que les anuncia que si no cesan de comer y beber con exceso y de vivir en el libertinaje y en la desidia, de nada les servirán ni las medicinas, ni los cauterios, ni las sajaduras, ni los encantamientos, ni los amuletos?

—No tiene nada de encantadora, pues la gracia que tenga el irritarse contra los que nos dan buenos consejos brilla por su ausencia —dijo.

—Me parece que no eres partidario muy decidido de esta clase de gente —dije.

—No, ¡por Zeus! —dijo.

—Tampoco aprobarás, pues, volviendo a nuestro asunto, un Estado que observe una conducta semejante. ¿Qué te parece? ¿No es ésta la conducta que observan los Estados mal gobernados cuando prohíben a los ciudadanos bajo pena de muerte tocar la Constitución, mientras que, por otra parte, el que sabe adular suavemente los vicios del Estado, adelantándose a sus deseos, previendo muy en tiempo sus intenciones, y que es bastante hábil para atenderlas, pasa por un ciudadano virtuoso, por un gran político, y se ve colmado de honores?

—Eso mismo hacen precisamente —dijo—, y estoy distante de aprobarlo.

—¿No admiras, sin embargo, el valor y la complacencia de los que se avienen y hasta se apresuran a consagrar todos sus cuidados a tales Estados?

—Sí los admiro —dijo—, pero exceptúo a aquellos que, dejándose engañar por la multitud, se imaginan ser grandes políticos a causa de los aplausos que les prodigan.

—¡Qué! ¿No quieres excusarles? —pregunté—. ¿Crees que un hombre que ignora el arte de medir, y a quien la multitud dice que tiene cuatro codos de alto, pueda dejar de creerlo?

—No es posible —dijo.

—No te irrites, pues, contra ellos; son las gentes más divertidas del mundo con sus reglamentos minuciosos, que modifican sin cesar, persuadidos de que remediarán así los abusos que se infiltran en los contratos y en todos los puntos que he hablado. No pueden imaginarse que realmente no hacen más que cortar las cabezas de la hidra.

—Efectivamente, no hacen otra cosa —dijo.

—Por lo tanto —dije—, no creo que, cualquiera que sea el Estado de que se trate, esté bien o mal gobernado, deba un legislador sabio entrar en este pormenor de leyes y de reglamentos; en el uno, porque es inútil y nada se gana con esto; y en el otro, porque están al alcance de cualquiera o se deducen por sí mismos de las formas de vida precedentes.

—¿Qué ley nos corresponde hacer ahora? —preguntó.

—Ninguna —contesté—. Pero demos a Apolo Délfico el cuidado de hacer las legislaciones más grandes, más bellas y más primordiales.

—¿Cuáles son? —preguntó.

—Las relativas a la construcción de templos, a los sacrificios, al culto de los dioses, los genios y los héroes, a las sepulturas de los muertos y a las ceremonias que sirven para aplacar a los del más allá. Nosotros no sabemos cómo se deben arreglar estas cosas, y puesto que fundamos un Estado, no sería de razón que acudiésemos a otros hombres, ni consultáramos otro intérprete que el paterno; y el intérprete natural en materia de religión para todos los hombres es este dios, que ha escogido el centro y como el ombligo de la tierra para gobernar desde allí estos asuntos.

—Dices bien; sólo a él debemos acudir —convino.

—Así, pues, hijo de Aristón, nuestro Estado está por fin formado. Llama a tu hermano, a Polemarco y a todos los que aquí se encuentran. Tratad de descubrir juntos, con el auxilio de alguna antorcha, en qué punto residen la justicia y la injusticia, en qué se diferencia la una de la otra, y a cuál de las dos debe uno atenerse para ser sólidamente dichoso, ya pueda o no evitar las miradas de los hombres y de los dioses.

—En vano intentas comprometernos en esta indagación —dijo Glaucón—; porque tú mismo te has ofrecido a hacerlo, al declararte impío si no defendías la justicia con todas tus fuerzas.

—Son mis propias palabras las que me recuerdas —repuse yo—. Voy, pues, a hacer lo que he prometido; pero es preciso que me ayudéis.

—Te ayudaremos —replicó.

—Me prometo de este modo encontrar lo que buscamos. Si está bien constituido, nuestro Estado debe ser perfecto.

—Sin duda —replicó.

—Por lo tanto, es claro que nuestro Estado es prudente, valeroso, templado y justo.

—Es evidente.

—Si descubrimos cualquiera de estas cualidades en él, lo que quede será lo que no hayamos descubierto.

—¿Qué, si no?

—Si de cuatro cosas buscamos una, por ejemplo, y se nos muestra desde luego, limitaremos a ella nuestras indagaciones; pero si conociésemos de igual modo las tres primeras, conoceríamos también la cuarta, que sería evidentemente la que quedara por encontrar.

—Tienes razón —observó.

—Apliquemos, pues, este método a nuestra indagación, puesto que las virtudes de que se trata son cuatro.

—Apliquémoslo.

—No es difícil, en primer lugar, descubrir la prudencia, pero encuentro algo de singular con relación a ella.

—¿Qué? —preguntó.

—La prudencia reina en nuestro Estado, porque el buen consejo reina en él; ¿no es así?

—Sí.

—No es menos claro que es un tipo de ciencia, este buen consejo, puesto que no es la ignorancia sino la ciencia la que enseña a bien deliberar.

—Eso es claro.

—Pero hay en nuestro Estado ciencias de todas clases.

—Sin duda.

—¿Es debido a la ciencia de los constructores el que el Estado sea prudente y sabio en sus consejos?

—Por ese saber no se la llamaría así, sino hábil en las construcciones —dijo.

—Tampoco se llamará prudente al Estado cuando delibere sobre la manera de hacer muebles de forma óptima según las reglas de este oficio.

—No, por cierto.

—Ni por el saber sobre las obras de bronce o de cualquier otro metal.

—Por ninguno de éstos —aseveró.

—Ni cuando se trate de la producción de los bienes de la tierra, porque esto corresponde a la agricultura.

—Así parece.

—¿Hay, pues, en el Estado que acabamos de formar —pregunté— una ciencia que resida en algunos de sus miembros y cuyo fin sea deliberar, no sobre alguna parte del Estado, sino sobre el Estado todo y sobre su gobierno, tanto interior como exterior?

—Sin duda, la hay.

—¿Qué ciencia es ésta y en quién reside? —pregunté.

—Es la que tiene por objeto la conservación del Estado —dijo—, y reside en aquellos magistrados que llamamos guardianes perfectos.

—Con relación a esta ciencia, ¿cómo llamas a nuestro Estado?

—Verdaderamente prudente y sabio en sus consejos —repuso.

—¿Y de qué crees que haya más entre nosotros: excelentes broncistas o auténticos guardianes?

—Muchos más broncistas —repuso.

—En general, de todos los cuerpos que toman su nombre del saber que profesan, ¿no será el cuerpo de los magistrados el menos numeroso?

—Con mucho.

—Por consiguiente, todo Estado organizado naturalmente debe su prudencia a la ciencia que reside en la más pequeña parte de él mismo; es decir, en aquellos que están a la cabeza y que mandan. Y al parecer la naturaleza produce en mucho menos número los hombres a quienes toca consagrarse a esta ciencia; ciencia que es, entre todas las demás, la única que merece el nombre de prudencia.

—Es muy cierto lo que dices —convino.

—No sé por qué especie de fortuna hemos encontrado esta cosa, primera de las cuatro que buscábamos, así como el punto de la sociedad en que reside.

—Me parece suficientemente indicada —dijo.

—En cuanto al valor, no es difícil descubrirlo, así como el cuerpo en que reside, y que obliga a dar al Estado el nombre de valeroso.

—¿Cómo?

—¿Hay otro medio —dije yo— de asegurarse de si un Estado es cobarde o animoso que examinar el carácter de los que están encargados de su defensa?

—Nadie podría examinando otra cosa —dijo.

—Porque los demás ciudadanos, sean cobardes o valientes, en nada son dueños de hacer al Estado de una manera u otra.

—No, en efecto.

—El Estado es valiente, pues, mediante aquella parte de él mismo en la que reside cierta virtud que conserva en todo tiempo, respecto de las cosas temibles, la idea que ha recibido del legislador en su educación. ¿No es ésta, en efecto, la definición del valor?

—No he comprendido bien lo que acabas de decir. Explícalo más —contestó.

—Digo que el valor es una especie de conservación —señalé.

—¿De qué?

—De la idea que las leyes nos han dado por medio de la educación tocante a las cosas que son de temer. Digo «en todo tiempo» porque, en efecto, el valor conserva siempre esta idea, y no la pierde jamás de vista ni en el dolor, ni en el placer, ni en los deseos, ni en el temor. Voy, si quieres, a explicarte esto con una comparación.

—Sí quiero.

—¿Sabes —dije— la manera como se arreglan los tintoreros cuando quieren teñir la lana de púrpura? Entre las lanas de toda clase de colores escogen la blanca, la preparan en seguida con el mayor cuidado, a fin de que tome el color más brillante posible, y después de esto la tiñen. Esta clase de tintura no se borra; y la tela, ya se lave simplemente o ya se la jabone, no pierde su brillantez; mientras que si la lana que se intenta teñir tiene ya otro color, o si se sirve de la blanca sin la conveniente preparación, ya sabes lo que sucede.

—Sí —repuso—, ni el color dura, ni tiene brillantez.

—Imagínate ahora —repliqué yo— que nosotros nos hemos esforzado para hacer lo mismo, escogiendo nuestros guerreros con las mayores precauciones y preparándolos mediante la música y la gimnasia. Nuestra intención al obrar así no es otra, créelo, sino que tomen una tintura sólida de las leyes; que su alma, bien nacida y bien educada, se penetre de tal manera de la idea de las cosas que son de temer, lo mismo que todas las demás, que ninguna clase de lejía pueda borrarla: ni la del placer, que para este efecto tiene una virtud mayor que la de la sosa calestrana, ni el dolor, ni el temor, ni el deseo, más poderosos que cualquier otro detergente. Esta fuerza y preservación en toda circunstancia de la idea justa y legítima de lo que es de temer y de lo que no lo es, eso es a lo que yo llamo valor, si tú no opinas otra cosa.

—No —dijo—, porque me parece que darás a esta idea un nombre distinto del de valor si no es fruto de la educación, si tiene un carácter brutal y servil; entonces no la considerarás como legítima.

—Dices verdad —observé.

—Por tanto, admito que eso es el valor.

—Admite igualmente —añadí— que es una virtud política, y no te engañarás. En otra ocasión hablaremos más por extenso sobre este punto, si te parece bien. Por ahora ya hemos dicho lo bastante, porque no es eso lo que buscamos, sino la justicia.

—Tienes razón —dijo.

—Aún nos restan dos cosas —dije— que descubrir en nuestro Estado: la templanza y después la justicia, que es el objeto principal de nuestras indagaciones.

—Muy bien.

—¿Cómo haremos para encontrar directamente la justicia sin tomarnos antes el trabajo de indagar qué sea la templanza?

—Yo no lo sé —dijo—, no me gustaría que se nos mostrara aquélla la primera, si entonces ya no nos tomamos el trabajo de examinar lo que es la templanza. Y así te agradecería que comenzaras por ésta.

—Haría yo mal en no consentir en ello —repliqué.

—Comienza, pues, el examen —dijo.

—Es lo que voy a hacer —dije—. A lo que puedo alcanzar, esta virtud consiste en cierto acuerdo y armonía en mayor grado que las precedentes.

—¿Cómo?

—La templanza no es otra cosa que un cierto orden, un dominio que el hombre ejerce sobre sus placeres y apetitos. De aquí viene probablemente esta expresión, que no entiendo bastante bien: ser dueño de sí mismo; y algunas otras semejantes, que son, por decirlo así, vestigios de esta virtud. ¿No es así?

—Sin duda —contestó.

—Esta expresión: dueño de sí mismo, tomada a la letra, ¿no es ridícula? ¿Porque quien es dueño de sí es también esclavo de sí mismo, y el que es esclavo, también dueño, puesto que esta expresión se refiere a la misma persona?

—¿Cómo no?

—He aquí, a mi parecer, sin embargo, el sentido en que debe tomarse —dije yo—. Hay en el alma del hombre dos partes: una superior y otra inferior. Cuando la parte superior por naturaleza manda a la inferior, se dice del hombre que es dueño de sí mismo, y es un elogio. Pero cuando, por falta de educación o por cualquier mala compañía, la parte inferior, que es mayor, impera sobre la superior, que es menor, se dice del hombre que es desarreglado y esclavo de sí mismo, lo cual se tiene por vituperable.

—Esa explicación me parece exacta —dijo.

—Echa ahora una mirada —dije— sobre nuestro nuevo Estado, y encontrarás en él una de esas dos situaciones, y verás que puede decirse con razón de él que es dueño de sí mismo, si es cierto que debe llamarse templado y dueño de sí propio a todo hombre, a todo Estado, en el que la parte mejor manda a la peor.

—Ya miro y encuentro que dices verdad —respondió.

—Sin embargo, no quiere decir esto que no se encuentren en él pasiones sin número y de todas clases, lo mismo que placeres y penas en los niños y las mujeres, en los esclavos y hasta en la mayor parte de los que se dicen ser de condición libre y que valen poca cosa.

—Sin duda.

—Pero con respecto a los sentimientos sencillos y moderados, fundados sobre opiniones exactas y gobernados por la razón y el buen juicio, sólo se encuentran en un pequeño número de personas, que unen a un extenso natural una excelente educación.

—Es cierto —dijo.

—Pero ¿no ves que también en nuestro Estado ocurre esto? ¿Que los deseos y las pasiones de la multitud, que es la parte inferior, son dominados por la prudencia y la voluntad del pequeño número, que es el de los más aptos?

—Lo veo —dijo.

—Si de alguna sociedad puede decirse, pues, que es dueña de sí misma, de sus placeres y de sus pasiones, es preciso decirlo de ésta.

—Enteramente —dijo.

—Y que por esta razón es temperante; ¿no es así?

—En alto grado —dijo.

—Y si hay alguna sociedad en la que los magistrados y los súbditos tengan la misma opinión acerca de los que deben mandar, es seguramente la nuestra. ¿No te parece?

—Sin duda alguna —dijo.

—Cuando los miembros de la sociedad están así de acuerdo, ¿en quiénes dirás que reside la templanza, en los que mandan o en los que obedecen?

—En unos y en otros, seguramente —repuso.

—Ya ves —dije yo— cuán fundada era nuestra conjetura, cuando comparábamos la templanza con una cierta armonía.

—¿Por qué razón?

—Porque no sucede con ella lo que con la prudencia y la valentía, puesto que encontrándose cada una de éstas sólo en una parte del Estado, hacen, sin embargo, que el Estado entero sea prudente y valiente; mientras que la templanza está derramada por todos los miembros del Estado, desde los de más baja condición hasta los de la más alta, entre los cuales establece la templanza un acuerdo perfecto desde el punto de vista de la prudencia, de la fortaleza, del número, de las riquezas de los ciudadanos o de cualquier otra cosa semejante. De manera que puede decirse con razón que la templanza consiste en este buen acuerdo, y que es una armonía establecida por la naturaleza entre la parte superior y la parte inferior de una sociedad o de un particular, para decidir cuál es la parte que debe mandar a la otra.

—Soy decididamente de tu dictamen —repuso.

—Ya hemos encontrado, a mi parecer —dije yo—, tres cualidades del Estado. Quédanos ahora por descubrir lo que debe completar su virtud, y que es claro que tiene que ser la justicia.

—Eso es evidente.

—Hagamos como los cazadores, mi querido Glaucón, rodeando el matorral; averigüemos el punto donde la justicia debe encontrarse, tomemos todas las medidas para impedir que se escape y desaparezca a nuestros ojos. En verdad, debe estar en algún punto. Mira, y avísame si la ves primero.

—Pluguiera a los dioses —dijo él—, pero bastante haré si puedo seguirte y percibir las cosas a medida que me las muestres.

—Invoquemos a los dioses y sígueme —dije yo.

—Es lo que voy a hacer. Marcha tú delante —replicó.

—El lugar me parece oscuro, embarazoso y de difícil acceso. Sin embargo, avancemos —dije yo.

—Pues adelante —exclamó.

Después de haber mirado por algún tiempo:

—¡Ea, ea, mi querido Glaucón! —exclamé yo—. Me parece que sigo la pista, y creo que no se nos escapa la justicia.

—¡Buena noticia! —dijo él.

—En verdad, que lo que me ha pasado es harto estúpido —dije.

—¿Qué cosa?

—Hace mucho tiempo, mi querido amigo, que, según parece, la tenemos a nuestros pies y no la habíamos visto. Merecemos que se rían de nosotros como de los que buscan lo que tienen entre manos. Fijamos nuestras miradas allá lejos, en lugar de mirar cerca de nosotros, que es donde está. Quizá es ésta la causa de habérsenos ocultado por tanto tiempo.

—¿Qué quieres decir? —preguntó.

—Digo —respondí— que ha mucho tiempo que hablamos de nuestro asunto sin fijar nuestra atención en que es de él de lo que hablamos.

—Largo es ese exordio —apremió— para las ganas que tengo de escuchar.

—Pues bien, escucha y ve si tengo razón —dije—. Lo que estatuimos al principio, cuando fundamos nuestro Estado, como un deber universal e indispensable, es la justicia misma o, por lo menos, algo que se le parece. Dijimos y hemos repetido muchas veces, si te acuerdas, que cada ciudadano no debe tener más que un oficio, aquel para el que desde su nacimiento ha descubierto mejores disposiciones.

—Eso es lo que dijimos, en efecto.

—Pero hemos oído decir a otros, y nosotros mismos lo hemos repetido muchas veces, que la justicia consiste en ocuparse únicamente en sus negocios sin afanarse en mil actividades.

—Así lo hemos dicho.

—Entonces, mi querido amigo —dije—, me parece que la justicia consiste en que cada uno haga lo que tiene obligación de hacer. ¿Sabes lo que me induce a creerlo?

—No; dilo —repuso.

—Me parece —dije— que después de la templanza, de la fortaleza y de la prudencia, lo que nos falta examinar en nuestro Estado debe ser el principio mismo de estas tres virtudes, lo que las produce y, después de producidas, las conserva mientras subsiste en ellas. Ya dijimos que, si encontrábamos estas tres virtudes, lo que quedara, puestas éstas aparte, sería la justicia.

—Precisamente tiene que ser ella —dijo.

—Si nos viéramos en la necesidad —añadí— de decidir qué es lo que contribuirá más a hacer nuestro Estado perfecto, si la concordia entre los magistrados y los ciudadanos, o la idea legítima e inquebrantable de nuestros guerreros de lo que debe temerse y de lo que no debe temerse, o la prudencia y la vigilancia de los que gobiernan o, en fin, esta virtud mediante la que todos los ciudadanos, mujeres, niños, hombres libres, esclavos, artesanos, magistrados y súbditos, se limitan cada uno a su oficio sin mezclarse en los demás, nos sería difícil dar nuestro fallo.

—Muy difícil —dijo—. Y ¿cómo no había de serlo?

—Y así esta virtud, que contiene a cada uno en los límites de su propia tarea, no contribuye menos, según parece, a la perfección del Estado que la prudencia, la fortaleza y la templanza.

—Desde luego —dijo.

—Así, pues, ¿tendrás a la justicia como igualmente importante para el bien del Estado que aquellas otras?

—Enteramente.

—Asegurémonos de esta verdad por otro camino. Los magistrados en nuestro Estado, ¿no han de estar encargados de dar sus fallos en los juicios?

—Sin duda.

—¿Y qué otro fin pueden proponerse en sus juicios, sino el impedir que nadie se apodere de los bienes ajenos, ni tampoco que se le prive de los suyos propios?

—Ningún otro.

—¿Pensando que esto es lo justo?

—Sí.

—Luego la posesión y práctica de lo que a cada uno corresponde será lo que consideramos justicia.

—Eso es.

—Mira si eres tú del mismo dictamen que yo. Que el carpintero se injiera en el oficio del zapatero o el zapatero en el del carpintero; que cambien sus instrumentos y sus retribuciones o que el mismo hombre desempeñe los dos oficios a la vez, ¿crees tú que este desorden cause un gran mal a la sociedad?

—No, sin duda —dijo.

—Pero si el que la naturaleza ha destinado a ser artesano o negociante, ensoberbecido con sus riquezas, su crédito, su fuerza o cualquiera otra ventaja semejante, se injiere en el oficio del guerrero, o el guerrero en las funciones del consejero y del guardián, sin capacidad para ello; si hiciesen un cambio con los instrumentos propios de su oficio y con las ventajas que van unidas a ellos, o si un mismo hombre quisiese desempeñar a la vez estos oficios diferentes, entonces creo yo, y tú indudablemente creerás conmigo, que semejante trastorno y tal confusión producirán infaliblemente la ruina del Estado.

—Infaliblemente.

—La confusión y mezcla de estos tres órdenes de funciones es, por tanto, el acontecimiento más funesto que puede tener lugar en un Estado. Puede decirse que es un verdadero crimen.

—Totalmente cierto.

—Y bien, el más grande crimen contra el Estado, ¿no dirás que es injusticia?

—¿Cómo no?

—En esto, pues, consiste la injusticia. De donde se sigue, a la inversa, que cuando cada uno de los órdenes del Estado, el de los negociantes, el de los auxiliares y el de los guardianes, se mantiene en los límites de su oficio y no los traspasa, esto debe ser lo contrario de la injusticia; es decir, la justicia, y lo que hace que un Estado sea justo.

—Me parece que no puede ser de otra manera —dijo él.

—No lo afirmemos aún demasiado alto —observé—. Veamos antes si lo que acabamos de decir de la justicia así considerada puede aplicarse a cada hombre en particular, porque ¿qué más podemos exigir? En el caso contrario, será preciso encaminar nuestras indagaciones en otra dirección. Pero en este momento procuraremos dar fin y cabo a la indagación que hemos emprendido en la seguridad de que nos sería más fácil conocer cuál es la naturaleza de la justicia en el hombre, si ensayábamos antes contemplarla y encontrarla en un modelo más grande. Hemos creído que un Estado nos ofrecería el modelo que deseábamos, y sobre este fundamento hemos formado uno, el más perfecto que nos ha sido posible, porque sabíamos bien que la justicia habría de encontrarse necesariamente en un Estado bien constituido. Trasladamos a nuestro pequeño modelo, es decir, al hombre, lo que hemos descubierto en el grande, y si en el uno corresponde todo al otro, las cosas marcharán bien. Si hay en el hombre algo que no convenga a nuestro gran modelo, repetiremos el ensayo, y comparándolos de nuevo, frotando el uno con el otro, por decirlo así, haremos salir la justicia como salta la chispa del frote de dos astillas, y a la claridad que arroje la reconoceremos en nosotros mismos sin temor de engañarnos.

—Así procederemos con método, y así hay que hacerlo —dijo.

—Ahora bien —dije—, cuando se dice de dos cosas, de las cuales una es más grande y otra más pequeña, que son la misma cosa, ¿son o no semejantes en razón de lo que hace que se diga que son una misma cosa?

—Semejantes —contestó.

—Luego el hombre justo, en tanto que es justo, no se diferenciará en nada de un Estado justo, sino que será perfectamente semejante a él.

—Lo será —convino.

—Pero ya hemos hecho ver que nuestro Estado es justo porque cada uno de los tres órdenes que lo componen obra conforme a su naturaleza y a su destino; y hemos visto también que participa de ciertas cualidades y disposiciones de estos tres órdenes por su prudencia, su valor y su templanza.

—Es cierto —dijo.

—Luego si encontramos, amigo mío, en el alma del hombre estas tres especies, y entre ellas hay la misma subordinación, le daremos la misma consideración que hemos dado al Estado con idéntica disposición de sus tres cualidades.

—No podremos menos de hacerlo así —dijo.

—Aquí nos tienes envueltos, mi querido amigo —dije—, en una cuestión trivial relativa al alma. Se trata de saber si tiene o no en sí las tres especies de que acabamos de hablar.

—No es tan trivial —replicó—, según creo, porque al parecer, Sócrates, el proverbio tiene razón: lo bello es difícil.

—Pienso como tú —dije—, pero ten entendido, Glaucón, que si continuamos aplicando el mismo método, nos será imposible descubrir lo que buscamos. El camino que debe conducirnos al término es mucho más largo y mucho más complicado. Sin embargo, este método puede darnos aún una solución que convenga a nuestra investigación anterior.

—Me parece que eso que dices debe bastar por el momento —dijo.

—Sea así; yo me daré también por satisfecho —añadí.

—Entra, pues, en materia —dijo— y no te desanimes.

—¿No debemos necesariamente convenir —proseguí— en que el carácter y las costumbres de un Estado se encuentran en cada uno de los individuos que lo componen, puesto que sólo por medio de ellos han podido pasar al Estado? En efecto, sería ridículo que ese carácter ardiente e indómito atribuido a ciertas naciones, como a los tracios, a los escitas y en general a los pueblos del Norte, o ese espíritu curioso y ávido de ciencia que con razón se puede atribuir a nuestra nación o, en fin, ese espíritu de interés que caracteriza a los fenicios y a los egipcios tengan su origen en otra parte que en los particulares que componen cada una de estas naciones.

—Sin duda —dijo.

—Esto es muy cierto y no ofrece ninguna dificultad —añadí.

—No.

—Lo verdaderamente difícil es decidir si nosotros obramos en virtud de una o de tres especies diferentes. Si es uno el elemento que en nosotros conoce, otro el que se irrita y un tercero el que se deja llevar del placer que va unido a la alimentación o a la reproducción y a los demás placeres de la misma naturaleza; o bien es el alma toda la que produce en nosotros cada uno de estos efectos cuando nos aplicamos a ello. He aquí lo que es difícil explicar de una manera satisfactoria.

—Convengo en ello —dijo.

—Ensayemos decidir por este camino si hay en el alma tres elementos distintos o uno.

—¿Por qué camino?

—Es cierto que el mismo sujeto no es capaz, al mismo tiempo, en la misma parte y con respecto al mismo objeto, de acciones y pasiones contrarias. Y así, si encontramos en el alma algo semejante a esto, concluiremos con toda certidumbre que hay en ella tres elementos distintos.

—Muy bien.

—Fíjate en lo que te voy a decir.

—Habla —dijo.

—La misma cosa, considerada bajo la misma relación, ¿puede estar al mismo tiempo en movimiento y en reposo?

—De ningún modo.

—Asegurémonos más de esto para no vernos después embarazados. Si alguno nos objetase que un hombre, puesto en pie y que sólo mueve las manos y la cabeza, está a la vez en reposo y en movimiento, le contestaríamos que no habla con exactitud, y que lo que debe decirse es que una parte de su cuerpo se mueve, mientras que la otra está en reposo; ¿no es así?

—Sí.

—Si para dar muestras de sutileza sostuviese que la peonza o cualquier otro de los cuerpos que giran sobre su eje sin mudar de sitio está a la vez toda ella en reposo y en movimiento, nosotros no confesaríamos que estos cuerpos estén a la vez en reposo y en movimiento bajo la misma relación. Diríamos que es preciso distinguir en ellos dos cosas, el eje y la circunferencia, que en cuanto a su eje están en reposo, puesto que éste no se inclina a ningún lado; pero que, en cuanto a su circunferencia, se mueven con un movimiento circular; y que si el eje llegara a inclinarse a la derecha o la izquierda, hacia delante o hacia atrás, entonces sería absolutamente falso el decir que estos cuerpos estaban en reposo.

—Ésa sería una respuesta oportuna —dijo.

—No debemos, pues, detenernos por esta clase de dificultades, porque nunca nos convencerán de que la misma cosa, mirada bajo la misma relación, y respecto al mismo objeto, sea al mismo tiempo susceptible de acciones y de pasiones contrarias.

—A mí no, desde luego —aseguró.

—Sin embargo —dije—, para no detenernos mucho en enumerar todas estas objeciones y en demostrar su falsedad, pasemos adelante suponiendo cierto el principio de que hablamos. Convengamos tan sólo en que, si después se demostrase que era falso, todas las conclusiones que hubiésemos deducido serán nulas.

—Así hay que hacerlo —dijo.

—Dime ahora: mostrar asentimiento y disentimiento, tender hacia un objeto y alejarse de él, atraerle a sí y rechazarle, ¿son cosas opuestas, sean acciones o pasiones (porque, para el caso, es lo mismo)?

—Son opuestas —dijo.

—¿Y qué? —proseguí—. El hambre, la sed y, en general, los apetitos naturales, el deseo, la voluntad, todo esto, ¿no está referido a las especies de que acabamos de hablar? Por ejemplo, ¿no se dirá, de un hombre que tiene algún deseo, que su alma tiende a lo que ella desea, que atrae a sí la cosa que ella querría tener, y que en tanto que desea que se le dé una cosa, se da a sí misma señales de que la quiere, como si se le preguntase, anticipándose ella misma en cierto modo al cumplimiento de su deseo?

—Sí.

—Y el no querer, no anhelar, no desear, ¿no es lo mismo que rechazar y alejar de sí? Y estas operaciones del alma, ¿no son contrarias a las precedentes?

—Sin duda.

—Sentado esto, ¿no diremos que tenemos una cierta clase de apetitos y, sobre todo, dos que están más a la vista, que son la sed y el hambre?

—Eso diremos —admitió.

—¿No tienen por objeto el uno el beber y el otro el comer?

—Sí.

—La sed, en tanto que sed, ¿es otra cosa en el alma que el deseo de lo dicho? En otros términos, la sed en sí, ¿tiene por objeto una bebida caliente o fría, en grande o en pequeña cantidad, y en general tal o cual bebida? ¿O no es cierto más bien que si se une a la sed el calor, este calor añade al deseo de beber el de beber frío; que si se le une el frío, este frío añade el deseo de beber caliente; que si la sed es grande, se quiere beber mucho, y si pequeña, se quiere beber poco; mientras que la sed en sí misma no es otra cosa que el deseo de la bebida, que es su objeto propio, como el comer es el objeto del hambre?

—Es cierto —dijo—. Cada deseo, considerado en sí mismo, se dirige a su objeto, considerado también en sí mismo; y las cualidades accidentales son las que, uniéndose a cada deseo, hacen que se dirija hacia tal o cual modificación de su objeto.

—No nos dejemos alucinar, pues —dije yo—, por la objeción siguiente: nadie desea meramente la bebida, sino una buena bebida: ni meramente la comida, sino una buena comida, porque todos desean las cosas buenas; por lo tanto, si la sed es un deseo, es el deseo de algo bueno, cualquiera que sea su objeto, sea la bebida, sea otra cosa, y lo mismo sucede con los demás deseos.

—Esta objeción, sin embargo, parece que es de alguna importancia —observó.

—Pero ten en cuenta —concluí— que las cosas que tienen alguna relación con otras, se refieren a tal o cual otra cosa, como resultado de ser ellas de tal o cual manera, a lo que me parece; y que, por el contrario, tomada cada cosa en sí, sólo se refiere a su objeto en sí.

—No entiendo lo que dices —dijo.

—¿No entiendes que lo que es más grande no lo es sino a causa de la relación que tiene con una cosa más pequeña? —pregunté.

—Lo entiendo.

—Y esa otra cosa, ¿será algo más pequeño?

—Sí.

—Y si es mucho más grande, lo es con relación a una cosa mucho más pequeña.

¿No es cierto?

—Sí.

—¿Y que si ha sido o si algún día ha de ser más grande, es con relación a una cosa que ha sido o que será más pequeña?

—Sin duda —replicó.

—En la misma forma, lo más tiene relación con lo menos, lo doble con la mitad, lo más pesado con lo más ligero, lo más rápido con lo más lento, lo caliente con lo frío, y así de lo demás. ¿No es así?

—Enteramente.

—Y ¿qué decir respecto de las ciencias? ¿No ocurre lo mismo? La ciencia en sí tiene por objeto todo lo que puede o debe ser conocido en sí, sea lo que sea; pero una ciencia particular tiene por objeto tal o cual conocimiento. Por ejemplo, cuando se inventó la ciencia de construir casas, ¿no se le dio el nombre de arquitectura para distinguirla de las otras ciencias?

—Es cierto.

—¿Y no procedía esta distinción de que esta ciencia especial en nada se parecía a ninguna otra?

—Sí.

—¿Y por qué era así, repito, sino porque tenía tal objeto particular? Lo mismo digo de las demás artes y de las demás ciencias.

—Así es.

—Ya comprendes ahora, sin duda alguna —dije yo—, cuál era mi pensamiento cuando decía que las cosas referidas en sí mismas a un objeto sólo se refieren a ese objeto en sí mismo; y que teniendo tal o cual relación con un objeto, son ellas tales o cuales. Por lo demás, no quiero decir por esto que una cosa sea tal como su objeto; que, por ejemplo, la ciencia de las cosas que sirven o dañan a la salud sea sana o enferma, ni que la ciencia del bien y del mal sea buena o mala; lo único que pretendo es que, puesto que tal ciencia no tiene el mismo objeto que la ciencia en general, sino que tiene uno determinado, es decir, lo que es útil o dañoso a la salud, esta ciencia resulta así también determinada, lo que hace que no se le dé simplemente el nombre de ciencia, sino el de medicina, caracterizándola por su objeto.

—Comprendo tu pensamiento, y lo tengo por verdadero —dijo.

—¿No incluyes la sed —pregunté— en el número de las cosas que tienen relación con otras, y que se refieren a alguna cosa?

—Sí —dijo—, a la bebida.

—De manera que tal sed tiene relación con tal bebida, mientras que la sed en sí no es la sed de una tal bebida, buena o mala, en grande o en pequeña cantidad, sino simplemente de la bebida.

—Totalmente de acuerdo.

—Por consiguiente, el alma de un hombre que meramente tiene sed, no desea otra cosa que beber. Esto es lo que quiere y esto es lo único a que se dirige.

—Es evidente.

—Y así, cuando busca la bebida y hay algo que le separa de su propósito, es imposible que sea el mismo principio el que le obliga a abstenerse y el que le excita a la sed y le arrastra como una bestia hacia la bebida. Porque ya dijimos que una misma cosa no puede hacer lo contrario en la misma parte de sí misma, con relación al mismo objeto y al mismo tiempo.

—Eso no puede ser.

—Lo mismo que no habría razón para decir, a mi juicio, de un arquero, que con sus dos manos atrae el arco hacia sí y lo rechaza al mismo tiempo, sino que debe decirse que atrae el arco hacia sí con una mano y lo rechaza con la otra.

—Muy bien —dijo.

—¿No hay personas que tienen sed y no quieren beber?

—Se encuentran muchas veces y en gran número —dijo.

—¿Qué puede pensarse de tales personas, sino que hay en su alma un principio que les ordena beber, y otro que se lo prohíbe y que puede más que el primero?

—Yo así lo pienso —dijo.

—Este principio que les prohíbe beber, ¿no nace, cuando nace, del razonamiento?

El que los lleva y arrastra a ello, ¿no es un resultado de sufrimientos y enfermedades?

—Tal parece.

—Tenemos, pues, derecho —proseguí— a decir que son éstas dos cosas distintas, y llamar racional a esta parte de nuestra alma que razona, y apetitiva, privada de razón, amiga de los goces y de los placeres, a esta otra parte del alma que es el principio del amor, del hambre, de la sed y de los demás deseos.

—No sin razón los consideraremos así.

—Sentemos, pues, como cierto —seguí— que estas dos especies se encuentran en nuestra alma. Pero la fogosidad y aquello por lo que nos enardecemos, ¿es una tercera especie?, ¿o será de la misma naturaleza que las otras dos?

—Quizá de la misma que la parte apetitiva.

—Pero me contaron una cosa —dije yo— que tengo por prueba verdadera, y es la siguiente: Leoncio, hijo de Aglayón, volviendo un día del Pireo, percibió de lejos, a lo largo de la muralla septentrional, unos cadáveres tendidos junto al verdugo, y sintió a la vez un deseo violento de aproximarse para verlos y un temor mezclado de aversión a la vista de cuadro semejante. Al pronto resistió y se tapó la cara, pero cediendo al fin a la violencia de su deseo, se dirigió hacia los cadáveres, y abriendo los ojos cuanto pudo, exclamó: «¡Y bien! ¡Desgraciados, gozad anchamente de tan magnífico espectáculo!».

—He oído referir lo mismo —dijo.

—Este suceso —observé— indica que la fogosidad se opone algunas veces en nosotros al apetito, y por consiguiente que es una cosa distinta.

—Eso indica —dijo.

—¿No observamos también, en muchas ocasiones —dije—, que cuando uno es arrastrado por sus deseos a pesar de la razón, se dirige cargos a sí mismo, se irrita contra lo que le hace violencia interiormente, y que en esta especie de discordia la fogosidad se pone de parte de la razón? No creo, en cambio, que hayas experimentado en ti mismo, ni observado en los demás, que la cólera se ponga jamás de parte del deseo cuando la razón decide que algo no debe hacerse.

—No, por Zeus —dijo.

—¿No es cierto que cuando se cree obrar injustamente

—pregunté— se nota, a más generosidad de sentimientos, menos motivo para enfadarse, aun en medio de sufrimientos como el hambre, el frío, o cualquier mal trato de otro, cuando se cree que ese tal tiene razón para conducirse de esta manera, contra el cual, para decirlo de una vez, la cólera no puede despertarse?

—Nada más cierto —dijo.

—Pero si estamos persuadidos de que se comete con nosotros una injusticia, ¿no se inflama entonces nuestra cólera y no se inclina del lado de lo que nos parece justo? En lugar de dejarse dominar por el hambre, el frío o cualquier otro mal trato, ¿no intenta sobreponerse a todo? ¿Cesa ni un solo momento de hacer esfuerzos generosos hasta que ha obtenido satisfacción, o la muerte le ha quitado el poder, o la razón, siempre presente en nosotros, la ha apaciguado y dulcificado como un pastor tranquiliza a su perro?

—Esa comparación es tanto más justa —dijo—, cuanto que, como hemos dicho, los auxiliares en nuestro Estado deben estar sometidos a los magistrados como los perros están a los pastores.

—Comprendes muy bien lo que quiero decir —observé—. Pero he aquí una reflexión que te suplico me oigas.

—¿Qué reflexión?

—Que la fogosidad nos parece ahora una cosa distinta de como la entendimos al principio. Pensábamos que era parte de lo apetitivo, y ahora estamos muy distantes de pensarlo así, y vemos que cuando se suscita en el alma alguna rebelión, la cólera toma siempre las armas en favor de la razón.

—Del todo cierto —dijo.

—¿Y es diferente de la razón o tiene algo de común con ella, de suerte que no haya en el alma tres, sino dos especies, la razonable y la concupiscible? O más bien, así como nuestro Estado se compone de tres órdenes, el negociante, el auxiliar y el deliberante, ¿el apetito irascible entra también en el alma como un tercer principio, cuyo destino es secundar la razón, siempre que no haya sido corrompido por una mala educación?

—Necesariamente es un tercer elemento.

—Muy bien. Pero necesitamos demostrar que es distinto del racional, como hemos demostrado que es distinto del apetitivo —dije.

—Eso no es difícil —dijo—. Vemos que los niños, apenas salen al mundo, están ya sujetos a la cólera, y que para algunos nunca luce la razón, y en la mayor parte muy tarde.

—Dices muy bien, por Zeus —observé—. También puede servir de prueba lo que pasa con los animales. Y asimismo podemos traer a colación el testimonio de Homero citado más arriba:

Golpeándose el pecho, reprende así a su alma.

Es evidente que Homero presenta aquí dos principios distintos increpándose mutuamente: lo que razona sobre qué es mejor o peor contra lo que se enardece irracionalmente.

—Perfectamente dicho —convino.

—En fin, hemos llegado, aunque con gran dificultad, a mostrar claramente que hay en el alma de cada hombre las mismas partes que en el Estado y en igual número.

—Es cierto.

—¿No es ahora necesario que el particular sea prudente de la misma manera y en la misma forma que el Estado?

—¿Cómo si no?

—¿Y que, igual que el particular es valiente, de la misma manera lo sea también el Estado? En una palabra, que todo lo que contribuye a la virtud se encuentre lo mismo en uno que en otro.

—Por fuerza.

—Por lo tanto, mi querido Glaucón, diremos que el hombre es justo del mismo modo que el Estado.

—También ésa es una consecuencia necesaria —dijo.

—No hemos olvidado tampoco que el Estado es justo cuando cada uno de los tres órdenes que lo componen hace únicamente lo que le corresponde.

—No creo que lo hayamos olvidado —dijo.

—Acordémonos, pues, de que cada uno de nosotros será justo y cumplirá su deber cuando cada una de las partes de sí mismo realice su tarea.

—Sí; es preciso no olvidarlo —dijo.

—¿No pertenece a lo racional mandar, puesto que en ello es donde reside la prudencia, y que a ello toca también la inspección sobre toda el alma? ¿Y no toca a la fogosidad obedecerlo y secundarlo?

—Enteramente.

—¿Y cómo se podrá mantener un perfecto acuerdo entre estas dos partes sino mediante esa mezcla de la música y de la gimnasia de que hablamos más arriba, y cuyo efecto será, de una parte, nutrir y fortificar la razón con buenos preceptos y enseñanzas, y de otra, dulcificar y apaciguar el valor por el encanto del ritmo y de la armonía?

—Bien seguro —dijo.

—Estas dos partes, así educadas e instruidas en lo que les es propio, gobernarán la apetitividad, que ocupa la mayor parte de nuestra alma y que es insaciable por su naturaleza. Tendrán buen cuidado de que, después de haberse aumentado y fortificado con el goce de los placeres del cuerpo, no salga de sus límites propios y no pretenda arrogarse sobre el alma una autoridad que no le pertenece, y que produciría en el conjunto un extraño desorden.

—Sin duda —dijo.

—En caso de un ataque exterior, tomarán las mejores medidas para la seguridad del alma y del cuerpo. La una deliberará; la otra combatirá; y, secundada por el valor, ejecutará las ordenes de aquélla.

—Eso es.

—El hombre merece el nombre de valiente, según pienso, cuando este segundo elemento, el fogoso, sigue constantemente en medio de los placeres y de las penas los juicios de la razón sobre lo que es o no es de temer.

—Exactamente —dijo.

—Es prudente mediante esta pequeña parte de su alma que manda y da órdenes, y que es la única que sabe lo que es útil a cada una de las otras tres partes y a todas juntas.

—Es cierto.

—¿Y no es también templada mediante la amistad y la armonía que reinan entre la parte que manda y las que obedecen, cuando estas dos últimas están de acuerdo en que a la razón corresponde mandar y que no debe disputársele la autoridad?

—La templanza no puede tener otro principio —dijo—, sea en el Estado, sea en el particular.

—En fin, mediante todo lo que hemos dicho repetidas veces, será también justo.

—Forzosamente.

—¿Qué, pues? ¿Hay, por ahora —dije—, algo que nos impida reconocer que la justicia en el individuo es la misma que en el Estado?

—No lo creo —replicó.

—Si en este punto nos quedase alguna duda, la haríamos desaparecer del todo aportando ciertas ideas corrientes.

—¿Cuáles?

—Por ejemplo, si respecto de nuestro Estado y del varón formado sobre este modelo por la naturaleza y por la educación, se tratase de examinar si este hombre podría quedarse para él un depósito de oro o de plata prestado, ¿crees que nadie le supondría capaz de un hecho semejante, sino aquellos que no están como él formados según el modelo de un Estado justo?

—Nadie —dijo.

—¿No estará, asimismo, lejos de profanar los templos, dilapidar y hacer traición en la vida pública al Estado o en la privada a sus amigos?

—Bien lejos.

—¿De faltar en manera alguna a sus juramentos y a otros compromisos?

—Sin duda.

—El adulterio, la falta de respeto para con sus padres y de veneración para con los dioses: he aquí faltas de las que será menos capaz que otro cualquiera.

—Que cualquier otro —convino.

—La causa de todo esto, ¿no es la subordinación establecida entre las partes de su alma y la aplicación de cada una de ellas a cumplir su obligación, tanto de gobernar como de obedecer?

—No puede ser otra.

—Pero ¿conoces tú alguna otra virtud que no sea la justicia, que pueda formar hombres y Estados de este carácter?

—No, por Zeus —dijo.

—Vemos, pues, ahora con toda claridad lo que al principio no hacíamos más que entrever. Apenas habíamos echado los cimientos de nuestro Estado, cuando, gracias a alguna divinidad, hemos encontrado como un modelo de la justicia.

—Enteramente cierto.

—Y así, mi querido Glaucón, cuando exigíamos que el que hubiese nacido para zapatero o carpintero, o para cualquier otra cosa, desempeñase bien su oficio y no se mezclase en otra cosa, nosotros trazábamos una imagen de la justicia que nos ha sido de provecho.

—Es patente.

—La justicia, en efecto, es algo semejante a lo que prescribíamos, aunque no se refiere a las acciones exteriores del hombre, sino a su interior, no permitiendo que ninguna de las partes del alma haga otra cosa que lo que le concierne y prohibiendo que las unas se entremetan en las funciones de las otras. Quiere que el hombre, después de haber ordenado cada una las funciones que le son propias: después de haberse hecho dueño de sí mismo y de haber establecido el orden y la concordia entre estas tres partes, haciendo que reine entre ellas perfecto acuerdo, como entre los tres términos de una armonía, el grave, el agudo y el medio, y los demás intermedios, si los hubiere; después de haber ligado unos con otros todos los elementos que lo componen, de suerte que de su reunión resulte un todo bien templado y bien concertado; entonces es cuando comienza a obrar, ya se proponga reunir riquezas o cuidar su cuerpo, ya consagrarse a la vida privada o la vida pública; que en todas estas circunstancias dé el nombre de acción justa y buena a la que crea y mantiene en él este buen orden, y el nombre de prudencia a la ciencia que preside las acciones de esta naturaleza; que, por el contrario, llame acción injusta a la que destruye en él este orden, e ignorancia a la opinión que preside una acción semejante.

—Mi querido Sócrates, nada más verdadero que lo que dices —observó.

—Por lo tanto —dije—, no se dirá que mentimos si aseguramos que hemos encontrado lo que es un hombre justo, un Estado justo, y en qué consiste la justicia.

—No, por Zeus —dijo.

—¿Lo afirmaremos, pues?

—Lo afirmaremos.

—Sea así —dije—, y ahora me parece que nos falta examinar lo que es la injusticia.

—Claro está.

—¿Puede ser otra cosa que una sedición de aquellos tres elementos, que se extralimitan entrando en lo que no es de su incumbencia, usurpando atribuciones ajenas? ¿Una sublevación de la parte contra el todo del alma, para arrogarse una autoridad que no le pertenece, porque, por su naturaleza, está hecha para obedecer a lo que está hecho para mandar? Y diremos nosotros que este extravío y turbación es injusticia, indisciplina, cobardía, ignorancia, en una palabra, total perversidad.

—Eso es —convino.

—Así, pues —dije yo—, el cometer acciones injustas y actuar injustamente, así como el realizar acciones justas, ¿sabemos distinguirlo con claridad si realmente tenemos clara la injusticia y la justicia?

—¿Cómo?

—En realidad —dije— sucede con ellas respecto al alma lo que sucede con las cosas sanas y nocivas al cuerpo.

—¿En qué aspecto? —preguntó.

—En que las cosas sanas dan la salud y las cosas nocivas dan la enfermedad.

—Sí.

—Lo mismo que las acciones justas producen la justicia, las acciones injustas la injusticia.

—Necesariamente.

—Dar la salud es establecer entre los diversos elementos de la constitución humana el equilibrio natural, que somete los unos a los otros; engendrar la enfermedad es hacer que uno de estos elementos domine a los demás contra las leyes de la naturaleza o sea dominado por ellos.

—Es cierto.

—Por la misma razón, producir la justicia —dije— ¿no es establecer entre las partes del alma la subordinación que la naturaleza ha querido que haya; y producir la injusticia es dar a una parte sobre las otras un imperio que es contra la naturaleza?

—Exactamente —admitió.

—La virtud, por consiguiente, es, si puedo decirlo así, la salud, la belleza, la buena disposición del alma; el vicio, por el contrario, es la enfermedad, la deformidad y la flaqueza.

—Así es.

—¿No contribuyen las acciones buenas a crear en nosotros la virtud y las acciones malas a producir el vicio?

—Forzosamente.

—Por consiguiente, lo único que nos queda por examinar es si es útil ejecutar acciones justas, consagrarse a lo que es honesto, y ser justo, sea o no tenido uno por tal; o si lo es cometer injusticias y ser injusto, con tal que no tenga uno que temer el castigo ni verse forzado a hacerse mejor mediante el mismo.

—Pero, Sócrates —dijo—, me parece ridículo detenerse en semejante examen; porque, si cuando la naturaleza del cuerpo está enteramente destruida, la vida se hace insoportable aun en medio de los placeres de la mesa, de la opulencia y de los honores, con mucha más razón debe ser para nosotros pesada carga cuando el alma, que es su principio, esté alterada y corrompida, aun cuando por otra parte tenga el poder de hacerlo todo menos el de librarse a sí misma del vicio y alcanzar la justicia y la virtud. Esto suponiendo que la injusticia y la justicia se revelen tales como hemos explicado.

—Sería, en efecto, ridículo —acepté— detenerse en este examen; pero ya que hemos llegado al punto de darnos por completamente convencidos de esta verdad, no debemos pararnos aquí por cansancio.

—Guardémonos mucho de perder el ánimo, por Zeus —dijo.

—Atiende y mira, pues —dije—, bajo cuántas formas, entiendo formas dignas de ser observadas, se presenta el vicio.

—Te sigo —dijo—. Habla.

—Pues bien —dije—, mirando desde la altura a que nos ha conducido esta conversación, me parece ver, como desde una atalaya, que la forma de la virtud es una, y que las del vicio son innumerables; sin embargo, pueden reducirse a cuatro las que merecen que nos ocupemos de ellas.

—¿Qué quieres decir? —preguntó.

—Quiero decir que el alma tiene tantas formas diferentes como el gobierno —dije.

—¿Cuántas?

—Cinco las del gobierno —repuse— y cinco las del alma.

—Di cuáles son —pidió.

—Digo, por lo pronto —respondí—, que la forma de gobierno que nosotros hemos establecido es una, pero que se le pueden dar dos nombres. Si gobierna uno solo, se dará al gobierno el nombre de monarquía; y si la autoridad se divide entre muchos se llamará aristocracia.

—Verdad es —dijo.

—Digo que aquí no hay más que una sola forma de gobierno —proseguí—; porque el que el mando esté en manos de uno solo o en las de muchos, esto no alterará en nada las leyes fundamentales del Estado, si los principios de crianza y educación que hemos establecido son rigurosamente observados.

—No parece que las vaya a alterar —convino.

# LIBRO V

—Considero este tipo de Estado y de constitución, pues, y a este tipo de hombre, bueno y recto, y añado que si esta forma es buena, todas las demás son malas, tanto con relación a los Estados como con relación a los particulares. Y se las puede reducir a cuatro.

—¿Cuáles son? —preguntó Glaucón.

Iba yo a hacer la enumeración de las mismas, en el orden en que, en mi opinión, se derivan unas de otras, cuando Polemarco, que estaba sentado a cierta distancia de Adimanto, extendiendo el brazo, le tiró de la parte superior del manto e, inclinándose hacia él, le dijo al oído algunas palabras, de las cuales sólo oímos las siguientes: «¿Le dejaremos pasar adelante —dijo— o qué hacemos?».

—Nada de eso —respondió Adimanto, levantando ya la voz.

—¿Qué es eso —intervine yo— que no queréis dejar pasar adelante?

—Tú.

—¡Yo!, ¿y por qué? —pregunté.

—Nos parece —dijo Adimanto— que vas perdiendo el ánimo y que quieres robarnos una parte de esta conversación, que no es la menos interesante. Has creído quizá librarte de nosotros diciendo sencillamente que respecto a las mujeres y a los niños era evidente que todo debía ser común entre amigos.

—¡Y qué!, ¿no he tenido razón para decirlo, mi querido Adimanto? —pregunté.

—Sí —respondió—, pero este punto, lo mismo que algunos otros, necesita explicación. Esta comunidad puede practicarse de muchas maneras. Dinos, pues, de cuál quieres hablar. Ha mucho tiempo que estamos en espera, aguardando siempre a que hagas mención de la procreación de los hijos, de la manera de educarlos, en una palabra, de todo lo que pertenece a la comunidad de las mujeres y de los hijos; porque estamos persuadidos de que la decisión que pueda tomarse sobre este punto es de una gran importancia o, más bien, es completamente decisiva con respecto a la sociedad. Por lo tanto, ahora que te vemos dispuesto a pasar a otra forma de gobierno sin haber desenvuelto suficientemente este punto, hemos resuelto, como acabas de oír, no dejarte pasar adelante mientras no hayas dado explicaciones sobre dicha materia como lo has hecho respecto a los demás puntos.

—Pues ponedme a mí también como votante de ese acuerdo —dijo Glaucón.

—Sí, Sócrates; es cosa acordada por todos los que aquí nos hallamos —dijo a su vez Trasímaco.

—¿Qué hacéis —exclamé yo— echándoos sobre mí de ese modo? ¿En qué discusión me queréis envolver de nuevo en torno al Estado? ¡Yo que me felicitaba de haber salido de ese mal paso, y me creía feliz por la buena acogida que ha merecido lo que dije entonces! Al obligarme a ocuparme nuevamente de este asunto no sabéis el enjambre de nuevas disputas que vais a despertar. Ya había previsto yo este resultado y, para evitarlo, no quise decir más que lo que dije.

—¿Crees tú —dijo Trasímaco— que éstos han venido aquí a fundir oro y no a oír tus razonamientos?

—Sí —dije—, pero es preciso hablar con mesura.

—Para hombres sabios, Sócrates —dijo Glaucón—, la medida para conversar sobre materias tan importantes es la vida entera. Y así, créeme, deja a nosotros lo que a nosotros toca, y procura sólo decirnos tu pensamiento respondiéndonos sobre la manera como ha de tener lugar esta comunidad de mujeres y de hijos entre nuestros guardianes, y sobre la manera como habrán de ser educados los hijos desde el día de su nacimiento hasta aquel en que sean capaces de recibir una educación, es decir, durante la época en que exigen los más penosos cuidados. Explícanos, pues, por favor cómo ha de tener lugar todo esto.

—No es fácil, mi querido Glaucón —dije—, porque se dará por los espíritus menos crédito aún a lo que tengo que decir que a todo lo que ha precedido. Lo que voy a manifestar, o no se considerará nunca posible, o aun cuando se vea la posibilidad, se dudará de su bondad. Aquí tienes lo que me impide decir libremente mi pensamiento. Temo, mi querido amigo, que se lo tome por un vano deseo.

—No temas nada —dijo—, pues no son hombres ignorantes, obstinados ni malintencionados los que te van a escuchar.

—Al hablarme de esta manera, excelente Glaucón, ¿te propones tranquilizarme? —pregunté yo entonces.

—Sí —replicó.

—Pues bien; tus palabras producen en mí —dije— un efecto completamente contrario. Si yo mismo estuviese bien persuadido de la verdad de lo que voy a decir, tus exhortaciones estarían en su lugar; porque puede hablarse con seguridad y confianza delante de oyentes benévolos e inteligentes cuando se cree que se dirá la verdad sobre objetos importantes y que les interesan. Pero cuando se habla, como yo lo hago, dudando y titubeando, es peligroso y debe temerse, no provocar la risa (este temor sería pueril), sino separarse de lo verdadero y arrastrar consigo a sus amigos, para caer en el error sobre cosas respecto de las que es funesto equivocarse. Conjuro a Adrastea, Glaucón, a que me perdone lo que voy a decir, porque considero como un crimen menor matar a uno sin quererlo que engañarle sobre lo bello, lo bueno, lo justo de las instituciones; y valdría más correr este riesgo con los enemigos que con los amigos. He aquí por qué haces mal al apurarme así.

—Sócrates —replicó Glaucón riéndose—, si tus discursos nos llevan al error, desistiremos de perseguirte, como sucede en el caso del homicidio; jamás te miraremos como un engañador; explícate, pues, sin temor.

—En buena hora —dije—, y puesto que en el primer caso la ley declara limpio al absuelto, es bastante probable que suceda lo mismo en el caso presente.

—Ésa es una razón para que hables —dijo.

—Es preciso que volvamos, pues, a ocuparnos de un asunto que hubiera sido mejor haber tratado cuando se presentó la ocasión. Sin embargo, no estará fuera de su lugar sacar a la escena a las mujeres después de haberlo hecho con los hombres, tanto más cuanto que tú me invitas a ello. Para dar a los hombres nacidos y educados de la manera que hemos dicho buenas reglas sobre la posesión y uso de las mujeres y de los niños, no tenemos otra cosa que hacer, en mi opinión, que mandarles que sigan el mismo camino que hemos trazado al comenzar. Ahora bien, hemos presentado a los hombres como los guardadores de un rebaño.

—Sí.

—Sigamos, pues, esta idea, dando a los hijos un nacimiento y una educación que correspondan a ella, y veamos si esto nos sale bien o mal.

—Y ¿cómo lo haremos? —preguntó.

—De la manera siguiente: ¿Creemos que las perras deben vigilar como los perros guardando los rebaños, ir a la caza con ellos, y hacerlo todo en común, o bien que deban permanecer en casa, como si, ocupadas en parir y alimentar cachorros, fuesen incapaces de otra cosa, mientras que el trabajo y cuidado de los rebaños han de pesar exclusivamente sobre los perros?

—Nosotros queremos que todo sea común —dijo—; sólo que en los servicios deben tomarse en cuenta la mayor debilidad de las hembras y la mayor fuerza de los machos.

—¿Se puede exigir de un animal los servicios que pueden obtenerse de otro, cuando no ha sido alimentado y enseñado de la misma manera? —pregunté yo.

—No es posible.

—Por consiguiente, si pedimos a las mujeres los mismos servicios que a los hombres, es preciso darles la misma educación.

—Sí.

—¿No hemos educado a los hombres en el ejercicio de la música y la gimnasia?

—Sí.

—Será preciso, por lo tanto, hacer que las mujeres se consagren al estudio de estas dos artes, formarlas para la guerra, y tratarlas en todo como a los hombres.

—Es un resultado de lo que dijiste —aseguró.

—Pero si se pusiera en práctica, parecería quizá una cosa ridícula, porque es opuesta a la costumbre —dije.

—Muy ridícula, ciertamente —admitió.

—Pero en todo esto, ¿qué te parece más ridículo? —pregunté yo—. Será, sin duda, el ver a las mujeres desnudas ejercitándose en la gimnasia con los hombres, y no hablo sólo de las jóvenes, sino de las viejas, a ejemplo de aquellos ancianos que se complacen en estos ejercicios, a pesar de lo arrugados y desagradables que se presentan a la vista.

—Sí, por Zeus —exclamó—. En nuestro tiempo, al menos, eso sería el colmo del ridículo.

—Pero ya que hemos comenzado —dije—, no temamos las bromas de ciertos graciosos por mucho que comenten una innovación de esta especie respecto a la música y a la gimnasia, y no digamos al manejo de las armas y la monta de caballos.

—Tienes razón —dijo.

—Empero, puesto que hemos comenzado, sigamos nuestro rumbo y vayamos derechos a lo que esta institución parece tener de chocante. Para ello conjuremos a esos burlones para que dejen a un lado, por un momento, sus gracias y examinen seriamente el asunto. Recordemos que no ha mucho que los griegos creían aún, como lo cree hoy día la mayor parte de las naciones bárbaras, que la vista de un hombre desnudo es un espectáculo vergonzoso y ridículo; y que cuando los gimnasios fueron abiertos por primera vez en Creta, y después en Lacedemonia, los burlones de aquel tiempo tuvieron motivo para chancearse. ¿No crees?

—Sí, por cierto.

—Pero después que la experiencia, creo, ha hecho ver que era mejor hacer los ejercicios desnudos que ocultar ciertas partes del cuerpo, la razón, descubriendo lo que era más conveniente, ha disipado el ridículo que a la vista producía la desnudez, y ha demostrado que es necio el que halla el ridículo en otra cosa que en lo que es malo en sí, el que sólo intenta mover a risa, tomando por objeto de sus burlas otra cosa que lo irracional y lo malo, o el que se dirige seriamente a un fin que no es el bien.

—Es cierto por completo —dijo.

—¿No es preciso, entonces, que nosotros decidamos primero si lo que proponemos es posible o no, y conceder a quienquiera que sea, hombre serio o burlón, la libertad de examinar si las mujeres son capaces de los mismos ejercicios que los hombres, o si no son acomodadas para ninguno o, en fin, si son capaces de unos ejercicios e incapaces de otros? Después veremos en cuál de estas clases es preciso colocar los ejercicios de la guerra. Si comenzamos tan bien este examen, ¿no podremos lisonjearnos de llegar felizmente al término?

—Desde luego —dijo.

—¿Quieres, pues —pregunté—, que nos hagamos cargo de las razones de nuestros adversarios, para que su causa no quede sin defensa ante nuestro ataque?

—No hay inconveniente —dijo.

—Digamos, pues, en su nombre: «Sócrates y Glaucón, no hay necesidad de que otros os contradigan. Cuando sentasteis las bases de vuestra república, ¿no convinisteis en que cada uno debía limitarse al oficio que más se conformase con su naturaleza? —Es cierto; en eso convinimos. —¿Y es posible dejar de reconocer que entre la naturaleza de la mujer y la del hombre hay una inmensa diferencia? —¿Cómo no han de ser diferentes? —¿Es preciso, por lo tanto, destinarlos a oficios diferentes según su naturaleza? —Sin duda. —Por consiguiente, ¿no es un error y una contradicción de vuestra parte decir que es necesario destinar a los mismos empleos y oficios a los hombres y a las mujeres, a pesar de la gran diferencia que hay entre sus naturalezas?». Mi inteligente amigo, ¿tienes algo que responder a esto?

—No sería fácil —dijo— responder en el acto, pero te suplicaría y te suplico, en efecto, que interpretes nuestra argumentación como mejor te parezca.

—Ha largo tiempo, Glaucón, que había previsto esta objeción y otras muchas semejantes a ella —dije—. Y aquí tienes la razón de mi reparo en entrar en pormenores sobre la manera de adquirir y tener mujeres e hijos.

—¡Por Zeus!, la objeción no me parece fácil de resolver —dijo.

—Verdaderamente, no —dije—. Pero tanto si un hombre cae en un estanque como en alta mar, no por eso deja de verse igualmente precisado a nadar.

—Sin duda.

—Hagamos, pues, como él; echémonos a nado para salir de esta dificultad. Quizá algún delfín vendrá a recogernos, o recibiremos algún otro auxilio imprevisto.

—Parece que sí —dijo.

—Veamos, por lo tanto —dije—, si encontramos alguna salida. Hemos convenido en que es preciso consagrar las naturalezas diferentes a oficios diferentes. Por otra parte, estamos también conformes en que el hombre y la mujer son de naturaleza distinta, y a pesar de esto queremos destinar a ambos a unos mismos oficios. ¿No es ésta la objeción que se nos hace?

—Exactamente.

—En verdad, mi querido Glaucón, el arte de la disputa tiene un maravilloso poder.

—¿Por qué?

—Porque se me figura —dije— que se cae muchas veces en la disputa sin quererlo, y que cuando se cree discutir no se hace más que disputar. Esto procede de que por no distinguir los diferentes sentidos de una proposición, se deducen contradicciones aparentes, tomando aquéllos a la letra, y de aquí la disputa; cuando lo que se debe hacer es ilustrarse interrogándose mutuamente.

—Ése es ciertamente —dijo— un desliz en que incurren muchos; pero ¿afecta en algo a la presente cuestión?

—De lleno, y corremos el riesgo de vernos arrastrados a la disputa, a pesar nuestro

—dije.

—¿Cómo así?

—Porque, obrando como verdaderos disputadores, nos ceñimos a la letra de esta proposición: que las funciones deben ser diferentes según la diversidad de naturalezas; cuando no hemos examinado aún en qué consiste esta diversidad, ni lo que tuvimos en cuenta cuando decidimos que las mismas naturalezas debían tener los mismos oficios, y las naturalezas diferentes, oficios diferentes.

—Es cierto —dijo—; aún no hemos examinado este punto.

—Estamos, pues, a tiempo —dije— para preguntarnos si los calvos y los cabelludos son de la misma naturaleza o de naturaleza opuesta; y, después de haber respondido que son de naturaleza opuesta, si los calvos hacen el oficio de zapateros, se lo prohibiremos a los cabelludos, y recíprocamente.

—Pero semejante prohibición sería ridícula —dijo.

—¿Por qué? —dije—. ¿No es porque en dicha ocasión no habríamos considerado la diferencia o la identidad de naturalezas por sí mismas, sino bajo la relación que tienen con los mismos oficios? Por ejemplo, ¿no nos fundábamos en esto para decir que eran una misma cosa la naturaleza del médico y la de la médica con almas aptas para la medicina?

—Sí.

—¿Y de naturaleza diferente el médico y el carpintero?

—Totalmente.

—Luego, si nos encontramos —dije— con que el sexo del hombre difiere del de la mujer con relación a ciertas artes y a ciertos oficios, inferiremos que tales oficios y artes deben asignarse cada uno al sexo respectivo. Pero si entre ellos no hay otra diferencia que la de que el varón engendra y la mujer pare, no por esto consideraremos como cosa demostrada que la mujer difiere del hombre en el punto de que aquí se trata; y nos sostendremos en la creencia de que no debe hacerse ninguna distinción respecto a los oficios entre nuestros guerreros y sus mujeres.

—Tendremos razón para ello —dijo.

—Ahora que nos diga nuestro argumentante cuál es en la sociedad el arte u oficio para el que las mujeres no hayan recibido de la naturaleza las mismas disposiciones que los hombres.

—Es justo hacerle esa pregunta.

—Quizá nos respondería algún otro lo que tú hace poco decías; que no es fácil contestar en el acto, pero que, después de algunos momentos de reflexión, nada más sencillo que responder.

—Podría muy bien darnos esa respuesta.

—Supliquémosle, si quieres, que nos escuche, mientras intentamos demostrarle que no hay en la república oficio alguno que sea propio únicamente de las mujeres.

—Consiento en ello.

—Responde, le diremos: la diferencia que hay entre el que tiene aptitud para una cosa y el que no la tiene, ¿consiste, según tú, en que el primero aprende fácilmente y el segundo con dificultad; en que el uno, con un ligero estudio, lleva sus descubrimientos más allá de lo que se le enseña, mientras que el otro, con mucha aplicación y cuidado, no puede retener lo que ha aprendido; y, en fin, en que en el uno las disposiciones del cuerpo secundan las operaciones del espíritu, y que en el otro las entorpecen? ¿Hay otros signos mediante los cuales puedas distinguir al dotado para cada tarea de aquel que no lo está?

—Nadie —dijo— afirmará que haya otros.

—Entre las diferentes artes a que los dos sexos se consagran a la par, ¿hay una sola en la que los hombres no tengan una superioridad señalada sobre las mujeres?

¿Habrá necesidad de que nos detengamos en algunas excepciones, como el trabajo textil, la preparación de tortas y de las viandas, trabajos en que las mujeres llevan ventaja a los hombres y en que la inferioridad sería lo más ridículo?

—Tienes razón de decir —convino— que, en general, un sexo es muy inferior al otro en todo. No es que muchas mujeres no tengan superioridad en muchos puntos y sobre muchos hombres, pero hablando en general, lo que dices es exacto.

—Ya ves, mi querido amigo, que en el gobierno de un Estado no hay ocupación que sea propia de la mujer o del hombre en cuanto tales, sino que, habiendo dotado la naturaleza de las mismas facultades a los dos sexos, todos los oficios pertenecen en común a ambos, sólo que en todos ellos la mujer es más débil que el hombre.

—Es cierto.

—¿Impondremos, pues, todos a los hombres, y no reservaremos ninguno para las mujeres?

—¿Qué razón habría para ello?

—Hay mujeres, diríamos nosotros, según creo, que tienen aptitud para la medicina y para la música, y otras que no la tienen.

—¿Cómo no?

—¿No las hay que tienen disposición para los ejercicios gimnásticos y militares, y otras que no tienen ninguna?

—Así lo creo.

—Y, en fin, ¿no las hay amantes y enemigas del saber, fogosas y carentes de arrojo?

—También las hay.

—Por lo tanto hay mujeres a propósito para ser guardianas, y otras que no lo son; porque ¿no son aquellas las cualidades que exigimos en nuestros guerreros?

—Ésas son.

—La naturaleza de la mujer es, pues, tan propia para la guarda de un Estado como la del hombre, y no hay más diferencia sino que aquélla es más débil y éste, más fuerte.

—Así parece.

—Éstas son las mujeres que nuestros guerreros deben escoger por compañeras y con las que deben compartir el cuidado de la vigilancia, porque son capaces de ello, y han recibido de la naturaleza las mismas disposiciones.

—Totalmente de acuerdo.

—¿Y no es preciso asignar las mismas tareas a las mismas naturalezas?

—Las mismas.

—Henos aquí otra vez en el punto de partida, y habremos de confesar de nuevo que no es contrario a la naturaleza ejercitar las mujeres de nuestros guerreros en la música y en la gimnasia.

—Verdaderamente.

—La ley que nosotros establezcamos, pues, por ser conforme a la naturaleza, no es ni una quimera, ni un vano deseo. Lo que verdaderamente choca con la naturaleza es el uso opuesto que se sigue hoy.

—Así parece.

—¿No nos habíamos propuesto examinar si esta nueva institución era posible y, al mismo tiempo, si era óptima?

—Sí.

—Pues ya acabamos de ver que es posible.

—Sí.

—Nos resta ahora convencernos de que es óptima.

—Sin duda.

—¿No es cierto que no otra sino la misma educación, que ha servido para formar nuestros guerreros, deberá servir igualmente para formar sus mujeres, puesto que es la misma la base sobre la que actúan?

—No son distintas.

—¿Cuál es tu opinión sobre esto?

—¿Sobre qué?

—¿Crees que los hombres son, unos, mejores, y otros, peores; o que no hay entre ellos ninguna diferencia?

—De ningún modo.

—En el Estado, pues, cuyo plan trazamos, el guardián que haya recibido la educación que hemos dicho, ¿valdrá, en tu opinión, más que el zapatero educado de una manera correspondiente a su profesión?

—Ésa es una pregunta ridícula —repuso.

—Entiendo —respondí—. ¿No son éstos los mejores ciudadanos?

—Sin comparación.

—Sus mujeres, ¿no tendrán la misma superioridad sobre las demás mujeres?

—Sin duda también —dijo.

—Pero ¿hay nada más ventajoso para el Estado que tener muchos y excelentes ciudadanos de uno y otro sexo?

—No lo hay.

—¿Y no lograrán este grado de excelencia la música y la gimnasia, como ya hemos dicho?

—Sin duda.

—Nuestro sistema, pues, no es sólo posible, sino que, además, es el mejor para el Estado.

—Así es.

—Por consiguiente, las mujeres de nuestros guerreros deberán despojarse de sus vestidos, puesto que la virtud ocupará su lugar. Participarán de los trabajos de la guerra y de todos los que exija la guarda del Estado, sin ocuparse de otra cosa. Sólo se tendrá en cuenta la debilidad de su sexo, al asignarles cargas más ligeras que a los hombres. En cuanto al que se burle a la vista de las mujeres desnudas que ejercitan su cuerpo para un fin bueno; no sabe ni lo que hace, ni por lo que se ríe; porque hay y habrá siempre razón para decir que lo útil es bello, y que es feo lo que es dañoso.

—Tienes razón.

—Digamos, pues, que el reglamento que acabamos de establecer sobre la posición legal de las mujeres puede ser comparado a una oleada de la que hemos podido escapar a nado; y que, lejos de haber sido sumergidos al sentar por base que todos los oficios deben ser comunes entre nuestros guardianes y guardianas, creemos haber probado que esta disposición es, a la vez, posible y ventajosa.

—Ciertamente, no era pequeña esa oleada que has esquivado —dijo.

—No dirás eso si la comparas con la que nos viene encima —dije yo.

—Veamos, habla, que la vea yo —dijo.

—La ley que voy a proponerte se liga con la precedente, a mi entender, y con todas las demás —comencé.

—¿Cuál es?

—Las mujeres de nuestros guerreros serán comunes todas y para todos; ninguna de ellas cohabitará en particular con ninguno de ellos; los hijos serán comunes y los padres no conocerán a sus hijos ni éstos a sus padres.

—Mayor dificultad vas a encontrar —dijo— para hacer creer que esta ley sea posible y útil.

—No creo —repliqué— que se me nieguen las ventajas que el Estado sacaría de la comunidad de las mujeres y de los hijos, si la ejecución de esta ley es posible; pero creo también que lo que se discutirá mucho es esta posibilidad.

—Podrá muy bien discutirse lo uno y lo otro —dijo.

—Es decir, que son dos dificultades las que se agolpan contra mí —respondí—. Esperaba salvarme de una de las dos creyendo que convendrías en la utilidad de este sistema, y que sólo tendría que discutir la posibilidad misma.

—No te escaparás merced a esa excusa; responderás, si gustas —dijo—, a estas dos dificultades.

—Veo que no hay más remedio que sufrir el castigo —dije—. Concédeme sólo una gracia: consiente que tenga yo carta blanca para espaciarme, como aquellos espíritus ociosos que tienen costumbre de alimentarse con sus ilusiones cuando se abandonan a sí mismos. Sabes que esta clase de personas, cuando tienen en la cabeza algún proyecto, antes de examinar por qué medios podrán conseguir su objeto, y por temor de molestarse discutiendo si la cosa es posible o imposible, lo dan por hecho a medida de sus deseos; levantan sobre este fundamento el resto del edificio, regocijándose de antemano con las ventajas que habrán de resultarles de la ejecución, y aumentan por este medio la indolencia natural de sus almas. Aterrado como ellos, en vista de las dificultades que se presentan a mi espíritu, deseo dejar para otra ocasión el examen de la posibilidad de lo que propongo. Quiero suponerla demostrada, y voy a ver qué medidas tomarán nuestros magistrados para la ejecución. Trataré de convencerte de que no hay cosa más útil para el Estado y para los guardianes. Después demostraremos la posibilidad, si te parece conveniente.

—Haz lo que quieras —dijo—; investígalo.

—Me concederás, por lo tanto, sin dificultad, que nuestros magistrados y sus auxiliares, si son dignos del nombre que llevan, estarán en disposición, éstos de hacer lo que se les mande, y aquéllos de no ordenar nada que no esté prescrito en la ley, y de seguir el espíritu de ésta en los reglamentos, que abandonamos a su prudencia.

—Así debe ser —dijo.

—Por lo tanto tú, en calidad de legislador —dije—, después de haber escogido las mujeres como lo has hecho con los hombres, las unirás a ellos, en cuanto sea posible, según sus caracteres. Ahora bien; unos y otros, como no poseen nada en propiedad y todo es común entre ellos, casa y mesa, vivirán siempre juntos, y encontrándose de esta manera confundidos en el gimnasio y en todos los demás puntos, la inclinación natural de un sexo hacia el otro les llevará, sin duda, a formar uniones. ¿No es necesario que suceda esto?

—No será una necesidad geométrica —dijo—, pero sí erótica, cuyas razones tienen más fuerza para persuadir y arrastrar a «grandes multitudes» que las demostraciones de los geómetras.

—Dices verdad. Pero ¡qué!, mi querido Glaucón, ¿sufrirán nuestros magistrados que en estas uniones no haya orden ni decencia? ¿Podría permitirse este desorden en una república en la que todos los ciudadanos deben ser dichosos?

—Nada sería más contrario a la justicia —dijo.

—Luego es evidente que deberemos formar los matrimonios más santos que nos sea posible; y los más ventajosos serán, indudablemente, los más santos.

—Eso es evidente.

—Pero ¿cuáles serán los más ventajosos? A ti te toca decirlo, Glaucón. Veo que en tu casa crías perros de caza y aves de raza en gran número. ¿Te has fijado, por Zeus, en lo que se hace cuando se los quiere aparear para tener hijos de ellos?

—¿Qué se hace? —preguntó.

—¿No hay siempre entre estos animales, aunque todos sean de buena raza, algunos que superan a los demás?

—Los hay.

—¿Y es indiferente para ti tener hijos de todos, o prefieres tenerlos de los mejores?

—De los mejores.

—¿De los más jóvenes, de los más viejos, o de los que están en la flor de la edad?

—De los que están en la flor.

—Si no se tomaran todas estas precauciones, ¿no estás persuadido de que la raza de tus perros y de tus aves degeneraría bien pronto?

—Sí —admitió.

—¿Crees que sucederá algo distinto —pregunté— con los caballos y con los demás animales?

—Sería absurdo —dijo.

—¡Pues ay! Si sucede lo mismo respecto a la especie humana, mi querido amigo,
¿cuánta habilidad no necesitan tener nuestros magistrados?

—Seguramente, el caso es igual —dijo—, pero ¿por qué exiges de nuestros magistrados tanta habilidad?

—A causa del gran número de remedios que habrán de emplear —dije—. Un médico cualquiera, aun el más adocenado, basta para curar un cuerpo que sólo tiene necesidad de régimen para restablecerse; pero cuando llega el caso de aplicar remedios, se exige un médico más hábil.

—Convengo en ello; pero ¿a qué viene eso?

—A lo siguiente: me parece que nuestros magistrados se verán obligados muchas veces a acudir a engaños y mentiras mirando el bien de los ciudadanos, y hemos dicho ya que la mentira es útil cuando nos servimos de ella como de un remedio.

—Muy razonable —dijo.

—Pues en lo tocante al matrimonio y la reproducción parece que eso tan razonable será no poca cosa.

—¿Cómo?

—Es preciso, según nuestros principios —dije—, que las relaciones de los individuos más sobresalientes de uno y otro sexo sean muy frecuentes, y las de los individuos inferiores muy raras; además, es preciso criar los hijos de los primeros y no los de los segundos, si se quiere que el rebaño sea excelente. Por otra parte, todas esas medidas deben ser conocidas sólo de los magistrados, porque de otra manera sería exponer el rebaño de los guardianes a muchas discordias.

—Muy bien —dijo.

—Habrá, pues, que instituir fiestas, donde reuniremos a los esposos futuros. Estas fiestas irán acompañadas de los convenientes sacrificios e himnos compuestos por nuestros poetas. Dejaremos a los magistrados el cuidado de arreglar el número de matrimonios, a fin de que haya siempre el mismo número de ciudadanos, reemplazando las bajas que produzcan la guerra, las enfermedades y los demás accidentes, y que nuestro Estado, en cuanto sea posible, no sea ni demasiado grande ni demasiado pequeño.

—Bien —dijo.

—En seguida se sacarán a la suerte los esposos, haciéndolo con tal maña, que los súbditos inferiores achaquen a la fortuna y no a los magistrados lo que les ha correspondido.

—En efecto —dijo.

—En cuanto a los jóvenes que se hayan distinguido en la guerra o en otras cosas, se les concederá, supongo, entre otras recompensas, el permiso de unirse con más frecuencia a las mujeres. Éste será un pretexto legítimo para que el Estado sea en la mayor parte posible poblado por ellos.

—Bien.

—Los hijos, a medida que nazcan, serán puestos en manos de organismos formados por hombres o por mujeres, o por hombres y mujeres reunidos, encargados de educarlos; porque las funciones públicas deben ser comunes a ambos sexos.

—Sí.

—Llevarán al hogar común los hijos de los mejores ciudadanos, y los confiarán a ayas, que habitarán en un sector separado del resto de la ciudad. En cuanto a los hijos de los súbditos inferiores, lo mismo que respecto de los que nazcan con alguna deformidad, se los ocultará, pues así es conveniente, en algún sitio secreto que estará prohibido revelar.

—Es el medio de conservar en toda su pureza —dijo— la raza de nuestros guardianes.

—Esas mismas personas tendrán cuidado del alimento de los niños, conducirán las madres al hogar común en la época de asomar la leche, y harán de modo que ninguna de ellas pueda reconocer a su hijo. Si las madres no bastan para lactarles, harán que las auxilien otras; y respecto a las que tienen suficiente leche, procurarán que no la prodiguen demasiado. En cuanto a las veladas y demás cuidados menores, correrían a cargo de nodrizas mercenarias y de las ayas.

—En verdad, haces bien cómoda la maternidad para las mujeres de los guardianes

—exclamó.

—Es conveniente —dije—; pero prosigamos lo que hemos comenzado. Hemos dicho que la procreación de los hijos debía tener lugar en la flor de la edad.

—Cierto.

—Y la duración ordinaria de ese florecimiento, ¿no es de veinte años para la mujer y treinta para el varón?

—Pero ¿qué punto de partida fijas? —dijo.

—La mujer —dije— dará hijos al Estado desde los veinte a los cuarenta años, y el hombre desde que haya pasado el «momento de mayor ímpetu de su carrera» hasta los cincuenta y cinco años.

—Es, en efecto, la época de la vida en que la mente y el cuerpo están en su mayor vigor —dijo.

—Si un ciudadano, antes o después de este plazo, da hijos al Estado, le declararemos culpable de injusticia y de sacrilegio por haber engendrado un hijo cuyo nacimiento es obra de tinieblas y de libertinaje; por no haber sido precedido ni de los sacrificios ni de las oraciones que los sacerdotes, las sacerdotisas y todo el pueblo dirigirán a los dioses por la prosperidad de cada matrimonio, pidiéndoles que hagan que nazca de ciudadanos virtuosos y útiles a la patria una progenie más virtuosa y más útil aún.

—Tienes razón —dijo.

—Esta ley va también con el que, teniendo aún la edad de engendrar, entre en contacto con mujeres que estén en el mismo caso sin el consentimiento de los magistrados. Pues se tendrá por ilegítimo, como nacido de un concubinato y sin los auspicios religiosos, al hijo que él dé al Estado.

—Muy bien —dijo.

—Pero cuando ambos sexos hayan pasado la edad fijada por las leyes para dar hijos a la patria, dejaremos a los hombres en libertad de tener relaciones con las mujeres que les parezca, menos con sus abuelas, sus madres, sus hijas y sus nietas. Las mujeres tendrán la misma libertad con relación a los hombres, menos con sus abuelos, sus padres, sus hijos y sus nietos. Pero no se les permitirá sino después de habérseles prevenido expresamente que no han de dar a luz ningún fruto concebido mediante tal unión, y si a pesar de sus precauciones naciese alguno, deberán tener en cuenta que nadie se encargará de alimentarlo.

—Muy adecuado lo que dices —comentó—. Pero ¿cómo distinguirán a sus padres, a sus hijas y a los demás parientes de que acabas de hablar?

—No los distinguirán —dije—. Cuando un guardián se haya unido a una mujer, a contar de este día hasta el séptimo o décimo mes, mirará a todos aquellos que nazcan en uno y otro de estos períodos, a los varones como sus hijos y a las hembras como sus hijas, y estos hijos le darán el nombre de padre. Los hijos de éstos serán sus nietos y le considerarán como su abuelo; y todos aquellos que nazcan en el intervalo en que sus padres y sus madres daban hijos al Estado, se tratarán como hermanos y como hermanas. Todo contacto carnal, como ya hemos dicho, estará prohibido entre parientes. Sin embargo, los hermanos y las hermanas podrán unirse si la suerte o la Pitia lo deciden.

—Muy bien —dijo.

—Tal es, mi querido Glaucón, la comunidad de mujeres y de hijos que es preciso establecer entre los guardadores del Estado. Resta hacer ver que esta institución será muy ventajosa, y que concierta perfectamente con las demás leyes que hemos establecido. ¿No es esto lo que tengo que demostrar?

—Sí, eso es, ¡por Zeus! —asintió.

—Para convenir en ello, preguntémonos a nosotros mismos cuál es el mayor bien de un Estado, aquel que el legislador debe proponerse como fin de sus leyes, y cuál es el mayor mal. Examinemos después si esta comunidad, que acabo de explicar, nos conduce a este gran bien y nos aleja de este gran mal.

—Sientas bien la cuestión —dijo.

—¿Tenemos mayor mal para un Estado que lo que lo divide, haciendo de uno solo muchos?, ¿o mayor bien, por el contrario, que el que liga todas sus partes, haciéndolo uno?

—No tenemos otro.

—¿Y qué cosa más propia para formar esta unión que la comunidad de placeres y de penas entre todos los ciudadanos, cuando todos se regocijan con las mismas felicidades y se afligen con las mismas desgracias?

—Seguramente —dijo.

—¿Y no se divide un Estado, por el contrario, cuando la alegría y el dolor son personales, y lo que ocurre al Estado y a los particulares es objeto de suma alegría para unos y de suma tristeza para otros?

—¿Cómo no?

—¿De dónde nace esta oposición de sentimientos, sino de que todos los ciudadanos no dicen al unísono las palabras «mío» y «no mío», y otras análogas respecto a lo ajeno?

—Exactamente.

—El Estado en que más personas digan igual y respecto a lo mismo las palabras «mío» y «no mío», ¿no será el mejor gobernado?

—Con mucho.

—¿Y no será porque todos sus miembros no constituirán, si puede decirse así, más que un solo hombre? Cuando hemos recibido, por ejemplo, una herida en el dedo, en el momento toda la comunidad corporal, en virtud de su unión íntima con el alma rectora, lo advierte y el hombre entero se aflige del mal de una de sus partes, y así se dice de un hombre que tiene el dedo dolorido. Lo mismo se dice respecto de los demás sentimientos de alegría y de dolor, que tenemos con ocasión del bien o del mal que experimente alguna parte de nosotros mismos.

—Exactamente lo mismo —dijo—. Pero volviendo a lo que decías, ésa es la imagen de un Estado bien gobernado.

—Que un particular experimente algo bueno o malo; todo el Estado lo sentirá y lo compartirá, porque siempre se regocijará y se afligirá con él, supongo.

—Así debe suceder en un Estado bien constituido —dijo.

—Pasemos ahora al nuestro —dije—, y veamos si lo que acabamos de decir le conviene mejor que a ningún otro.

—Veámoslo —dijo.

—En los demás Estados, lo mismo que en el nuestro, ¿no hay magistrados y pueblo?

—Los hay.

—¿No se dan todos unos a otros el nombre de ciudadanos?

—Sin duda.

—Pero además de este nombre común, ¿qué título particular da el pueblo en los demás Estados a los gobernantes?

—En la mayor parte los llaman dueños o señores; y en los gobiernos democráticos, ese mismo nombre de «gobernantes».

—Entre nosotros, ¿qué nombre dará el pueblo a sus gobernantes, además del de ciudadanos?

—El de salvadores y defensores —dijo.

—Éstos, a su vez, ¿qué nombre darán al pueblo?

—Pagadores de salario y sustentadores.

—En los demás Estados, ¿cómo llaman los gobernantes a los pueblos?

—Siervos.

—Y entre sí, ¿cómo se llaman?

—Colegas de gobierno.

—¿Y los nuestros?

—Compañeros de guarda.

—¿Podrías decirme si en los otros Estados los magistrados se tratan entre sí ya como amigos, ya como extraños?

—Sí, en muchos casos.

—Y así, ¿a los amigos los consideran y tratan como de los suyos, y a los demás como extraños?

—Sí.

—Entre tus guardianes, ¿hay uno solo que pudiera decir o pensar que alguno de los que vigilan como él por la seguridad de la patria le sea extraño?

—Nada de eso —dijo—, puesto que cada uno de ellos creerá ver en los demás un hermano o una hermana, un padre o una madre, un hijo o una hija, o cualquier otro pariente en línea ascendente o descendente.

—Muy bien, pero dime —pregunté—: ¿les prescribirías que se traten como parientes sólo de palabra? ¿No exigirás además que las acciones correspondan a las palabras, y que los ciudadanos tengan, para con aquellos a quienes dan el nombre de padre, todo el respeto, todas las atenciones y toda la sumisión que la ley prescribe a los hijos para con sus padres? ¿No declararás que faltar a estos deberes es hacerse culpable de injusticia y de impiedad y, por consiguiente, merecer el aborrecimiento de los dioses y de los hombres? ¿Harán resonar todos los ciudadanos en los oídos de sus hijos otras máximas que éstas, en razón de la conducta que deben observar para con los que se les designe como padres o parientes?

—No, sino ésas; y sería ridículo que tuviesen sin cesar en los labios los nombres que expresan el parentesco, sin cumplir los deberes consiguientes —dijo.

—Por lo tanto, éste será el Estado en que, como dijimos antes, cuando sobrevenga un bien o un mal a alguno, dirán todos más a la par: «mis cosas van bien» o «mis cosas van mal».

—Es muy cierto —dijo.

—¿No hemos añadido que, como resultado de esta convicción y de esta manera de hablar, habría entre ellos comunidad de placeres y de penas?

—Con razón lo hemos dicho.

—Nuestros ciudadanos, más que los de cualquier otra parte, participarán, por consiguiente, en común de los intereses de cada particular, que mirarán como suyos personales, y en virtud de esta unión se regocijarán o se afligirán todos por unas mismas cosas.

—Muy cierto.

—Tan admirables efectos, ¿a qué pueden atribuirse sino a la constitución de nuestro Estado, y particularmente a la comunidad de las mujeres y de los hijos entre los guardianes?

—No pueden atribuirse a ninguna otra causa —dijo.

—Pero ya hemos reconocido cuál era el mayor bien para un Estado, y hemos comparado sobre este punto un Estado bien gobernado con el cuerpo, cuyos miembros experimentan a la vez el placer y el dolor de un solo miembro.

—Con razón —dijo.

—Luego la comunidad de mujeres y de hijos entre los auxiliares es la causa del mayor bien para nuestro Estado.

—Conclusión exacta —dijo.

—También quedamos de acuerdo en lo que dijimos antes; porque hemos dicho que ellos no deben tener en propiedad ni casas, ni tierras, ni posesiones, sino que tienen que recibir de los demás su mantenimiento, como justo pago de su vigilancia, y consumir en común, si quieren ser verdaderamente guardianes.

—Perfectamente —dijo.

—Ahora bien, ¿puede dudarse que lo que hemos dispuesto ya y lo que acabamos de disponer respecto de ellos es lo procedente para hacer que sean más y más unos verdaderos guardadores, y que impedirá que dividan el Estado, lo cual sucedería si cada uno de ellos no dijese respecto a los mismos objetos que eran suyos, sino que éste dijese una cosa, aquél otra, uno procurase para sí todo lo que pudiese adquirir sin compartirlo con nadie, otro hiciese lo mismo a su vez, y cada uno tuviese aparte sus mujeres y sus hijos, que serían para ellos necesariamente una fuente de placeres y de penas que ningún otro sentiría? Mientras que teniendo cada uno por máxima que el interés de otro no es diferente del suyo, tenderán todos a un mismo fin con todas sus fuerzas y experimentarán un goce y un dolor que serán comunes.

—Esto es incontestable —dijo.

—De este modo, ¿qué cabida tendrán las demandas y los procesos en un Estado donde nadie tendrá más propiedad que su cuerpo y donde todo lo demás será común? A los tales no alcanzarán las disensiones, que nacen entre los hombres por la posesión de sus bienes, de sus mujeres y de sus hijos.

—Forzosamente —dijo— estarán exentos de todos estos males.

—No conocerán tampoco los procesos por violencias y ultrajes, porque les diremos que es justo y bueno que las personas de una misma edad se defiendan recíprocamente, y les impondremos como un deber el proveer a la seguridad de sus cuerpos.

—Muy bien —dijo.

—Esta ley tendrá de bueno también —añadí— que si alguno, en el primer movimiento de la cólera, maltrata a otro, este choque no tendrá mayores consecuencias.

—Sin duda.

—Porque daremos al de más edad autoridad sobre el más joven con el derecho de castigarle.

—Eso es evidente.

—No lo es menos, creo yo, que los jóvenes no se atreverán, sin una orden expresa de los magistrados, ni a poner la mano en los ancianos, ni a hacerles ninguna especie de violencia, ni a ultrajarles en ninguna ocasión. El temor y el respeto son dos guardianes poderosos que los contendrán; el respeto, mostrándoles que es un padre a quien intentan ofender; el temor, haciéndoles recelar que los demás tomen la defensa del ofendido, éstos en calidad de hijos, aquéllos en calidad de hermanos y de padres.

—Así ha de ocurrir, en efecto —dijo.

—Nuestros hombres gozarán, por lo tanto, de una paz inalterable en virtud de las leyes.

—Gran paz, en efecto.

—Suprimidas, pues, las reyertas entre éstos, no hay que temer que se introduzca la discordia entre ellos y las demás clases de ciudadanos, ni que divida tampoco a estas últimas.

—No, ciertamente.

—Está fuera de lugar entrar en detalles sobre los males menores de que se librarán. Los pobres no se verán obligados a adular a los ricos. No se experimentarán los obstáculos, ni los disgustos, que llevan consigo la educación de los hijos y el ansia de amontonar riqueza, que obligan a sostener un gran número de esclavos, y a tomar para ellos crecidos préstamos, algunas veces a negar las deudas, y casi siempre, adquirir dinero sin reparar en los medios, para dejarlo después a disposición de las mujeres y de los esclavos y confiarles la administración. ¡Qué bajezas en todo esto, mi querido amigo, lamentables e indignas de repetirse!

—Sería preciso ser ciego para no verlo —dijo.

—Al abrigo de todas estas miserias, pasarán una vida mil veces más dichosa que la de los atletas coronados en los juegos olímpicos.

—¿Por qué?

—Porque aquéllos no tienen más que una pequeña parte de las ventajas de que gozan nuestros hombres. La victoria que consiguen estos últimos es infinitamente más gloriosa, y el sustento que les da el Estado, más completo. Su triunfo es la salvación del pueblo entero y obtienen el propio sostenimiento y el de sus hijos durante su vida, y después de su muerte les hacen funerales dignos de sus méritos en prueba de reconocimiento.

—Estas distinciones son, en efecto, muy lisonjeras —dijo.

—¿Recuerdas —pregunté— la objeción que se nos hacía antes, de que no procurábamos lo bastante la felicidad de los guardianes, pues pudiendo poseer todo lo de los demás no tenían nada en propiedad? Creo que respondimos que examinaríamos la verdad de esta objeción, si la ocasión se presentaba; que nuestro objeto por el momento era el formar verdaderos guardadores, crear el Estado más dichoso que fuese posible y no trabajar únicamente por la felicidad de uno de los órdenes que lo componen.

—Ya me acuerdo —dijo.

—¿Te parece ahora que la condición del zapatero, del labrador o de cualquier otro artesano puede compararse con la de nuestros auxiliares, que acaba de parecernos más honrada y más feliz que la de los atletas que han ganado el premio?

—No me lo parece —dijo.

—Por lo demás, es muy justo que yo repita ahora lo que dije entonces: si el guardián busca una felicidad que le hace perder el carácter de su empleo; si, descontento de las ventajas modestas, pero ciertas, que su estado le procura, se deja seducir por ideales pueriles y quiméricos de felicidad hasta el punto de servirse del poder con que le hemos revestido para hacerse dueño de todo en el Estado, conocerá entonces con cuánta razón Hesíodo ha dicho que la mitad es más que el todo.

—Si quiere creerme, se mantendrá en su condición —dijo.

—Apruebas, por consiguiente, que todo sea común entre los hombres y las mujeres, de la manera que acabo de explicar, en todo lo relativo a la educación, a los hijos y a la guarda de los otros ciudadanos, de suerte que permanezcan ellas con ellos en la ciudad, que juntos vayan a la guerra y que compartan, como hacen las hembras de los perros, las fatigas de las vigilias y de la caza; en una palabra, que vayan a medias, en cuanto sea posible, en todas las empresas con ellos, institución que no es contraria a la naturaleza del hombre y de la mujer, pues que ambos están destinados a vivir en común.

—Convengo en ello —dijo.

—Por consiguiente, sólo resta examinar —dije— si es posible establecer entre los hombres esta comunidad que la naturaleza ha establecido entre los demás animales, y por qué medios se podrá conseguir.

—Te me has adelantado; iba a hablarte de eso —dijo.

—Porque, con respecto a la guerra —señalé—, se comprende bien cómo la han de hacer.

—¿Cómo? —preguntó.

—Es evidente que la harán en común, y que llevarán consigo aquellos hijos que sean bastante robustos para soportar las fatigas de la misma, a fin de que, a ejemplo de los artesanos, vean desde luego lo que un día tendrán que hacer ellos mismos, y además, que ayuden a sus padres y madres, haciéndoles los servicios que estén a su alcance en todo lo relativo a la guerra. ¿Has observado lo que se practica en todos los demás oficios? ¿Cuánto tiempo, por ejemplo, no pasa el hijo del alfarero ayudando a su padre y mirando cómo trabaja, antes de tocar la rueda él mismo?

—Lo he observado.

—Y ¿han de poner más empeño estos alfareros en educar a sus hijos que los guardianes a los suyos con la práctica y observación de lo propio de su oficio?

—Sería una extravagancia —dijo.

—¿No es también cierto que todo animal combate con más valor cuando sus hijos están presentes?

—Sí, pero es de temer, Sócrates, que si llegan a ser vencidos, como puede muy bien suceder, perezcan ellos y sus hijos en el combate, y que el Estado no pueda reparar la pérdida.

—Convengo en ello —dije—, pero ¿crees que nuestro primer cuidado debe ser el no exponerles nunca a ningún riesgo?

—En modo alguno.

—Y si se presenta la ocasión de hacerlo, ¿no será esto cuando, si el resultado es próspero, se hagan mejores?

—Es evidente.

—¿Crees que sea poca ventaja, y que no merezca correr algún riesgo, el que jóvenes que han de llevar algún día las armas, asistan a un combate y sean testigos de lo que allí pasa?

—Creo, por el contrario, que es una gran ventaja desde este punto de vista.

—Se hará, pues, a los hijos espectadores de los combates, sin perjuicio de proveer a su seguridad en forma conveniente, y todo marchará bien; ¿no es así?

—Sí.

—Por lo pronto, sus padres sabrán prever, en cuanto es posible al hombre, cuáles son las ocasiones peligrosas y las que no lo son.

—Naturalmente —dijo.

—Conducirán a sus hijos a las unas, y no los expondrán en las otras.

—Exacto.

—Les darán por jefes y conductores —dije— a hombres no indignos, sino de edad madura y de una experiencia consumada para dirigir a los niños.

—Así debe ser.

—Pero se dirá que ocurren todos los días mil accidentes imprevistos.

—Sí, por cierto.

—¡Y bien, amigo mío! Para preservar a los hijos de todos los percances, es preciso darles desde muy temprano alas, para que puedan escapar de los peligros volando.

—¿Qué quieres decir con eso? —preguntó.

—Quiero decir —aclaré— que desde sus primeros años es preciso enseñarles a montar, y después conducirles a la pelea como espectadores, no en caballos ardientes y belicosos, sino en caballos dóciles y muy ligeros en la carrera. De esta manera verán muy bien lo que tienen que ver; y si el peligro apura, se salvarán fácilmente con sus ayos veteranos.

—Me parece bien ese recurso —dijo.

—Ahora, ¿qué disciplina estableceremos para la guerra y cómo se servirán los soldados de ella respecto al enemigo? Mira si pienso o no con acierto sobre estos dos puntos.

—Explícate —dijo.

—¿No es conveniente que el que por cobardía abandone las filas, arroje el escudo o cometa cualquier otro hecho indigno de un hombre de corazón, sea degradado y relegado entre los artesanos o labradores?

—Sin duda.

—¿Que se abandone al enemigo, como trofeo de guerra, al que haya caído vivo en sus manos, para que haga de él lo que quiera?

—Sin duda.

—En cuanto al que se haya distinguido por su bravura, ¿no crees muy justo que los guerreros jóvenes y los hijos pongan sucesivamente una corona sobre su cabeza en el mismo campo de batalla?

—Sí.

—¿Qué más? ¿Que le den la mano?

—También.

—Se me figura que no vas a admitir lo que voy a decir ahora —agregué.

—¿Qué es?

—Que todos lo besen y sean por él besados.

—Consiento en ello con todo mi corazón. Y a esto añado —dijo— que, mientras dure la campaña, a nadie sea permitido rechazar sus besos. Será para todos los que amen a alguien, sea de un sexo o de otro, un aliciente para esforzarse con más ardor por merecer el premio del valor.

—Muy bien; eso conviene perfectamente —dije— con lo que hemos dicho antes, de que es preciso dejar a los ciudadanos de más mérito la libertad de aproximarse a las mujeres con más frecuencia que a los demás y de escoger aquellas que se les parezcan, a fin de que su raza se haga tan numerosa cuanto sea posible.

—Recuerdo que hemos dicho eso —dijo.

—Homero quiere también que los guerreros jóvenes, que se distinguen por su bravura, sean honrados de otra manera. Dice que después de un combate, en que Áyax se había distinguido, se le sirvió para honrarle el ancho lomo de la víctima como una recompensa acomodada a un joven y valiente guerrero, puesto que era a la vez una distinción y un medio de aumentar sus fuerzas.

—Muy bien —dijo.

—En este punto seguiremos, pues, la autoridad de Homero —dije—. En los sacrificios y en las fiestas se celebrarán con cantos las empresas de los guerreros; se les dará asientos preferentes, carnes y copas rebosantes, distinciones todas propias a la vez para lisonjearlos y hacerlos más robustos, ya sean hombres o mujeres.

—Muy bien dicho —asintió.

—Con respecto a los que han muerto generosamente con las armas en la mano,

¿no deberemos decir desde luego que pertenecen a la raza de oro?

—Más que ningún otro.

—Y ¿no nos conformaremos con la opinión de Hesíodo que asegura que los de esta raza, cuando mueren,

Se convierten en genios que moran en la tierra, genios

bienhechores, que combaten los males que amenazan a los hombres de voz articulada, y cuidan de su conservación?

—Nos persuadiremos de ello —dijo.

—Así, pues, consultaremos el oráculo sobre el culto funerario que debe darse a estos hombres superiores y divinos, y arreglaremos las ceremonias conforme a la respuesta que nos dé.

—¿Qué habremos de hacer, si no?

—Los honraremos como genios tutelares, y les dirigiremos nuestras súplicas sobre su tumba. Los mismos honores dispensaremos a los que mueran por enfermedad o por vejez después de haber pasado su vida en el ejercicio de la más noble virtud.

—Es justicia hacerlo —dijo.

—Pero ¿cuál será, además, la conducta de nuestros guerreros respecto del enemigo?

—¿En qué?

—En primer lugar, en punto a la esclavitud. ¿Te parece justo que los griegos reduzcan a la servidumbre a ciudades griegas? ¿No deberían más bien prohibirlo a todos los demás, en cuanto fuera posible, y sentar por principio que no haya esclavitud para los pueblos griegos, para evitar que caigan en la esclavitud de los bárbaros?

—Ciertamente es de grande interés hacerlo así —dijo.

—Y, por lo tanto, no debe tenerse ningún esclavo griego y se debe aconsejar a todos los demás griegos que sigan este ejemplo.

—Sin duda. Por este medio, en lugar de destruirse unos a otros, volverán todas sus fuerzas contra los bárbaros —dijo.

—¿Y te parece bien —pregunté— que despojen a los muertos y que quiten a sus enemigos vencidos otra cosa que sus armas? ¿No es un pretexto para que los cobardes dejen de atacar a los que aún se defienden haciendo como que cumplen un deber cuando están inclinados sobre los cadáveres para despojarlos? Por otra parte, esta codicia por el botín ha sido ya funesta a más de un ejército.

—Es cierto.

—¿Y no es una bajeza y una concupiscencia innoble el despojar a un muerto? ¿No es una pequeñez de espíritu, que apenas sería perdonable a una mujer, el tratar como enemigo al cadáver del adversario, cuando la calidad de enemigo ha desaparecido, quedando sólo el instrumento de que se servía para combatir? Los que obran de esta manera hacen lo que los perros, que muerden la piedra que los ha herido sin hacer ningún mal a la mano que la ha arrojado.

—Ni más ni menos —convino.

—Por lo tanto, hay que acabar con el despojo de los muertos, y con el rehusar al enemigo el permiso para llevárselos.

—Hay que acabar, por Zeus —dijo.

—Tampoco llevaremos a los templos de los dioses las armas de los vencidos, sobre todo si son griegos, como para hacer con ellas ofrendas, si en algo apreciamos la benevolencia de los demás griegos. Temeríamos manchar los templos, adornándolos con los despojos de nuestros vecinos, a menos, sin embargo, que la divinidad disponga lo contrario.

—Muy bien —dijo.

—¿Qué piensas de la devastación del territorio griego y del incendio de las casas?

¿Qué harán tus soldados respecto a los enemigos?

—Deseo saber tu opinión en este punto —dijo.

—Mi opinión es que no se debe devastar ni quemar; y sí contentarse con tomarles todos los granos y frutos del año. ¿Quieres saber la razón?

—Con mucho gusto.

—Me parece que así como la guerra y la discordia tienen dos nombres diferentes, son también dos cosas distintas que hacen relación a dos objetos también diferentes. La una se da en lo que está unido a nosotros por lazos de la sangre y de la amistad, la otra, en lo que nos es extraño. La enemistad entre allegados se llama discordia; entre extraños, se llama guerra.

—No vas errado en lo que dices —admitió.

—Mira si lo que voy a decir no lo es tampoco. Digo que los griegos son entre sí allegados y parientes, y extranjeros respecto a los bárbaros.

—Bien dicho —señaló.

—Por consiguiente, cuando entre griegos y bárbaros surja cualquier desavenencia y vengan a las manos, ésa, en nuestra opinión, será una verdadera guerra; pero cuando sobrevenga una cosa semejante entre los griegos, diremos que son naturalmente amigos, que es una enfermedad, una división intestina, la que turba la Hélade, y daremos a esta enemistad el nombre de discordia.

—Soy completamente de tu opinión —dijo.

—Por consiguiente, si siempre que se suscite cualquier discordia en el Estado, los ciudadanos han de arrasar las tierras y quemar las casas los unos a los otros, considera, te lo suplico, cuán funesto sería y cuán poco sensible se mostraría cada partido a los intereses de la patria. Si la miraran como su madre y como su nodriza, ¿cometerían contra ellas tales excesos? ¿No deberían los vencedores darse por satisfechos, en razón del mal que debe causarse a los vencidos, arrancándoles la cosecha del año?

¿No deberían tratarlos como a amigos con los que no han de sostener una guerra perpetua, y con quienes han de reconciliarse algún día?

—Esa manera de pensar —dijo— es mucho más propia de gentes civilizadas que la primera.

—Pero ¡qué!, ¿no es un Estado griego el que intentas fundar? —pregunté.

—Tiene que serlo —repuso.

—Los ciudadanos de este Estado, ¿no han de ser buenos y civilizados?

—Bien cierto.

—¿No han de ser también amigos de la Hélade? ¿No la mirarán como la patria común? ¿No tendrán la misma religión que los otros griegos?

—Sin duda igualmente.

—Luego sus desavenencias con los demás griegos las considerarán como discordias y no les darán el nombre de guerras.

—No.

—Y en estas desavenencias deberán conducirse teniendo en cuenta que llegará un día en que se reconciliarán con sus adversarios.

—A buen seguro.

—Los traerán suavemente a la razón, sin que para castigarlos tengan necesidad de hacerlos esclavos ni aniquilarlos. Los corregirán como amigos para hacerlos prudentes, y no como enemigos.

—Así lo harán —dijo.

—Puesto que son griegos, no asolarán ningún pueblo o sitio de Grecia; no quemarán las casas; no mirarán como adversarios a todos los habitantes de un Estado, hombres, mujeres y niños, sin excepción, sino a los autores de la discordia, y en consecuencia, respetando las tierras y las casas de los habitantes, porque el mayor número se compone de amigos, no usarán de la violencia en cuanto no sea necesaria para obligar a los inocentes a que tomen ellos mismos venganza de los culpables.

—Reconozco contigo que los ciudadanos de nuestro Estado deben seguir esta conducta en sus querellas con los adversarios —dijo—; y respecto a los bárbaros, hacer con ellos lo que hoy están haciendo los pueblos griegos unos con otros.

—Así, pues, prohibimos a nuestros guardianes por una ley expresa las talas y los incendios de casas.

—Con mucho gusto —dijo—; doy mi aprobación a esta ley y a las que preceden.

—Pero Sócrates, se me figura que si se te deja proseguir, nunca llegarás al punto esencial cuya explicación aplazaste antes, por haberte engolfado en todos estos desarrollos. Se trata de saber si un Estado semejante es posible y cómo lo es. Convengo en que todos los bienes de que has hecho mención se encontrarían en nuestro Estado, si pudiese existir. Y aún yo añado otras ventajas que tú has omitido; por ejemplo, que sus guerreros serían tanto más valientes, cuanto que conociéndose todos y dándose en la pelea los nombres de hermanos, de padres y de hijos, volarían los unos al socorro de los otros. También conozco que la presencia de las mujeres los harían invencibles, sea que ellas combatan con ellos en las mismas filas, sea que se las coloque a retaguardia para imponer al enemigo y para servirse de ellas en un caso extremo. Veo también que disfrutarían, durante la paz, otros muchos bienes de que no has hecho mención. Todo esto te lo concedo y otras mil cosas aún, si la ejecución corresponde al proyecto. Por lo tanto, abandona estos pormenores que son superfluos y haznos ver más bien que tu proyecto no es una quimera, y cómo puede llevarse a cabo. De todo lo demás te eximo completamente.

—¡Cómo has caído de repente sobre mi discurso sin dejarme respirar después de tantas divagaciones! Quizá no sabes que después de haber escapado, no sin dificultad, de dos oleadas furiosas, tú me expones a una tercera mucho más grande y terrible. Cuando la hayas visto y hayas oído su ruido, no extrañarás mi terror y todos los rodeos que he tomado antes de abordar una proposición tan extraña.

—Cuantos más pretextos alegues —dijo—, tanto más te estrecharemos para que nos expliques cómo es posible realizar tu Estado; habla, pues, y no nos tengas más en espera.

—Sea así —dije—. Es bueno, por de pronto, recordaros que lo que nos ha conducido hasta aquí es la indagación de la naturaleza de la justicia y de la injusticia.

—Sin duda; pero ¿a qué viene eso? —preguntó.

—A nada; pero cuando hayamos descubierto la naturaleza de la justicia, ¿exigiremos del hombre justo que no se separe nada de la justicia y que se mantenga en perfecta armonía con ella, o bastará que se aproxime a ella en cuanto es posible y que reproduzca un mayor número de rasgos de la misma que el resto de los hombres?

—Eso nos bastará —replicó.

—Por tanto —dije—, cuando indagábamos cuál era la esencia de la justicia y cómo debía ser el hombre justo, suponiendo que existía, y cuáles la injusticia y el hombre injusto, nos proponíamos nada más que encontrar modelos, fijar nuestras miradas en el uno y en el otro, para juzgar la felicidad o desgracia que acompaña a cada uno de ellos, y obligarnos a concluir con relación a nosotros mismos que seremos más o menos dichosos según que nos parezcamos más al uno o al otro; pero nuestro designio nunca ha sido el aprobar que estos modelos puedan existir.

—Verdad dices —admitió.

—¿Crees que un pintor, después de haber pintado el más bello modelo de hombre que pueda verse y de haber dado a cada rasgo la última perfección, sería menos hábil porque no le fuera posible probar que la naturaleza puede producir un hombre semejante?

—No, por Zeus —contestó.

—Y nosotros, ¿qué hemos hecho en esta conversación sino trazar el modelo de un Estado perfecto?

—No hemos hecho otra cosa.

—Y lo que hemos dicho, ¿pierde algo si no podemos demostrar que se puede formar un Estado según este modelo?

—No, por cierto —dijo.

—Ésta es, pues, la verdad —dije—; pero si quieres que te haga ver cómo y hasta qué punto un Estado semejante puede realizarse, lo haré para que me quedes obligado, con tal que me concedas una cosa que me es necesaria.

—¿Cuál?

—¿Es posible ejecutar una cosa precisamente como se la describe? ¿No está, por el contrario, en la naturaleza de las cosas que la ejecución se aproxime menos a lo verdadero que el discurso? Otros no piensan lo mismo; pero ¿tú qué dices?

—Soy de tu dictamen —dijo.

—No exijas, por tanto, de mí que realice con una completa precisión el plan que he trazado; y si puedo hacer ver cómo un Estado puede ser gobernado de una manera muy aproximada a la que he dicho, confiesa entonces que he probado, como me exiges, que nuestro Estado es posible. ¿No te darás por satisfecho si llego a conseguirlo? Por mi parte lo estaré.

—Y yo también —dijo.

—Trataremos ahora de descubrir por qué los Estados actuales están mal gobernados y qué cambio mínimo sería posible introducir en ellos, para que su gobierno se hiciese semejante al nuestro. No cambiemos sino un solo punto o dos; o, en todo caso, un pequeño número y de los menos considerables por sus efectos.

—Muy bien —asintió.

—Encuentro que, con sólo cambiar un punto —proseguí—, ya puedo demostrar que los Estados mudarían completamente de aspecto. Es cierto que este punto ni es de poca importancia, ni se presta fácilmente al cambio, aunque sí es posible.

—¿Qué punto es ése? —preguntó.

—He aquí —repuse— que he llegado a lo que he comparado con la tercera oleada; pero aun cuando hubiese de verme agobiado y como sumergido en el ridículo, voy a hablar; escúchame.

—Habla —dijo.

—Como los filósofos no gobiernen los Estados —dije—, o como los que hoy se llaman reyes y soberanos no sean verdadera y seriamente filósofos, de suerte que la autoridad pública y la filosofía se encuentren juntas en el mismo sujeto, y como no se excluyan absolutamente del gobierno tantas personas que aspiran hoy a uno de estos dos términos con exclusión del otro; como todo esto no se verifique, mi querido Glaucón, no hay remedio posible para los males que arruinan los Estados ni para los del género humano; ni este Estado perfecto, cuyo plan hemos trazado, aparecerá jamás sobre la tierra, ni verá la luz del día. He aquí lo que ha mucho dudaba si debería decir, porque preveía que la opinión pública se sublevaría contra semejante pensamiento, porque es difícil concebir que la felicidad pública y la privada sólo puedan realizarse en un Estado así.

—Al proferir un discurso semejante, mi querido Sócrates —exclamó—, debes esperar que muchos, y entre ellos gentes de gran mérito, se despojen, por decirlo así, de sus ropas, y armados con todo lo que se les venga a las manos, se arrojen sobre ti con todas sus fuerzas y dispuestos a todo. Si no los rechazas con las armas de la razón, te vas a ver agobiado por sus burlas, y recibirás el castigo de tu temeridad.

—¿No serás también tú la causa, si tal sucede? —pregunté.

—No me arrepiento; pero prometo no abandonarte —dijo—, y sí apoyarte con todas mis fuerzas, es decir, alentándote e interesándome en tus triunfos. Quizá responderé yo a tus preguntas con más oportunidad que ningún otro, y con este auxilio procura combatir a tus adversarios y hacerles ver que la razón está de tu parte.

—Lo haré —dije—, puesto que me ofreces un auxilio que estimo en mucho. Si queremos salvarnos de los que nos atacan, me parece que es indispensable explicarles cuáles son los filósofos a quienes nos atrevemos a entregar el gobierno de los Estados. Conocidos éstos, podremos ya defendernos con más facilidad y probar que sólo a tales hombres pertenece la cualidad de filósofos y de magistrados, y que todos los demás no deben ni filosofar ni mezclarse en el gobierno, sino seguir al que dirige.

—Ya es tiempo de que expliques tu pensamiento sobre este punto —dijo.

—Es lo que voy a hacer. Sígueme y repara si te conduzco bien.

—Vamos —dijo.

—¿Será necesario que recuerdes o te recuerde —pregunté— que cuando se dice de alguno que ama una cosa, si habla con exactitud, debe entenderse por esto, no que ama una parte sí y otra no, sino que ama el todo entero?

—Haces bien en recordármelo, porque no sé dónde vas a parar —dijo.

—En verdad, Glaucón, propio de cualquier otro y no de ti es lo que acabas de decir, pero un hombre experto como tú en materias de amor debería saber que todo lo que es joven causa impresión sobre un corazón amante y lo considera digno de sus cuidados y de su ternura. ¿No es esto lo que os sucede a todos vosotros respecto a jóvenes bien apuestos? ¿No decís de una nariz roma que es graciosa, de la aguileña, que es una nariz regia, y de la que ocupa un término medio, que es perfectamente proporcionada? ¿Que los morenos tienen un aire marcial, y que los blancos son los hijos de los dioses? ¿Y qué otro que un amante complaciente pudo inventar la expresión por la que se compara al color de la miel la palidez de los que están en la flor de la edad? En una palabra, no hay registros de voz que no empleéis, ni pretextos a que no echéis mano, para que no se os escape ninguno de los que están en la primera juventud.

—Si quieres tomarme como ejemplo de lo que los demás hacen en esta materia, te lo concedo, para no interrumpir el curso de esta discusión —dijo.

—Y ¿qué? ¿No adviertes que los aficionados al vino observan la misma conducta y hacen el elogio de toda clase de vinos?

—Es cierto.

—¿No ves también que los ambiciosos, cuando no pueden tener el mando general, mandan un tercio, y que cuando no pueden ser honrados por los grandes se contentan con los honores que les hacen los pequeños, porque están ávidos de distinciones, cualesquiera que ellas sean?

—Exactamente.

—Ahora respóndeme sí o no: cuando se dice de alguno que desea una cosa, ¿quiere decirse que no desea más que una parte o que la desea toda ella?

—Toda —dijo.

—Por lo tanto, diremos del filósofo que ama la sabiduría, no en parte, sino toda y por entero.

—Sin duda.

—No diremos, por consiguiente, del que no tiene afición al estudio, sobre todo si es joven y no está en disposición de dar razón de lo que es útil o no lo es que es filósofo ansioso de adquirir conocimientos; lo mismo que de un hombre que come con repugnancia no se dice que tiene hambre, ni que tiene gusto en comer, sino que no tiene apetito.

—Eso diremos con razón.

—Pero el que tiene buena disposición para todas las ciencias con un ardor igual, que desearía abrazarlas todas y que tiene un deseo insaciable de aprender, ¿no merece el nombre de filósofo? ¿Qué piensas de esto?

—Según te explicas —respondió Glaucón—, tendría que ser infinito el número de filósofos, y todos de un carácter bien extraño; porque sería preciso comprender bajo este nombre a todos los que son aficionados a los espectáculos, que también gustan de saber, y sería cosa singular ver entre los filósofos a estas gentes que gustan de audiciones, que ciertamente no asistirían con gusto a esta conversación, pero que tienen como alquilados los oídos para oír todos los coros y concurrir a todas las fiestas de Dioniso sin faltar a una sola, sea en la ciudad, sea en el campo. ¿Y llamaremos filósofos a los que no muestran ardor sino para aprender tales cosas o que se consagran al conocimiento de las artes más ínfimas?

—En modo alguno —dije—; sólo son filósofos en apariencia.

—Entonces, ¿quiénes son, en tu opinión —preguntó—, los verdaderos filósofos?

—Los que gustan de contemplar la verdad —respondí.

—Tienes razón, sin duda —dijo—, pero explícame lo que quieres decir con eso.

—No sería fácil si hablara con otro —dije—; pero creo que tú me concederás lo siguiente.

—¿Qué?

—Que siendo lo bello lo opuesto de lo feo, son éstas dos cosas distintas.

—Y ¿cómo no?

—Por consiguiente, siendo dos, ¿cada una de ellas es una?

—También.

—Lo mismo sucede respecto a lo justo y a lo injusto, a lo bueno y a lo malo, y a todas las demás ideas. Cada una de ellas, tomada en sí misma, es una; pero consideradas todas en las relaciones que tienen con nuestras acciones, con los cuerpos y entre sí, revisten mil apariencias.

—Dices bien —asintió.

—He aquí cómo distingo —continué— esas gentes curiosas que mencionabas, que tienen manía por los espectáculos y por las artes y se limitan a la práctica, de aquellos a quienes conviene en exclusiva el nombre de filósofos.

—¿Qué quieres decir? —preguntó.

—Los primeros, cuya curiosidad está por entero en los ojos y en los oídos —dije—, se complacen en oír bellas voces, ver bellos colores, bellas figuras y todas las obras del arte o de la naturaleza en que entra lo bello; pero su mente es incapaz de ver y gustar la esencia de la belleza misma, reconocerla y unirse a ella.

—Así es, sin duda —dijo.

—¿No son muy escasos los que pueden elevarse hasta lo bello en sí y contemplarlo en su esencia?

—Muy raros.

—Un hombre, pues, que cree en las cosas bellas, pero que no tiene ninguna idea de la belleza en sí misma, ni es capaz de seguir a los que quieran hacérsela conocer, ¿vive en un sueño o despierto? Fíjate. ¿Qué es soñar? ¿No consiste, sea que se duerma, sea que se esté despierto, en tomar la imagen de una cosa por la cosa misma?

—Sí, eso es lo que yo llamaría soñar —dijo.

—Por el contrario, el que cree que hay algo bello en sí y puede contemplar la belleza, sea en sí misma, sea en lo que participa de su esencia, que no confunde dichas cosas participantes con lo bello de lo que participan ni viceversa, ¿vive como en un sueño o en vela?

—Bien en vela —repuso.

—El pensamiento, pues, de éste diremos que es conocimiento de buen conocedor; y el de aquél, en cambio, parecer de quien opina.

—Exacto.

—Pero si este último, que en nuestro juicio juzga en vista de la apariencia y no conoce, se volviese contra nosotros y sostuviese que no decimos la verdad, ¿no tendríamos nada que responderle para tranquilizarle y persuadirle suavemente de que se engaña, ocultándole, sin embargo, que no está en su juicio?

—Así convendría hacerlo —dijo.

—Veamos lo que hemos de decirle. ¿Quieres que le interroguemos, asegurándole que, lejos de tenerle envidia por su saber, si es que sabe, tendremos, por el contrario, la mayor satisfacción en oír a alguien que tenga conocimiento de algo? Yo le preguntaré: «Dime, el que conoce, ¿conoce algo o nada?». Respóndeme por él.

—Respondo que conoce algo —dijo.

—¿Que existe o que no existe?

—Algo que existe, porque, ¿cómo podría conocer lo que no existe?

—De manera que, sin llevar más adelante nuestras indagaciones, sabemos, a no dudar, que lo que existe absolutamente es absolutamente cognoscible, y lo que de ninguna manera existe, de ninguna manera puede ser conocido.

—Perfectamente.

—Pero si hubiese una cosa que a la vez existiera y no existiera, ¿no ocuparía un lugar intermedio entre lo que puramente existe y lo que no existe en absoluto?

—En medio estaría.

—Luego, si la ciencia tiene por objeto el ser, y la ignorancia el no-ser, es preciso buscar, respecto a lo que ocupa el medio entre el ser y el no-ser, una manera de conocer que sea intermedia entre la ciencia y la ignorancia, suponiendo que la haya.

—Sin duda.

—¿Sostendremos que hay algo llamado opinión?

—Y ¿cómo no?

—¿Es una facultad distinta de la ciencia, o bien la misma?

—Es distinta.

—Más tarde la opinión tiene su propio objeto, y la ciencia tiene el suyo, manifestándose cada una de ellas siempre como una facultad distinta.

—Así es.

—La ciencia, ¿no versa por naturaleza sobre lo que existe para conocerlo en tanto que existe? O, más bien, antes de pasar adelante, me parece indispensable hacer una distinción.

—¿Cuál?

—Digo que las facultades son una especie de seres por los que nosotros somos capaces de hacer lo que podemos, y lo mismo cualquier otro que pueda algo. Por ejemplo, llamo facultades a la vista y al oído. ¿Comprendes lo que quiero decir al usar este nombre específico?

—Comprendo —dijo.

—Escucha lo que pienso acerca de ellas. En cada facultad no veo ni color, ni figura, ni nada semejante a lo que se encuentra en otras mil cosas de que puedan ayudarse mis ojos para distinguir una facultad de otra. Sólo considero en cada una de ellas su destino y sus efectos, y así es como las distingo. Llamo facultades idénticas a las que tienen el mismo objeto y producen los mismos efectos, y distintas a las que tienen objetos y efectos diferentes. Y tú, ¿cómo las distingues?

—De la misma manera —dijo.

—Ahora volvamos al punto principal. ¿Colocas tú la ciencia en el número de las facultades o en otra especie de seres?

—La miro como la más poderosa de todas las facultades —dijo.

—Y la opinión, ¿es también una facultad, o bien alguna otra especie de ser?

—De ninguna manera; la opinión no es otra cosa que la facultad que tenemos de opinar.

—Pero tú confesaste antes que la ciencia difería de la opinión.

—Sin duda. ¿Cómo un hombre sensato —dijo— podría confundir lo que es infalible con lo que no lo es?

—Muy bien —dije—. ¿Hemos reconocido que la ciencia y la opinión son dos facultades distintas?

—Distintas.

—Cada una de ellas tiene un objeto diferente, pues tienen diferentes capacidades.

—Por fuerza.

—La ciencia, ¿no tiene por objeto lo que existe para conocerlo tal como existe?

—Sí.

—Pero la opinión no tiene otro fin, según hemos dicho, que el opinar.

—Sí.

—¿Tiene el mismo objeto que la ciencia, de suerte que una misma cosa puede someterse a la vez al conocimiento y a la opinión? ¿O, antes bien, esto es imposible?

—Según lo convenido, es imposible; porque si facultades diferentes tienen naturalmente objetos diferentes, y si, por otra parte, la ciencia y la opinión son dos facultades diferentes, se sigue que el objeto de la ciencia no puede ser el de la opinión.

—Luego si el ser es objeto de la ciencia, el de la opinión será otra cosa distinta del ser.

—Otra distinta.

—¿Será el no-ser? ¿O es imposible que el no-ser sea el objeto de la opinión? Atiende a lo que voy a decir: el que tiene una opinión, ¿no la tiene sobre algo? ¿Puede tenerse una opinión que recaiga sobre nada?

—Eso no puede ser.

—Luego el que tiene una opinión, la tiene sobre algo.

—Sí.

—Pero el no-ser, ¿es alguna cosa? ¿No debe llamarse más bien nada?

—Exacto.

—Por esta razón hemos designado el ser como objeto de la ciencia, y el no-ser como objeto de la ignorancia.

—Hemos hecho bien —dijo.

—Luego el objeto de la opinión, ni es el ser, ni el no-ser.

—No, ciertamente.

—Por consiguiente, la opinión no será ciencia ni ignorancia.

—No parece.

—Pero la opinión, ¿va más allá que la una o que la otra, de manera que sea más luminosa que la ciencia o más oscura que la ignorancia?

—Ni lo uno ni lo otro.

—¿Sucede, pues, todo lo contrario; es decir, que tiene más oscuridad que la ciencia y más claridad que la ignorancia?

—Desde luego —replicó.

—Luego ¿la opinión está en mitad de ambas?

—Sí.

—Será, pues, un término medio entre ellas.

—Sin duda.

—¿Pero no dijimos antes que, si encontrábamos una cosa que fuese y no fuese al mismo tiempo, esta cosa ocuparía un medio entre el puro ser y la pura nada, y que no sería el objeto ni de la ciencia ni de la ignorancia, y sí de alguna facultad que juzgábamos intermedia entre la una y la otra?

—Exactamente.

—¿No acabamos de ver que esta facultad intermedia es lo que se llama opinión?

—Eso parece.

—Resta, pues, por investigar aquello que participa de ambas cosas, del ser y del no-ser, y que propiamente no es ni lo uno ni lo otro, y si descubriéramos que éste era el objeto de la opinión, entonces asignaríamos a cada una de estas facultades sus objetos, los extremos a los extremos, y el objeto intermedio a la facultad intermedia.

¿No es así?

—Sin duda.

—Sentado esto, que me responda ese hombre que no cree que haya nada bello en sí, ni que la idea de lo bello sea inmutable, y que sólo admite cosas bellas; ese apasionado de los espectáculos que no puede consentir que se le diga que lo bello es uno y lo justo es uno. «Respóndeme —le diré yo—, ¿no te parece que estas cosas mismas, que tú juzgas bellas, justas y puras, bajo otras relaciones no son bellas, ni justas, ni puras?».

—No —dijo—; las mismas cosas, examinadas diversamente, parecen bellas y feas, y así sucede con lo demás.

—Y las cantidades dobles, ¿acaso nos parecen menos veces mitades que dobles?

—Para nada.

—Otro tanto digo de las cosas que se llaman grandes o pequeñas, pesadas o ligeras: cada una de estas calificaciones, ¿les conviene mejor que la calificación contraria?

—No, porque participan de la una y de la otra —dijo.

—¿Estas cosas son más bien que no son aquello que se dicen ser?

—Se parecen a esas proposiciones de doble sentido, que están en boga en los banquetes, y al acertijo infantil sobre la manera como el eunuco tira al murciélago, en que se ha de adivinar con qué y sobre qué le tira. Las palabras tienen dos sentidos contrarios, porque no se puede decir con certidumbre, ni sí, ni no, ni lo uno, ni lo otro, ni dejar de decir lo uno y lo otro.

—¿Qué debe hacerse con esta clase de cosas —dije— y dónde pueden colocarse mejor que entre el ser y el no-ser? Porque, en verdad, no parecen más oscuras que el no-ser para tener menos existencia que la nada, ni más luminosas que el ser para existir más que él.

—Es cierto —dijo.

—Hemos visto, pues, al parecer, que este cúmulo de cosas, a las que el vulgo atribuye la belleza y demás cualidades semejantes, ruedan, por decirlo así, en el espacio que separa al puro ser de la nada.

—Lo hemos descubierto.

—Pero ya de antemano hemos convenido en que estas cosas que fluctúan entre el ser y la nada debían de ser el objeto, no de la ciencia, sino de la facultad intermedia, de la opinión.

—Así convinimos.

—Por consiguiente, para los que ven la multitud de cosas bellas, pero que no distinguen lo bello en su esencia, ni pueden seguir a los que intentan demostrárselo, que ven la multitud de cosas justas, pero no la justicia misma, y lo mismo todo lo demás, diremos que todos sus juicios son opiniones y no conocimientos.

—Sin duda —dijo.

—Por el contrario, los que contemplan la esencia inmutable e idéntica a sí misma de las cosas tienen conocimientos y no opiniones.

—Es igualmente indudable.

—¿Unos y otros no gustan y abrazan, éstos las cosas que son objeto de la ciencia, y aquéllos las cosas que son objeto de la opinión? ¿No recuerdas lo que dijimos de estos últimos, que se complacen en oír preciosas voces, en ver preciosos colores, pero que no pueden sufrir que se les hable de la belleza absoluta como de una cosa real?

—Me acuerdo.

—Ninguna injusticia les haremos, por tanto, llamándoles amigos de la opinión, más bien que amigos de la sabiduría. ¿Crees que se enojarán con nosotros si los tratamos de esta manera?

—Si me creen, no lo harán, porque nunca es permitido ofenderse porque le digan a uno la verdad —dijo.

—Por consiguiente, será preciso dar el nombre de filósofos, y no el de amantes de la opinión, a los que se consagran a la contemplación de cada ser en sí.

—Totalmente de acuerdo.

# LIBRO VI

—Al fin, pues —dije yo—, después de muchas dificultades y de un rodeo de palabras bastante largo, hemos fijado, mi querido Glaucón, la diferencia entre los verdaderos filósofos y los que no lo son.

—Quizá no era fácil conseguir por otro medio el objeto, en efecto —dijo.

—No lo creo yo así —dije—. A mi parecer, hubiéramos podido llevar en este punto la evidencia más alta aún, si sólo de esta cuestión hubiéramos tenido que tratar, y si no tuviéramos que recorrer ahora otras muchas para saber en qué difiere la vida justa de la injusta.

—Después de esto, ¿qué es lo que nos falta por examinar? —preguntó.

—¿Qué —respondí—, sino lo que sigue inmediatamente? Puesto que los verdaderos filósofos son aquellos que pueden alcanzar lo que existe siempre de una manera inmutable, y que todos los demás que giran sin cesar en torno de mil objetos siempre mudables serán todo menos filósofos, es preciso ver a quiénes hemos de escoger para gobernar nuestro Estado.

—¿Y qué deberíamos dejar sentado —preguntó— para acertar en ello?

—Designar para guardianes a los que nos parezcan más a propósito para mantener las leyes y las instituciones del Estado —dije yo.

—Muy bien —dijo.

—Y ¿no es cuestión clara —proseguí— decidir si un buen guardián debe ser ciego o perspicaz?

—¿Cómo no ha de ser clara? —replicó.

—¿Y qué diferencia encuentras entre los ciegos y los que, privados del conocimiento de lo que existe de una manera simple e inmutable, y no teniendo en su alma ningún modelo claro, no pueden, a semejanza de los pintores, fijar sus miradas sobre el ejemplar eterno de la verdad, y después de haberlo contemplado con toda la atención posible, trasladar a este mundo, cuando corresponda, lo que han observado, y servirse de ello como de una regla segura para fijar por medio de leyes lo que es honesto, justo y bueno, y vigilar para conservar estas leyes después de haberlas establecido?

—Ninguna diferencia encuentro, por Zeus —dijo.

—¿Y serán estos los que habremos de escoger para guardianes? ¿O más bien, deberemos escoger a los que conocen la esencia de las cosas, y que además no ceden a los otros ni en experiencia, ni en ninguna clase de mérito?

—Sería una locura escoger a otros, si, por otra parte, éstos en nada son inferiores a los primeros, puesto que los superan en la cualidad más importante.

—Ahora nos toca a nosotros explicar por qué medios podrán unir ambas ventajas.

—Perfectamente.

—Como ya dijimos al principio de nuestra conversación, es preciso comenzar por tener un perfecto conocimiento del carácter que les es propio, porque estoy convencido de que si llegamos a ponernos de acuerdo, no dudaremos un momento en reconocer que pueden reunir ambas cualidades y que no hay nadie que pueda ser preferido a ellos para el gobierno.

—¿Cómo?

—Convengamos, por lo pronto, en que el primer signo de la naturaleza filosófica es amar con pasión la ciencia, que puede conducirle al conocimiento de esta esencia inmutable, inaccesible a las vicisitudes de la generación y de la corrupción.

—Convengo en ello.

—Con ellos sucede además lo que con los enamorados y ambiciosos con relación al objeto de su ambición y de su amor, porque aman todo lo que afecta a esta esencia, sin despreciar ninguna parte, grande o pequeña, más o menos imperfecta.

—Tienes razón —admitió.

—Examina después si no es necesario que los que hayan de ser como hemos dicho estén dotados por naturaleza de esta otra condición.

—¿Cuál?

—El horror a la mentira, a la que negarán toda entrada en el alma, al paso que habrán de tener un amor igual por la verdad.

—Así parece.

—No sólo así parece, mi querido amigo, sino que es absolutamente necesario que el que ama a alguno ame todo lo que le pertenece y todo lo que tiene relación con él.

—Exacto —dijo.

—¿Y encontrarás algo que esté más estrechamente ligado con la ciencia que la verdad?

—¿Cómo podría encontrarlo? —dijo.

—¿Es posible que tengan la misma naturaleza el amante de la

sabiduría y el de la falsedad?

—De ningún modo.

—Por consiguiente, el espíritu verdaderamente ávido de ciencia debe, desde la primera juventud, amar y buscar la verdad.

—Conforme en todo.

—Pero sabemos que cuando los deseos se dirigen con violencia hacia un objeto, tienen menos vivacidad respecto a todo lo demás, porque el torrente corre, por decirlo así, en esta sola dirección.

—Sin duda.

—Por consiguiente, aquel cuyos deseos se dirigen hacia las ciencias sólo gusta de los placeres puros, que pertenecen al alma. Respecto a los del cuerpo, los desdeña, si no es filósofo fingido sino auténtico.

—Forzosamente.

—Un hombre de tales condiciones es templado y enteramente extraño a la avaricia, porque las razones que obligan a los demás a correr tras las riquezas con todo su dispendio no tienen ninguna influencia sobre él.

—Sí.

—Para distinguir el verdadero filósofo del que no lo es precísase fijarse también en otra cosa.

—¿En cuál?

—Que no haya en su alma nada que lo envilezca, porque la pequeñez no puede tener absolutamente cabida en un alma que debe abrazar en sus indagaciones todas las cosas divinas y humanas.

—Nada más cierto —dijo.

—Pero ¿crees que un alma grande, que abraza en su pensamiento todos los tiempos y todos los seres, mire la vida del hombre como cosa importante?

—Es imposible —dijo.

—Luego un alma de este temple, ¿no temerá la muerte?

—En modo alguno.

—De esta manera, un alma cobarde y vil jamás tendrá ni la más pequeña comunicación con la verdadera filosofía.

—No lo creo.

—Pero ¡qué!, un hombre ordenado, exento de avaricia, de vileza, de vanidad y de cobardía, ¿puede ser injusto o de un carácter intratable?

—No puede.

—Cuando se trate, pues, de discernir cuál es el alma nacida para la filosofía, observarás si desde los primeros años da muestras de equidad y de dulzura, o si es huraño e intratable.

—Totalmente de acuerdo.

—Tampoco dejarás, a mi juicio, de fijar tu atención en otro punto.

—¿Cuál?

—Si tiene facilidad o dificultad para aprender. ¿Puedes esperar que un hombre tome gusto por cosas que hace con gran trabajo y con escaso resultado?

—No sería factible.

—Pero si no retiene nada de lo que aprende, si todo lo olvida, ¿es posible que salga de su vaciedad de saber?

—¿Cómo podría?

—Viendo que trabaja sin fruto, ¿no se verá, al fin, precisado a odiarse a sí mismo y a odiar tal ejercicio?

—¿Cómo no?

—Por lo tanto, no incluiremos en el rango de las almas nacidas para la filosofía a aquella que todo lo olvida, porque queremos que esté dotada de una excelente memoria.

—Absolutamente.

—Pero un alma sin armonía y sin gracia, ¿no se ve naturalmente arrastrada a observar un comportamiento sin mesura?

—¿Qué otro, si no?

—La verdad, ¿es amiga de la desmesura o de la mesura?

—De la mesura.

—Busquemos, pues, una mente amiga de la gracia y de la medida, y cuya tendencia natural apunte a la contemplación de la esencia de las cosas.

—¿Cómo no?

—Y todas las cualidades cuyo deslinde acabamos de hacer, ¿no se ligan entre sí, y no son todas ellas necesarias al alma que debe elevarse al más perfecto conocimiento del ser?

—Todas le son necesarias —dijo.

—¿Merecerá ser criticada bajo ningún concepto una profesión para la que no puede ser capaz sino el que está dotado de memoria, de penetración, de grandeza de alma, de afabilidad, y que es amigo y, en cierto modo, aliado de la verdad, de la justicia, de la fortaleza y de la templanza?

—El mismo Momo no encontraría nada que observar —dijo.

—A tales hombres, perfeccionados por la educación y por la experiencia, y sólo a ellos, deberás confiar el gobierno del Estado.

Adimanto, tomando entonces la palabra, me dijo:

—Sócrates, nadie puede negarte la verdad de lo que acabas de decir. Pero he aquí una cosa que sucede de ordinario a los que conversan contigo sobre esto. Se imaginan que, por no estar versados en el arte de interrogar y de responder, se ven conducidos poco a poco al error mediante una serie de preguntas cuyas consecuencias no ven al pronto, pero que, ligadas las unas a las otras, concluyen por hacerles caer en un error contrario enteramente a lo que habían creído al principio. Y así como en el juego de fichas los malos jugadores se ven de tal manera entorpecidos por los hábiles, que concluyen por no saber qué pieza mover, en la misma forma tu habilidad en manejar, no las piezas, sino las palabras, concluye por poner a los interlocutores en la imposibilidad de saber qué decir, sin que por ello haya verdad en tus palabras; y digo esto con motivo de lo que acabo de oírte. En efecto, se te debe decir que es imposible en verdad oponer nada a cada una de tus preguntas en particular, pero que si se examina la cosa en sí, se ve que los que se consagran a la filosofía, no los que lo hacen sólo durante su juventud para completar su educación, sino los que envejecen en este estudio son, en su mayor parte, de un carácter extravagante e incómodo, por no decir otra cosa peor, y los más capaces de ellos se hacen inútiles para la sociedad por haber abrazado este estudio de que haces tantos elogios.

—Adimanto, ¿crees que los que hablan de esta manera no dicen la verdad? —dije yo al oírle.

—Yo no lo sé; pero tendré gusto en oír tu opinión —contestó.

—Pues bien; mi opinión es que dicen verdad.

—Si es así, ¿en qué has podido fundarte para decir antes que no hay remedio para los males que arruinan los Estados mientras no sean gobernados por esos mismos filósofos, que tú reconoces que son inútiles?

—Me haces una pregunta —dije— a la que no puedo responder sin valerme de una comparación.

—Pues no es, sin embargo, tu costumbre, a mi parecer, emplear comparaciones en tus discursos —exclamó.

—Muy bien. Veo que te burlas después de haberme comprometido en tan difícil discusión. Escucha la comparación de que voy a servirme, y así conocerás mejor aún mi poco talento en este género. El trato que se da a los sabios en los Estados es tan cruel, que nadie ha experimentado nunca algo que se aproxime a ello; de suerte que me veo obligado a formar con muchas partes, que no tienen entre sí ninguna relación, un cuadro que debe servir para su justificación, imitando a los pintores, cuando nos presentan animales mitad cabras y mitad ciervos, u otras monstruosidades. Figúrate, pues, un patrón de una o de muchas naves, tal como voy a pintártelo; más grande y más robusto que el resto de la tripulación, pero un poco sordo, de vista corta, y poco versado en el arte de la navegación. Los marineros se disputan el timón; cada uno de ellos pretende ser piloto, sin tener ningún conocimiento de timonel, y sin poder decir ni con qué maestro ni en qué tiempo lo ha adquirido. Además dicen que no es una ciencia que pueda aprenderse, y estarán dispuestos a hacer trizas al que intente sostener lo contrario. Imagínate que los ves alrededor del patrón, sitiándole, conjurándole y apurándole para que les confíe el timón. Los excluidos matan y arrojan al mar a los que han sido preferidos: después embriagan al patrón o le adormecen haciéndole beber la mandrágora, o se libran de él por cualquier otro medio. Entonces se apoderan de la nave, se echan sobre las provisiones, beben y comen con exceso, y conducen la nave del modo que semejantes gentes pueden conducirla. Además, consideran como un hombre entendido, como un hábil marino, a todo el que pueda ayudarles a obtener por la persuasión o por la violencia la dirección de la nave; desprecian como inútil al que no sabe lisonjear sus deseos; ignoran, por otra parte, que un piloto auténtico ha de tener conocimiento exacto de los tiempos, de las estaciones, del cielo, de los astros, de los vientos y de todo lo que pertenece a este arte; y en cuanto al talento de gobernar una nave, haya o no oposición de parte de la tripulación, no creen que sea posible adquirirlo ni como ciencia ni como práctica del pilotaje. En las naves que pasan tales cosas, ¿qué idea quieres que se tenga del verdadero piloto? Los marineros, en la disposición de espíritu en que yo los supongo, ¿no le considerarán como visionario que pierde el tiempo en contemplar los astros, charlatán e inútil?

—A buen seguro —dijo Adimanto.

—No creo —dije— que haya necesidad de examinar en detalle la comparación para ver que es la imagen fiel del tratamiento que se da a los verdaderos filósofos en los diversos Estados. Comprendes, sin duda, mi pensamiento.

—Por supuesto —dijo.

—Presenta, pues, esta comparación al que se asombre de ver a los filósofos tratados en los Estados de una manera tan poco honrosa; trata de hacerle comprender que sería una maravilla mucho mayor que sucediera lo contrario.

—Se la presentaré —dijo.

—Dile también que tiene razón al considerar a los más sabios de los filósofos como agentes inútiles para el Estado; pero que no es a estos a quienes es preciso atacar echándoles en cara su inutilidad, sino a los que no se dignan emplearlos, porque no es natural que el piloto suplique a la tripulación que le permita conducir la nave, ni que los sabios vayan de puerta en puerta a hacer la misma súplica a los ricos. El que se ha atrevido a emitir esta idea se ha engañado. La verdad es que al enfermo, sea rico o pobre, es al que corresponde acudir al médico; y, en general, lo natural es que el que tiene necesidad de ser gobernado vaya en busca del que puede gobernarle, y no que aquellos cuyo gobierno pueda ser útil a los demás supliquen a estos que se pongan en sus manos. Y así no te engañarás comparando los políticos que están hoy a la cabeza de los negocios públicos con los marineros de que acabo de hablar; y a los que éstos consideran como gentes inútiles, perdidas en la contemplación de los astros, con los verdaderos pilotos.

—Muy bien —dijo.

—Se sigue de aquí que es difícil que la mejor profesión se vea honrada por los que siguen un camino del todo opuesto. Pero las mayores y más fuertes calumnias que a la filosofía se han inferido son debidas a esos que dicen practicarla. A ellos se refiere tu acusador de la filosofía al decir que la mayor parte de los que la cultivan son hombres perversos, y que los mejores de ellos son, cuando menos, inútiles; acusación que tú y yo hemos tenido por fundada. Di, ¿no es así?

—Sí.

—¿No acabamos de ver la razón de la inutilidad de los buenos?

—En efecto.

—¿Quieres que indaguemos ahora la causa inevitable de la perversidad de la mayoría de los filósofos, y que nos esforcemos en demostrar, si es posible, que no es la filosofía sobre la que ha de recaer la falta?

—Por supuesto que sí.

—Sigamos, pues, dialogando, pero no sin antes recordar lo que dio origen a esta digresión, es decir, cuáles son las cualidades necesarias para llegar a ser un hombre de bien. La primera y principal es, como recordarás, la verdad, que debe buscarse en todo y por todo, siendo la verdadera filosofía absolutamente incompatible con el espíritu de mentira.

—Eso es lo mismo que dijiste.

—Y sobre este punto, ¿no opinan de muy distinta manera la mayor parte de los hombres al referirse al filósofo?

—En efecto —dijo.

—A tu parecer, ¿no tendremos razón para responder que el que tiene verdadero amor a la ciencia no se detiene en las cosas que no existen más que en apariencia, sino que, nacido para reconocer lo que existe realmente, tiende hacia lo mismo con un amor y con un denuedo infatigables, hasta llegar a unirse a ello mediante la parte del alma que tiene más íntima relación con la misma realidad que se busca; y hasta que, por último, creando en él esta unión y este divino consorcio el conocimiento y la verdad, alcanza una vista clara y distinta del ser, y vive mediante éste una verdadera vida, dejando de ser su alma presa de los dolores del alumbramiento?

—No es posible responder mejor —dijo.

—¿Y puede amar la mentira un hombre de estas condiciones? ¿No le causará, por el contrario, un grande odio?

—La odiará —dijo.

—Y cuando es la verdad la que abre el camino, jamás diremos que pueda llevar tras sí el cortejo de los vicios.

—¿Cómo podría?

—Antes bien, a la verdad van unidas siempre costumbres puras y arregladas, siendo la templanza su compañera.

—Exacto —dijo.

—¿Y habrá necesidad de poner por segunda vez en fila el coro de las cualidades inseparables de la natural condición del filósofo? Debes recordar, creo yo, que el valor, la grandeza de alma, la facilidad en aprender y la memoria eran sus cualidades esenciales; y entonces tú nos interrumpiste, diciendo que, en verdad, era imposible resistir a nuestras razones, pero que si, dejando aparte los discursos, se echaba una mirada sobre la conducta de los seres en cuestión, no se podía menos de confesar que unos son inútiles y otros, que son los más, enteramente perversos. Después de habernos ocupado de indagar la causa de esta acusación, hemos llegado a examinar por qué la mayor parte de ellos son perversos, y esto nos ha obligado a trazar de nuevo el carácter del verdadero filósofo.

—Eso es —dijo.

—Ahora es preciso examinar —proseguí— cómo una índole tan bella se corrompe y se pervierte, de suerte que son muy pocos los que escapan a la corrupción general, y éstos son, precisamente, aquellos a quienes se mira, no como perversos, sino como hombres inútiles. Después consideraremos cuál es el carácter de esos que imitan y suplantan en sus menesteres esa naturaleza y qué clase de almas son quienes, usurpando una profesión de que son indignos y que está fuera de sus alcances, incurren en mil extravíos y ocasionan, en tu opinión, el descrédito universal de la filosofía.

—¿Cuáles son, entonces, las causas de corrupción a que te refieres? —preguntó.

—Voy a decírtelas, si soy capaz de ello —dije—. Por lo pronto, todo el mundo convendrá conmigo en que muy raras veces aparecen sobre la tierra hombres de índole natural tan feliz que reúnan en sí todas las cualidades que exigimos en un verdadero filósofo; ¿no crees?

—En efecto.

—Mira ahora las causas poderosas que influyen para que se malogre este pequeño número.

—¿Cuáles son?

—Lo que más te ha de sorprender es que estas mismas cualidades que hacen tan apreciables estos caracteres corrompen algunas veces el alma del que las posee, y le separan de la filosofía; me refiero al valor, a la templanza y a las demás cualidades de que hemos hecho mención.

—Eso es, en verdad, bien extraño —dijo.

—Además de esto —continué—, todo lo que los hombres consideran como bienes: la belleza, las riquezas, la fuerza del cuerpo, las grandes uniones, que dan poder político, y todas las demás ventajas de esta naturaleza, no contribuyen menos a pervertir el alma. Debes comprender a lo que me refiero.

—Sí, pero quisiera que me lo explicaras más por extenso —dijo.

—Fíjate bien y directamente en este principio general, y lejos de parecerte extraño cuanto acabo de decirte, será para ti completamente evidente.

—¿Qué quieres que haga? —preguntó.

—De todo germen o ser vivo, sea planta o animal, sabemos que, si nacen en un clima poco favorable y, por otra parte, no tienen ni el alimento ni la temperatura que necesitan, se corrompen tanto más cuanto su naturaleza es más robusta, porque el mal es más contrario a lo que es bueno que a lo que no lo es.

—Y ¿cómo no?

—También es una verdad que un mal régimen daña más a lo que es excelente por su naturaleza que a lo que no es más que mediano.

—Eso es.

—Podemos asegurar igualmente, mi querido Adimanto, que las almas mejor nacidas se hacen las peores mediante una mala educación. ¿Crees tú que los grandes crímenes y la maldad consumada parten de un alma ordinaria, o más bien de una naturaleza noble que la educación ha corrompido? De las almas vulgares puede decirse que jamás harán ni mucho bien ni mucho mal.

—No opino sino como tú —dijo él.

—Por consiguiente, creo yo, una de dos: si la índole natural filosófica es cultivada de forma adecuada, necesariamente ha de llegar de grado en grado hasta la misma virtud; si, por el contrario, es sembrada, crece y se desenvuelve en un suelo extraño, llega a todo lo contrario, a no ser que algún dios vele por su conservación de una manera especial. ¿Crees, como se imaginan muchos, que los que pierden a algunos jóvenes son algunos sofistas, que actuando en privado los corrompen grandemente, o más bien los que lo atribuyen a los sofistas son ellos mismos sofistas mucho más peligrosos, porque valiéndose de sus propias máximas saben formar y torcer a su gusto el espíritu de los hombres y de las mujeres, de los jóvenes y de los ancianos?

—Pero ¿en qué ocasión lo hacen? —preguntó.

—Cuando en las asambleas públicas, en el foro, en el teatro, en el campo, o en cualquier otro sitio donde la multitud se reúne —repuse—, aprueban o desaprueban ciertas palabras y ciertas acciones con gran estruendo, grandes gritos y palmadas, redoblados al retumbar los ecos en las piedras del lugar. ¿Qué efecto producirán tales escenas en el corazón de un joven? Por excelente que sea la educación que haya recibido en particular, ¿no tiene que naufragar por precisión en medio de estas oleadas de alabanzas y de críticas? ¿Podrá resistir a la corriente que le arrastra? ¿No conformará sus juicios con los de la multitud sobre lo que es bueno o vergonzoso? ¿No hará estudio en imitarla?

—Forzoso será, Sócrates —dijo él.

—Sin embargo —dije—, no he querido hablar aún de la prueba más violenta a que se somete su virtud.

—¿Cuál es? —inquirió.

—Ella tiene lugar cuando estos hábiles maestros y estos grandes sofistas, no pudiendo nada con sus discursos, añaden los hechos a los dichos. ¿No sabes que castigan con la pérdida de derechos, con multas y con la muerte a los que rehúsan someterse a sus razones?

—Lo sé muy bien —dijo.

—¿Qué otro sofista, pues, ni qué instrucción particular podrían prevalecer en su resistencia contra ellos?

—Creo que nadie —dijo.

—No, sin duda; y sería una locura intentarlo —dije—. No hay, ni ha habido, ni habrá jamás un carácter distinto en cuanto a la virtud, mientras su educación se vea combatida por las lecciones de tales maestros. Esto debe entenderse hablando de caracteres humanos y poniendo aparte, según el proverbio, a los divinos; porque si en un Estado gobernado según estas máximas se encuentra alguno que se escape del naufragio común y sea lo que debe ser, se puede asegurar, sin temor de engañarse, que es deudor a los dioses de su salvación.

—No opino diferente —dijo.

—Entonces creerás también lo que voy a decir —seguí.

—¿Qué?

—Todos esos particulares mercenarios que el pueblo llama sofistas, y que juzga que las lecciones que dan son opuestas a lo que el mismo pueblo cree, no hacen otra cosa que repetir a la juventud las máximas que el pueblo profesa en sus asambleas, y a esto llaman sabiduría. Figúrate un hombre que hubiese observado los movimientos instintivos y los apetitos de un animal grande y robusto, el punto por el que se podrá aproximar a él y tocarle, cuándo y por qué se enfurece o se aplaca, qué voz produce en cada ocasión, y por qué y qué tono de la de otros le apacigua o le irrita, y que, después de haber aprendido todo esto con el tiempo y la experiencia, formase una ciencia que, como un sistema, se pusiese a enseñar, sin servirse, por otra parte, de ninguna regla para discernir lo que en estos hábitos y apetitos es hermoso o feo, bueno o malo, justo o injusto; conformándose en sus juicios con el instinto del animal, llamando bien a todo lo que le halaga y causa placer, mal a todo lo que le irrita; justo y bello a lo que es inevitable; sin hacer otra distinción, porque no sabe la diferencia esencial que hay entre lo que es bueno y lo que es inevitable; diferencia que no conoció jamás, ni está en estado de hacerla conocer a los demás. ¿No te parecería, por Zeus, bien ridículo un maestro semejante?

—En efecto —dijo.

—¿Y no es ésta, punto por punto, la imagen de los que hacen

consistir la sabiduría en conocer lo que desea la multitud reunida, lo que la lisonjea, sea en pintura, sea en música, sea en política? ¿No es evidente que si alguno presenta en estas reuniones alguna obra de poesía o de arte, o cualquier proyecto de utilidad pública, remitiéndose al juicio de la multitud, tiene una necesidad diomedea de conformarse en todo a lo que ella ha de aprobar? ¿Has oído jamás a uno solo de los que las componen probar de otro modo que valiéndose de razones ridículas y lamentables que lo que así juzga bueno y honesto sea tal en efecto?

—Ni espero oírselo nunca —dijo.

—A todas estas reflexiones une la siguiente: ¿es posible que la multitud oiga con gusto y mire como verdadero este principio: que existe lo bello en sí, pero no la pluralidad de las cosas bellas, y cada cosa en sí, pero no la multitud de cosas particulares?

—En modo alguno —dijo.

—Por consiguiente, es imposible que el pueblo sea filósofo —dije.

—Imposible.

—Y, por lo tanto, necesariamente ha de despreciar a los que se dedican a la filosofía.

—Necesariamente.

—Y los despreciarán también esos particulares que viven entregados al pueblo y que se consagran a complacerle.

—Es evidente.

—Ahora bien: ¿cuál es el asilo donde el verdadero filósofo pueda retirarse para perseverar en la profesión que ha abrazado y llegar al punto de perfección a que aspira? Júzgalo por lo que acabamos de decir. Hemos convenido en que el verdadero filósofo debe recibir de la naturaleza la facilidad de aprender, la memoria, el valor y la grandeza del alma.

—Sí.

—Desde la infancia, ¿será el tal el primero entre sus iguales, sobre todo si las perfecciones del cuerpo corresponden en él a las del alma?

—¿Por qué no? —dijo.

—Cuando haya llegado a la edad madura, sus padres y sus conciudadanos se apresurarán a servirse de sus talentos y a confiarle sus intereses.

—¿Cómo no?

—Le abrumarán con halagos y súplicas, previniendo de antemano el crédito que algún día alcanzará en su patria, y le obsequiarán para tenerlo seguro de antemano.

—Así sucede de ordinario —dijo.

—¿Qué quieres que haga en medio de tantos aduladores —dije yo—, sobre todo si ha nacido en un Estado poderoso, si es rico, de distinguido nacimiento, hermoso de cara y de ventajosa talla? ¿No alimentará las más locas esperanzas, hasta imaginarse que tiene todo el talento necesario para gobernar a los griegos y a los bárbaros, exaltándose a sí mismo, henchido de orgullo y arrogancia así como de huera y loca vanidad?

—Sin duda —dijo.

—Si mientras se encuentra en tal disposición de espíritu, alguno, aproximándose a él con dulzura, se atreviese a hacerle oír la verdad, diciéndole que le falta la razón y que tiene gran necesidad de ella para gobernarse, pero que no se adquiere sino a precio de mayores esfuerzos, ¿crees tú que en medio de tan halagüeñas ilusiones preste con gusto oídos a semejante discurso?

—Muy lejos de eso —dijo.

—Sin embargo —dije yo—, si a causa de su buena índole y las relaciones que existen entre estos discursos y las facultades de su alma, llega a atenderlos y se deja convencer y arrastrar hacia la filosofía, ¿qué crees que harán entonces los persuadidos de que este cambio les va a hacer perder sus favores y todas las ventajas que de él se prometían? Discursos, acciones, de todo se valdrán para disuadirle, al paso que dirigirán todos sus esfuerzos contra el importuno consejero, para perderle, sea armándole lazos en secreto, sea llevándole ante los tribunales.

—No puede menos de ser así.

—Y bien, ¿esperas aún que nuestro hombre se consagre a la filosofía?

—Rotundamente, no.

—Ya ves —seguí— la razón que yo tenía para decir que las cualidades que constituyen al filósofo, si están pervertidas por una mala educación, contribuyen en cierta manera a separarle de su destino natural y lo mismo sucede con las riquezas y las demás pretendidas ventajas de esta especie.

—Reconozco que no se dijo sin razón —contestó.

—Tantas y tan grandes son, mi querido amigo —dije—, las causas de que se corrompan y se pierdan esas naturalezas privilegiadas tan bien constituidas para la mejor de las profesiones; naturalezas que, por otra parte, son muy raras, como hemos dicho. Estos hombres, así pervertidos, son los que causan los mayores males al Estado y a los particulares, y los que, por el contrario, cuando cambian de dirección en buen sentido, producen los mayores bienes. Una medianía no es capaz de nada grande, ni para el particular ni para el Estado.

—Muy cierto —dijo.

—De modo que estos mismos hombres, después de haber abandonado la profesión para que nacieron, y de haber condenado la filosofía a la soledad y al desprecio, llevan una vida contraria a sus tendencia naturales y a la verdad; y, al mismo tiempo, la filosofía, abandonada de esta manera por sus propios hijos, ve que éstos son reemplazados por otros supuestos que la deshonran y atraen sobre ella todos esos cargos de que hablabas; y de todos los que la cultivan, los unos no sirven para nada, y la mayor parte son dignos de los mayores males.

—Eso es, ciertamente, lo que se dice de continuo —asintió.

—Y no sin fundamento —dije yo—. Hombres de poco valor, al ver el puesto desocupado, y alucinados por los nombres distinguidos y títulos que lleva consigo, abandonan con gusto una profesión oscura, llegando acaso a mostrar gran habilidad en su modesta técnica, y se echan en brazos de la filosofía, a la manera de esos criminales fugados de las prisiones que van a refugiarse en los templos. Porque la filosofía, a pesar del estado de abandono a que se ve reducida, conserva aún sobre las demás artes un ascendiente y una superioridad que hacen que la busquen esos que no nacieron para ella, esos viles artesanos que con un trabajo servil han desfigurado el cuerpo y, al mismo tiempo, degradado el alma. ¿No es forzoso que así sea?

—Por supuesto —dijo.

—Al verlos —pregunté—, ¿dirás que esto difiere de cuando un herrero calvo y de menguada estatura que acaba de verse libre de las cadenas y de los grillos, que ha reunido un poco de dinero, después de limpiarse en el baño y de vestirse con un traje nuevo, va a casarse con la hija de su amo, reducida a la pobreza y el abandono?

—No hay ninguna diferencia —dijo.

—¿Qué hijos saldrán de semejante matrimonio? Indudablemente hijos contrahechos y degenerados.

—Por fuerza.

—En igual forma, ¿qué pensamientos y opiniones han de salir del comercio de estas almas bajas y sin cultura con la filosofía? ¿No serán pensamientos dignos de ser llamados sofismas, desprovistos de nobleza y de toda verdadera inteligencia?

—Absolutamente —dijo.

—Queda, pues, mi querido Adimanto, reducido el número bien escaso de verdaderos filósofos —dije— a algún espíritu elevado, perfeccionado por la educación, que, aislado por el destierro, debe su perseverancia en el estudio de la sabiduría al cuidado que ha tenido de alejarse de los corruptores; o bien a alguna alma grande que, nacida en un Estado pequeño, se consagre a la filosofía por el desprecio que, con razón, le inspiran los asuntos públicos o cualquier otra profesión. Otros, en fin, se ven contenidos por las mismas causas que retienen en el campo de la filosofía a nuestro amigo Teages. Todo cuanto puede alejar a un hombre de la filosofía parece haberse reunido contra él, pero su cuerpo enfermo le impide mezclarse en los asuntos públicos. Con respecto a mí, no vale la pena hablar de ese genio que me acompaña y me aconseja sin cesar. Apenas se encontrará otro ejemplo en todo el pasado. Ahora bien, el que, entre este pequeño número de hombres, gusta y ha gustado la dulzura y la felicidad que se encuentran en la sabiduría, viendo la locura del resto de los hombres y el desorden introducido en los Estados por los que se mezclan en su gobierno; no percibiendo, por otra parte, en torno suyo nadie que quiera secundarle en los esfuerzos que habría de hacer para sacar la justicia de la opresión, de suerte que no tuviese que temer nada por sí mismo; viéndose, como quien dice, en medio de una multitud de bestias feroces, de cuyas injusticias no quiere hacerse partícipe, y a cuya saña en vano intentaría oponerse, seguro de ser inútil a sí mismo y a los demás, y de perecer antes de haber podido hacer servicio alguno a la patria y a sus amigos; haciéndose todas estas reflexiones, se mantiene en reposo y entregado exclusivamente a sus propios negocios; y así como un viajero, asaltado por una violenta borrasca, se considera dichoso si encuentra un paredón que le sirva de abrigo contra el agua y los vientos, en la misma forma, viendo que la injusticia reina por todas partes impunemente, se da por satisfecho si puede, exento de iniquidad y de crímenes, pasar sus días en la inocencia, y salir de esta vida tranquilo, alegre y henchido de bellas esperanzas.

—No es poco el conseguir salir de este mundo después de haber vivido de esa manera —dijo.

—Pero no ha cumplido —dije— el fin más grande que encerraba su destino, por no haber encontrado una forma de gobierno que le cuadrase. En un gobierno de tales condiciones, el filósofo se hubiera desenvuelto más y hubiera sido útil a sí mismo y a la comunidad. Creo, sin embargo, que hemos demostrado suficientemente la causa y la injusticia de los cargos que se hacen a la filosofía. ¿Tienes aún alguna dificultad que oponer?

—Nada tengo que añadir sobre esta materia —contestó—. Pero dime: de todos los gobiernos actuales, ¿cuál es el que convendría a un filósofo?

—Ninguno —dije—; precisamente lo que lamento es que no encontramos ni una sola forma de gobierno que convenga a un filósofo. Así es que le vemos alterarse y corromperse y, a la manera que un grano sembrado en una tierra extraña degenera y toma la calidad del suelo a donde ha sido transportado, así el verdadero filósofo pierde la virtud que le es propia y cambia de naturaleza. Si, por el contrario, se encuentra con un gobierno cuya perfección corresponda a la suya, entonces se verá que encierra verdaderamente en sí algo divino, mientras todos los demás caracteres y todas las demás profesiones sólo participan de lo humano. Indudablemente, me vas a preguntar de qué forma de gobierno quiero hablar.

—No acertaste —dijo—. No te iba a preguntar eso, sino que lo que yo querría saber es si el Estado cuyo plan hemos trazado es el mismo que el que tienes en tu mente, o si es otro distinto.

—Es el mismo —dije yo—, salvo un punto que le falta aún. Hemos dicho, en verdad, que era preciso buscar el medio de conservar en el gobierno de nuestro Estado el mismo espíritu con que tú, el legislador, estableciste sus leyes.

—Lo hemos dicho, en efecto —asintió.

—Pero no quedó del todo claro —dije—, porque tuve miedo de las objeciones mismas que habéis hecho, y cuya solución es tan larga y difícil como vosotros habéis mostrado, sin contar con que lo que falta por decir no es en manera alguna fácil de explicar.

—Pues ¿de qué se trata?

—De cómo practicar la filosofía un Estado que no quiera perecer; porque las empresas grandes son azarosas y, como suele decirse, las cosas bellas son difíciles.

—Sin embargo, hay que culminar el argumento aclarando este punto.

—Si no llego a hacer una demostración clara, no será por falta de voluntad — dije—, sino por no poder más. Te hago juez del empeño que pongo en complacerte. Mira, por lo pronto, con qué valor, o más bien, con qué audacia siento por principio que es preciso para ello observar una conducta enteramente contraria a la que se sigue en nuestros días respecto a la filosofía.

—¿Cómo?

—Se dedican ahora a ella gentes demasiado jóvenes, recién salidas de la niñez, que renuncian a ella cuando están a punto de entrar en la parte más difícil, quiero decir, en la dialéctica, para dedicarse a la casa y a los negocios, pasando ya con eso por grandes filósofos. Después creen hacer mucho con asistir a conversaciones filosóficas, cuando a ellas son invitados, y miran esto, más que como una ocupación, como un pasatiempo. Cuando llegan a la vejez, salvas muy pocas excepciones, su ardor por esta ciencia se extingue más pronto que el sol de Heráclito, puesto que no vuelve a lucir más.

—¿Y cómo debe procederse? —preguntó.

—Haciendo todo lo contrario. Es preciso que los niños y los jóvenes se dediquen a los estudios propios de su edad, y que en este período de la vida, en que crece y se fortifica el cuerpo, se tenga un cuidado particular del mismo, a fin de que pueda, en su día, auxiliar mejor al espíritu en sus trabajos filosóficos. Con el tiempo, y a medida que el espíritu se forma y madura, se reforzarán los ejercicios a que haya de sujetársele. Y cuando, gastadas las fuerzas, no les sea posible ir a la guerra ni ocuparse de los negocios del Estado, entonces se les permitirá que pazcan en libertad sin hacer otra cosa, como no sea de paso, a fin de alcanzar así una vida dichosa en este mundo, y obtener, después de la muerte, otra que corresponda a la felicidad de que se habrá gozado sobre la tierra.

—Sócrates, pareces, en verdad, hablar de esta materia con gran ardor. Creo, sin embargo, que la mayor parte de los que te escuchan, comenzando por Trasímaco, lo mostrarán mayor aún en combatirlo y en resistirse a aceptar tus razones.

—Te suplico que no trates de ponerme a mal con Trasímaco —dije—; somos amigos de poco tiempo a esta parte, aunque jamás hemos sido enemigos. Por lo tanto, no hay esfuerzo que debamos escatimar para convencer a él y a los demás; o, cuando menos, que lo que digamos les sirva para otra vida, cuando comenzando una nueva carrera, se encuentren tomando parte en conversaciones semejantes.

—En buena hora. ¡Corto es el plazo de que hablas! —dijo.

—Di más bien que no es nada en comparación con la totalidad de los siglos — dije—. Sobre todo, no es extraño que semejantes discursos no merezcan crédito a la mayor parte. No se ha visto aún puesto en planta lo que decimos. Lejos de ello, sobre estas materias no se oyen ordinariamente más que discursos estudiados de forma que los miembros de cada frase se correspondan en una exacta consonancia, y no compuestos fortuitamente, como los nuestros. Pero lo que, sobre todo, no se ha visto es un hombre cuyos hechos y palabras estén en real consonancia con la virtud, con toda la exactitud que la debilidad humana consiente. ¿No crees?

—De ningún modo.

—Tampoco habrá asistido nadie con asiduidad a conversaciones verdaderamente hermosas y nobles, en las que se busque la verdad con ardor por todas las vías posibles con el solo objeto de conocerla; en la que se rechacen los vanos adornos y la falsa sutileza, que no buscan sino causar efecto y provocar discordia en el foro y en las conversaciones particulares.

—Tampoco eso —dijo.

—Todas estas razones son las que antes preveíamos —dije— y nos causaban temor. Sin embargo, la verdad ha podido más, y hemos dicho que no era posible esperar sobre la tierra un Estado, un gobierno, y si se quiere, un hombre perfecto, a menos que una dichosa necesidad obligase a este pequeño número de filósofos acusados, no de perversos, sino de inútiles, a encargarse, con voluntad o sin ella, del gobierno, y al Estado a escucharles; o, al menos, que los dioses inspiren un amor sincero por la verdadera filosofía a los hijos de los que gobiernan en nuestros días las monarquías y los demás Estados o a ellos mismos. Decir que una u otra de estas cosas o ambas son imposibles es sentar un hecho extraño a la razón. En otro caso, seríamos nosotros muy necios al entretenernos en formar aquí vanos deseos. ¿No es así?

—Sí.

—Luego si en los infinitos siglos pasados se ha visto un verdadero filósofo en la necesidad de regir el timón de un Estado, o si esto mismo se verifica en algún país bárbaro tan distante que se oculte a nuestras miradas, o si llega a verificarse algún día, estamos prontos a sostener que ha habido, que hay, o que habrá un Estado tal como el nuestro, cuando esta musa ejerza en él la suprema autoridad. Nada de imposible ni de quimérico hay en nuestro proyecto; aunque somos los primeros en confesar que la ejecución es difícil, pero no irrealizable.

—Soy de tu dictamen —dijo.

—Pero ¿me vas a decir que la generalidad de los hombres, en cambio, no piensa lo mismo? —pregunté.

—Tal vez —dijo.

—¡Oh, mi querido amigo! —dije—. No tengas formada tan mala opinión de la multitud. Cualquiera que sea su manera de pensar, en lugar de disputar con ella, trata de reconciliarla con la filosofía, destruyendo las malas impresiones que le ha inspirado. Muéstrale los filósofos de que quieres hablar; define, como acabamos de hacer, su carácter y el de su profesión, no sea que se imagine que hablas de los filósofos que son como ella piensa. ¿Dirás que, aun cuando vean en claro lo que son, siempre formarán de ellos una idea conforme con la que tenían? ¿Crees que corazones que no conocen la hiel ni la envidia se irritarán contra el que no se irrita, y que querrán hacer mal a quien no lo quiere para nadie? Preveo tu objeción y te declaro que un carácter tan intratable no es el de la multitud, y sí el de muy pocos.

—Convengo en ello por completo —dijo.

—Pues bien, entonces convendrás también en que los que indisponen a tantos con la filosofía son esos intrusos que, después de irrumpir indebidamente en ella, se llenan de injurias mutuamente, y cuyos discursos no tratan sino cuestiones personales. Semejante conducta es bien impropia de un filósofo.

—Sí —dijo.

—Porque, mi querido Adimanto, el que mira como su único estudio la contemplación de la verdad, no tiene tiempo para hacer descender sus miradas sobre la conducta de los hombres ni para ponerse a luchar con ellos lleno de envidia y acritud, sino que, teniendo sin cesar fijo el espíritu sobre los objetos que guardan entre sí un orden constante e inmutable, los cuales, sin perjudicarse los unos a los otros, conservan siempre los mismos puestos y las mismas relaciones, consagra toda su atención a imitar y a expresar en sí este orden invariable. ¿Es posible, en efecto, que se admire y se conviva con una cosa sin hacer esfuerzos por imitarla?

—Eso no puede ser —dijo.

—Por lo tanto, el filósofo, gracias a la estrecha relación en que vive con los objetos divinos, entre los que reina un orden inmutable, se hace un hombre divino y ajustado en todo lo que puede serlo un hombre; aunque en todo se encuentra excusa para la calumnia.

—Tienes razón.

—Si, pues, algún motivo poderoso —dije— le obligase a no limitar sus cuidados a su propia perfección, y sí a hacerlos extensivos al gobierno y a las costumbres de sus semejantes, introduciendo el orden que ha admirado en la esencia de las cosas, ¿crees tú que sería un mal maestro en todo lo relativo a la templanza, justicia y demás virtudes públicas?

—En modo alguno —dijo.

—Pero si el pueblo llega a penetrarse una vez de la verdad de lo que decimos de él, ¿se irritará contra los filósofos y rehusará creer con nosotros que un Estado no puede ser dichoso, a menos que el plan del mismo sea trazado por estos artistas según el modelo divino, que constantemente tienen a la vista?

—No se irritará —dijo— si se da cuenta de ello. Pero ¿de qué manera trazarán los filósofos ese plan de que hablas?

—Mirarán al Estado —dije— y el alma de cada ciudadano como una tablilla que es preciso ante todo limpiar, lo cual no es fácil; porque los filósofos, a diferencia de los legisladores ordinarios, no querrán ocuparse de dictar leyes a un Estado o a un individuo si no los han recibido puros y limpios, o si los mismos filósofos no los han hecho tales.

—Harán bien —dijo.

—Y después, ¿no crees que esbozarán las líneas generales de gobierno?

—¿Cómo no?

—Trabajarán en seguida sobre este lienzo, dirigiendo sus miradas repetidamente ya sobre lo naturalmente justo, bello y temperante y todas las demás virtudes, ya sobre el punto a que el hombre puede arribar en la realización de este ideal; y mediante la mezcla y combinación de instituciones, formarán el hombre verdadero conforme a aquel modelo, que Homero llama divino y semejante a los dioses cuando lo encuentra en un hombre.

—Muy bien —dijo.

—Y pienso que será preciso borrar muchas veces y otras añadir nuevos rasgos, hasta que el alma del hombre se aproxime lo más posible a este estado de perfección, que la hace agradable a los dioses.

—No puede haber una pintura más hermosa —dijo.

—¿Qué te parece? —pregunté—. ¿Hemos probado suficientemente a los que tú me presentabas antes marchando en orden de batalla para atacarnos que el único que puede trazar el plan de una república es ese mismo filósofo a quien sentían ellos que nosotros entregásemos el gobierno de los Estados? Lo que acaban de oír, ¿no contribuirá a apaciguarlos?

—Mucho más si dan los oídos a la razón —dijo.

—¿Qué podrán ya objetarnos? ¿Que los filósofos no son amantes del ser y de la verdad?

—Eso sería un absurdo —dijo.

—¿Que su índole natural, tal como la hemos pintado, no se aproxima a lo más perfecto?

—Tampoco.

—¿O que un natural semejante, favorecido por una educación conveniente, no es más propio que cualquier otro para adquirir la virtud y la sabiduría? ¿Concederán más bien esta ventaja a los que nosotros hemos excluido del número de los filósofos?

—No, por cierto.

—¿Se irritarán cuando nos oigan decir que no hay remedio para los males públicos y particulares y que el proyecto de un Estado tal como nosotros hemos imaginado no se realizará jamás mientras los filósofos no ejerzan toda la autoridad?

—Quizá se irritarán menos —dijo.

—¿Prefieres —inquirí— que dejemos a un lado ese menos y digamos que los hemos aplacado y persuadido enteramente para que, si no otra cosa, la vergüenza sola les obligue a confesarlo?

—Convengo en ello —dijo.

—Démoslos, pues, por convencidos en este punto. Y ahora, ¿quién puede dudar que los hijos de los reyes y de los jefes de los Estados pueden nacer con disposiciones naturales para la filosofía?

—Nadie —dijo.

—Y ¿podría decirse que, aun cuando nazcan con semejantes disposiciones, es una necesidad inevitable el que se perviertan? Convinimos en que es difícil que se salven de la corrupción general, pero que en todo el curso de los tiempos no se salve ni uno solo, ¿hay nadie que se atreva a decirlo?

—¿Cómo va a hacerlo?

—Por lo tanto, basta que se salve uno —dije— y que encuentre sus súbditos dispuestos a obedecerle, para ejecutar lo que se tiene hoy por imposible.

—Basta uno solo —dijo.

—Si llega el caso de que el jefe de un Estado —dije— haga las leyes y los reglamentos de que hemos hablado, no es imposible que sus súbditos consientan someterse a ellos.

—No, sin duda.

—¿Y es una cosa extraña y chocante que el proyecto que hemos concebido nosotros lo conciba un día el pensamiento de otro?

—No lo creo —dijo.

—¿No hemos demostrado, a mi juicio suficientemente, que una vez que se tenga por posible nuestro sistema, es muy ventajoso?

—Sí, suficientemente.

—Concluyamos, por lo tanto, que si nuestro plan de legislación puede tener lugar, es excelente; y que si la ejecución es difícil, por lo menos no es imposible.

—Así es —dijo.

—Puesto que después de muchos esfuerzos hemos llegado ya al término que apetecíamos, veamos lo que sigue, es decir, con el auxilio de qué ciencias y con qué clase de ejercicios formaremos hombres capaces de mantener la constitución política en su integridad, y a qué edad deberán consagrarse a este servicio.

—Veámoslo —dijo.

—Entonces de nada me ha servido hasta ahora —dije— mi maña para dejar de hablar de la posesión de mujeres, de la procreación de los hijos y de la elección de los magistrados, sabiendo cuán delicada era esta materia y cuál sería la dificultad en la ejecución de un sistema enteramente conforme a la verdad, puesto que me veo ahora precisado a tocar estos puntos. Es cierto que he hablado de lo relativo a las mujeres y a los hijos; pero con relación a los magistrados tengo que volverlo a tratar de lleno. Dijimos, si te acuerdas, que debían mostrar un gran celo por el bien público, y que este celo debía probarse en medio del placer o del dolor, de tal manera que ni los trabajos, ni el temor, ni ninguna otra situación crítica les hiciese perder de vista esta máxima: que era preciso desechar a aquel que hubiera sucumbido en estas pruebas y escoger por magistrado al que saliera tan puro como el oro pasado por el fuego, colmándole de honores y de distinciones durante su vida y después de su muerte. Entonces no dije más y disfracé mi pensamiento y me valí de rodeos por temor a comprometerme en la discusión en que ahora nos encontramos.

—Dices verdad; me acuerdo de ello —dijo.

—Temía entonces, mi querido amigo, decir lo que al fin he decidido declarar, pero ahora digamos abiertamente que los mejores guardadores del Estado deben ser otros tantos filósofos —dije yo.

—Sostengámoslo con resolución —dijo.

—Te suplico que observes cuán corto será su número, porque raras veces sucede que las cualidades que en nuestra opinión deben entrar en el carácter del filósofo se encuentren reunidas en un solo hombre, porque por lo ordinario se reparten entre muchos.

—¿Qué quieres decir? —preguntó.

—No ignoras que los que tienen facilidad de aprender y retener y que están dotados de un espíritu sagaz, vivo y dotado de otras cualidades semejantes no unen comúnmente a ello una nobleza y grandeza de ánimo que los predisponga al orden, la calma y la constancia; sino que dejándose llevar adonde les arrastra su vivacidad, no tienen en sí mismos nada estable, seguro y fijo.

—Tienes razón —dijo.

—Por lo contrario, los hombres de un carácter consistente, que no muda, con el que puede contarse siempre, y que en la guerra se manifiestan impasibles en medio de los mayores peligros, son por esto mismo poco a propósito para las ciencias. De espíritu tardo, poco sensible y embotado, por decirlo así, bostezan y se duermen tan pronto como intentan dedicarse a algún estudio serio.

—Es cierto —dijo.

—Sin embargo, hemos dicho que nuestros magistrados debían tener ambos tipos de cualidades, y que sin ello no había para qué cuidarse de su educación, ni elevarlos a los honores y a las primeras dignidades.

—Razón tuvimos para decirlo —convino.

—¿Y no crees que hay pocas naturalezas de esta condición?

—¿Cómo no?

—Ahora diremos lo que antes omitimos, y es que además de la prueba a que se les ha de someter en medio de los trabajos, de los peligros y de los placeres, habrán de ejercitarse en un gran número de ciencias, para ver si su espíritu es capaz de sostener los estudios más profundos, o si se acobarda como sucede a las almas débiles en otros ejercicios.

—Es justo someterlos a esa prueba —dijo él—; pero ¿cuáles son esos estudios profundos de que hablas?

—Recordarás, sin duda —dije yo—, que después de haber distinguido tres especies en el alma, nos servimos de esta distinción para explicar la naturaleza de la justicia, de la templanza, de la fortaleza y de la sabiduría.

—Si no lo recordara, no sería merecedor de oír lo que te falta por exponer —dijo.

—¿Recordarás también lo que dijimos antes?

—¿Qué?

—Que se podía tener de estas virtudes un conocimiento más exacto, pero que para llegar a conseguirlo era indispensable hacer un largo rodeo, y que podíamos conocerlas también por una vía que nos separase menos del camino que habíamos emprendido. Al parecer, os disteis por contentos, y en consecuencia traté este punto, a mi entender, muy imperfectamente, y ahora os toca a vosotros decir si quedasteis satisfechos.

—Con respecto a mí, lo quedé —dijo—; y me pareció que los otros lo quedaron igualmente.

—Pero en materias de esta importancia, mi querido amigo —dije—, toda medida a la que falta algo ya no es suficiente: porque de ninguna cosa puede ser justa medida lo imperfecto. Sin embargo, es achaque ordinario en muchos el darse desde luego por satisfechos, y creer que no hay necesidad de llevar más adelante las indagaciones.

—Ése es un defecto común a muchos —dijo—, que tiene por origen la indolencia.

—Pero también, si hay alguno que deba estar libre de este defecto, es el guardián del Estado y de las leyes.

—Naturalmente —dijo.

—Es preciso, por lo mismo, que dé este gran rodeo de que acabamos de hablar — dije— y que se ejercite lo mismo en aprender que en los demás ejercicios, o jamás llegará al más alto grado de esta ciencia sublime, que conviene a él más que a ningún otro, como poco ha decíamos.

—Pero ¿hay conocimiento más sublime que el de la justicia y el de las demás virtudes de que hemos hablado? —preguntó.

—Sin duda; y añado que respecto a estas virtudes el bosquejo que hemos trazado no basta y que no se debe renunciar a un cuadro más acabado. Pues ¿no sería ridículo que se esforzara uno por dar la máxima precisión a cosas poco importantes, y que no pusiera un especial cuidado en dar la máxima exactitud a las cosas más elevadas?

—Esta reflexión es muy sensata, pero ¿crees —dijo— que vamos a dejar que pases adelante sin preguntarte cuál es ese conocimiento superior a todos los demás y cuál es su objeto?

—En modo alguno, y puedes preguntarlo —dije—; después de todo, me lo has oído hasta la saciedad, y ahora o no tienes memoria o, lo que me parece más probable, sólo intentas entorpecerme con objeciones. Me inclino por esto último, pues me has oído decir muchas veces que la idea del bien es el objeto del más sublime conocimiento y que la justicia y las demás virtudes deben a esta idea su utilidad y todas sus ventajas. Sabes muy bien que esto mismo, poco más o menos, es lo que tengo que decirte ahora, añadiendo que no conocemos esta idea sino imperfectamente, y que si no llegáramos a conocerla, de nada nos serviría todo lo demás; así como la posesión de cualquier cosa es inútil para nosotros sin la posesión del bien. ¿Crees, en efecto, que sea ventajoso poseer algo, sea lo que sea, si no es bueno, o conocer todas las cosas a excepción de lo bello y de lo bueno?

—No, por Zeus; no lo creo —dijo.

—Tampoco ignoras que los más hacen consistir el bien en el placer, y otros, más ilustrados, en el conocimiento.

—¿Cómo no?

—También sabes, mi querido amigo, que los que son de esta última opinión se ven embarazados para explicar lo que es el conocimiento, y al fin se ven reducidos a decir que es el conocimiento del bien.

—Sí, y eso es muy chistoso —dijo.

—Sin duda es una cosa muy graciosa de su parte echarnos en cara nuestra ignorancia respecto al bien, y hablarnos en seguida de él como si lo conociéramos.

Dicen que es el conocimiento del bien, como si nosotros debiésemos entenderles desde el momento en que pronuncian la palabra bien.

—Es muy cierto —dijo.

—Pero los que definen la idea de bien por la de placer, ¿incurren en un error menor que el de los otros? ¿No están precisados a confesar que hay placeres malos?

—En efecto.

—Y, por consiguiente, ¿no les pasa que llegan a admitir que las mismas cosas son buenas y malas?

—¿Qué otra cosa, si no?

—Es evidente que esta materia está llena de numerosas y grandes dificultades.

—¿Cómo no?

—¿Y no es evidente también que respecto a lo justo y lo bello muchos se atendrán a las simples apariencias en sus palabras y en sus acciones; pero que cuando se trate del bien, aquéllas no satisfarán a nadie, y se buscará algo real sin dejarse llevar de tales apariencias?

—Efectivamente —dijo.

—Y este bien, a cuyo goce aspira toda alma, en vista del cual lo hace todo, cuya existencia sospecha, pero en medio de la incertidumbre y sin poder definirlo con exactitud, ni con esa fe inquebrantable que tiene en las demás cosas, lo cual le priva de las ventajas que podría sacar de ellas; este bien, tan grande y tan precioso, ¿será conveniente que la parte escogida del Estado, a la que deberemos confiar todo, lo desconozca como la generalidad de los hombres?

—De ninguna manera —dijo.

—Pienso efectivamente —dije yo— que no será un seguro guardián de lo justo y de lo bello el que no conozca las relaciones que mantienen con el bien; y auguro que nadie podrá conocer suficientemente lo bello y lo justo sin conocer previamente el bien.

—Tienes razón al augurarlo —dijo.

—Nuestro Estado estará, por tanto, bien gobernado, si lo guarda un guardián que posea el conocimiento de todas estas cosas.

—Así debe ser —dijo—. Pero Sócrates, ¿en qué haces consistir tú el bien: en la ciencia, en el placer o en qué otra cosa?

—¡Vaya con éste! —dije—. Hace rato que conocía que no querías atenerte a lo que han dicho aquellos de cuyas opiniones nos hemos ocupado.

—Lo que no me parece razonable, mi querido Sócrates —dijo—, es que un hombre que ha reflexionado durante toda su vida sobre esta materia, diga cuál es la opinión de los demás y no diga la suya.

—Pero ¿qué? ¿Te parece más razonable —dije yo— que un hombre hable de lo que no sabe como si lo supiese?

—No como si lo supiese —dijo—, pero puede acceder a expresar como una opinión lo que cree.

—¡Cómo! ¿No te haces cargo —pregunté— de lo defectuosas que son todas esas opiniones que no están fundadas en ningún principio cierto? Las mejores de ellas, ¿no son completamente oscuras? Y los hombres que por causalidad encuentran la verdad, pero sin poder dar razón de ella, ¿se diferencian en algo de los ciegos que siguen el camino recto?

—En nada —dijo.

—¿Quieres ver, entonces, cosas informes, oscuras y mal fundadas, cuando puedes oírlas claras y magníficas de otros?

—¡Por Zeus, Sócrates! —me dijo entonces Glaucón—. No te pares aquí, como si hubieras llegado al término. Nosotros nos daremos por satisfechos si nos explicas la naturaleza del bien en la forma que has explicado la de la justicia, la de la templanza y la de las demás virtudes.

—También yo me daría por contento, compañero —dije—, pero temo que semejante cuestión sea superior a mis fuerzas, y que por el empeño de querer daros gusto, vaya a exponerme a vuestras burlas. Creedme, mis queridos amigos; dejemos por esta vez la indagación del bien tal como es en sí mismo, porque nos llevaría muy lejos y sería muy penoso para mí explicaros su naturaleza tal como yo la concibo, siguiendo el camino que hemos traído. Y en su lugar, si os parece, conversaremos sobre una especie de hijo del bien, que es la representación exacta del bien mismo; y si no os agrada, pasaremos a otro asunto.

—No. Háblanos del hijo, y en otra ocasión nos hablarás del padre. Esta deuda la reclamaremos a su tiempo —dijo.

—Bien quisiera —dije— pagaros principal y réditos en lugar de ofreceros sólo el simple interés de la deuda que hoy os ofrezco. Sin embargo, aceptad este interés, este hijo del bien, y cuidad de que no os engañe, sin quererlo, pagándoos en moneda falsa.

—Procuraremos poner todo el cuidado que nos sea posible; pero explícate ya — dijo.

—Sí —contesté— pero después de haberos recordado lo que hemos dicho precedentemente en muchos pasajes, y de haceros convenir en ello.

—¿De qué se trata? —preguntó.

—Que hay cosas que llamamos bellas y otras que llamamos buenas, y otras muchas de las demás clases —dije— lo afirmamos y definimos en nuestra argumentación.

—Es cierto que lo afirmamos.

—Existe además lo bello en sí, lo bueno en sí, y lo mismo respecto a las otras múltiples cosas, a lo que referimos todas estas bellezas y todas estas bondades particulares como a una idea simple y una, y llamamos a cada cosa «lo que es».

—Tal sucede.

—De las cosas múltiples decimos que son vistas pero no concebidas, y de las ideas, en cambio, decimos que son concebidas, pero no vistas.

—Conforme del todo.

—¿Y por qué sentido percibimos los objetos visibles?

—Por la vista —dijo.

—Y percibimos los sonidos por el oído —dije—, y todas las demás cosas sensibles por los otros sentidos, ¿no es así?

—¿Cómo no?

—¿Has observado —pregunté— que el autor de nuestros sentidos ha hecho un gasto mayor para el órgano de la vista que para los demás sentidos?

—En modo alguno —dijo.

—Pues bien, nótalo. ¿Tienen el oído y la voz necesidad de una tercera cosa, el uno para oír, y la otra para ser oída, de suerte que si esta tercera cosa llega a faltar, el oído no oirá ni tampoco la voz será oída?

—De ninguna —dijo.

—Creo también —dije yo— que la mayor parte de los demás sentidos, por no decir todos, no tienen necesidad de un medio semejante. ¿Hay alguna excepción?

—No, por cierto —dijo.

—Pero respecto de la vista, ¿no te has dado cuenta de que esta sí lo necesita?

—¿Qué quieres decir?

—Quiero decir que aun cuando haya vista en los ojos y se los aplique a su uso, y el objeto tenga color, sin embargo, si no interviene una tercera cosa destinada a concurrir a la visión, los ojos no verán nada y los colores serán invisibles.

—¿Cuál es esa cosa que dices? —preguntó.

—Lo que llamas luz —contesté.

—Tienes razón —dijo.

—El sentido de la vista no tiene, por lo tanto, pequeña ventaja sobre los demás, que es la de estar unido a su objeto por un lazo de muchísimo valor, a no ser que se diga que la luz es una cosa despreciable.

—Está muy distante de serlo —dijo.

—De todos los dioses que están en el cielo, ¿cuál es el dueño de estas cosas y productor de la luz, que hace que nuestros ojos vean y que los objetos sean vistos con la mayor perfección posible?

—En mi opinión, como en la tuya y en la de todo el mundo, es el sol —dijo.

—Ahora bien, mira si la relación que une a la vista con este dios es tal como voy a decir.

—¿Cómo?

—La vista, lo mismo que la parte en que se forma y que se llama ojo, no es el sol.

—No, en efecto.

—Pero de todos los órganos de nuestros sentidos, el ojo es, a mi parecer, el que más semejanza tiene con el sol.

—Con mucho.

—La facultad que tiene de ver, ¿no la posee como una emanación cuya fuente es el sol?

—Absolutamente.

—Y el sol, que no es la vista, pero que es el principio de ella, es percibido por la misma.

—Así es —dijo.

—Pues ten en cuenta —continué— que cuando hablo del hijo del bien, es del sol del que quiero hablar. El hijo tiene una perfecta analogía con su padre. El uno es en la esfera visible con relación a la vista y a sus objetos lo que el otro es en la esfera ideal con relación a la inteligencia y a los seres inteligibles.

—¿Cómo? Te suplico que me lo expliques algo más —dijo.

—Sabes —dije— que cuando se dirigen los ojos a objetos que no están iluminados por el sol y sí sólo por los astros de la noche, apenas se los puede distinguir; parece uno casi ciego, y la vista no está clara.

—Así sucede —dijo.

—Pero cuando los ojos miran a cosas iluminadas por el sol, las ven distintamente y la vista se muestra presente en ellos.

—¿Cómo no?

—Pues considera, que lo mismo sucede respecto al alma. Cuando fija sus miradas en objetos iluminados por la verdad y por el ser, los ve claramente, los conoce y muestra que está dotada de inteligencia; pero cuando vuelve sus miradas sobre lo que está envuelto en tinieblas, sobre lo que nace y perece, su vista se turba, se oscurece, y ya no tiene más que opiniones, que mudan a cada momento; en una palabra, parece completamente privada de inteligencia.

—Así parece, en efecto.

—Ten por cierto, pues, que lo que derrama sobre los objetos del conocimiento la luz de la verdad, lo que da al cognoscente la facultad de conocer, es la idea del bien, que es el principio de la ciencia y de la verdad, a la vez que objeto de conocimiento. Por bellos que sean, pues, el conocimiento y la verdad, puedes asegurar, sin temor de engañarte, que la idea del bien es distinta de ellos, y los supera en belleza. Y así como en el mundo visible hay razón para creer que la luz y la vista tienen analogía con el sol, pero sería falso decir que son ellas el sol; en la misma forma, en el mundo inteligible pueden considerarse la ciencia y la verdad como imágenes del bien, pero no habrá razón para tomar la una o la otra por el bien mismo, cuya naturaleza es de valor infinitamente más elevado.

—¡Qué inefable belleza —dijo— le atribuyes! Puesto que es el origen de la ciencia y de la verdad, y es aún más bello que ellas. Por consiguiente, no quieres decir que el bien sea el placer.

—¡Ten tu lengua! —dije—. Pero considera su imagen con más atención y de esta manera.

—¿Cómo?

—Indudablemente tú crees, como yo, que el sol no sólo hace visibles las cosas que lo son, sino que les da también la generación, el crecimiento y el alimento, sin ser él mismo generación.

—¿Cómo habría de serlo?

—Lo mismo puedes decir que los seres inteligibles no sólo reciben del bien su inteligibilidad, sino también su ser y su esencia, aunque el bien mismo no sea esencia, sino una cosa muy por encima de la esencia en razón de dignidad y de poder.

—¡Gran Apolo! —exclamó Glaucón con suma gracia—. ¡Qué excelencia maravillosa!

—Tú tienes la culpa —repliqué yo—. ¿Por qué se me ha obligado a decir lo que pienso sobre esta materia?

—No te detengas, te lo suplico —dijo—, y acaba la comparación del bien con el sol, si aún falta algo.

—Verdaderamente sí, y aún falta mucho —dije.

—Pues te ruego que no omitas el menor detalle.

—Me temo —dije— que no dejarán de escapárseme muchos rasgos de semejanza, muy a pesar mío. Pero nada que pueda ser dicho ahora lo omitiré a sabiendas.

—No lo hagas —rogó.

—Imagínate que el bien y el sol son dos reyes, el uno del mundo inteligible y el otro del mundo visible; no digo del cielo por temor de que creas que, con ocasión de esta palabra, quiero dar lugar a un equívoco. Aquí tienes, por consiguiente, dos especies de seres, unos visibles y otros inteligibles.

—Las tengo.

—Toma, pues, una línea cortada en dos partes desiguales, y cada una de éstas, que representan el mundo visible y el mundo inteligible, cortada a su vez en otras dos, proporcionales a las primeras, y tendrás de un lado la parte clara y del otro la parte oscura de cada uno de ellos. Una de las secciones, en el mundo visible, te dará las imágenes; entiendo por imágenes, en primer lugar, las sombras, y después las figuras que se forman en las aguas y sobre la superficie de los cuerpos compactos, tersos y brillantes. ¿Comprendes mi pensamiento?

—Sí que lo comprendo.

—En la segunda sección pon los objetos que estas imágenes representan, quiero decir, los animales que nos rodean, las plantas y todas las obras de la naturaleza y del arte.

—Los pongo —dijo.

—¿Admites —seguí— que, aplicando esta división a lo verdadero y a lo falso, resulta la proporción siguiente: lo que las apariencias son a las cosas que ellas representan es la opinión al conocimiento?

—Convengo en ello —dijo.

—Veamos ahora cómo debe dividirse el segmento de lo inteligible.

—¿Cómo?

—En dos partes: la primera de las cuales no puede alcanzar el alma sino sirviéndose de las cosas del mundo visible, que antes considerábamos imitadas, como de otras tantas imágenes, partiendo de ciertas hipótesis, no para remontarse al principio, sino para descender a las conclusiones más remotas; mientras que para obtener la segunda parte, va de la hipótesis hasta el principio independiente de toda hipótesis sin hacer ningún uso de las imágenes como en el primer caso y procediendo únicamente mediante las ideas consideradas en sí mismas.

—No comprendo bien lo que acabas de decir —dijo.

—Lo comprenderás luego de lo que voy a decir ahora. No ignoras, creo yo, que los geómetras y los aritméticos suponen dos clases de números, los pares y los impares, figuras, tres especies de ángulos, y así otras cosas semejantes, según la demostración que intentan hacer; que miran en seguida estas suposiciones como otros tantos principios ciertos y evidentes, de los que no se dan razón a sí mismos ni la dan a los demás; y en fin, que partiendo de estas hipótesis, descienden por una cadena no interrumpida de proposición en proposición hasta llegar a la que intentaban demostrar.

—Eso ya lo sé —dijo.

—Sabes también que se valen para esto de figuras visibles, a las que refieren sus razonamientos, aunque no piensen en ellas, sino en otras figuras representadas por aquéllas. Por ejemplo, no recaen sus razonamientos sobre la diagonal que ellos trazan, sino sobre el cuadrado tal cual es en sí mismo con su diagonal. Lo mismo digo de las demás figuras que representan, sea en relieve, sea por el dibujo, y que se reproducen también, ya en su sombra, ya en las aguas. Los geómetras las emplean como otras tantas imágenes, que les sirven para conocer las verdaderas figuras, que sólo pueden conocer por el pensamiento.

—Dices verdad —admitió.

—Ésta es la primera clase de las cosas inteligibles. El alma, para llegar a conocerlas, se ve precisada a valerse de suposiciones, no para remontarse a un primer principio, porque no puede ir más allá de las hipótesis que ha hecho, sino que empleando como imágenes los objetos terrestres y sensibles, imitados a su vez por los de abajo, y suponiendo que son claros y evidentes, se sirve de ellos.

—Veo que el método de que hablas es el de la geometría y demás ciencias de esta clase —dijo.

—Hazte cargo ahora de lo que yo sitúo en el segundo segmento de lo inteligible. Es lo que el alma comprende inmediatamente por medio del poder dialéctico, haciendo algunas hipótesis que no considera como principios, sino como simples suposiciones, y que le sirven de grados y de puntos de apoyo para elevarse hasta un primer principio independiente de toda hipótesis. Se apodera de este principio, y adhiriéndose a todas las conclusiones que de él dependen, desciende desde allí hasta la última conclusión; pero sin apoyarse en nada sensible, sino sólo en ideas puras, por las que su demostración comienza, procede y termina.

—Comprendo algo —replicó—, pero no lo bastante; me parece enorme esta empresa. Sin embargo, figúraseme que lo que te propones es probar que el conocimiento que del ser y lo inteligible se adquiere por la dialéctica es más claro que el que se adquiere por medio de las artes, que se sirven de ciertas hipótesis como principios. Es cierto que estas artes están obligadas a valerse del pensamiento y no de los sentidos; pero como están fundadas en suposiciones y no se elevan hasta un principio, crees que no tienen ese claro convencimiento que tendrían si se remontaran a un principio; y llamas pensamiento discursivo, pero no intelección, a mi parecer, el que se adquiere por medio de la geometría y demás artes semejantes, y le colocas entre la opinión y la intelección.

—Has comprendido perfectamente. Aplica ahora a estas cuatro secciones las cuatro diferentes operaciones del alma, a saber: a la primera, la pura intelección; a la segunda, el pensamiento discursivo; a la tercera, la creencia, y a la cuarta, la figuración, y concede a cada una de estas maneras de conocer más o menos evidencia según que sus objetos participen más o menos de la verdad.

—Entiendo —dijo—, estoy de acuerdo contigo y adopto el orden que me propones.

# LIBRO VII

—Ahora —proseguí— represéntate el estado de la naturaleza humana, con relación a la educación y a su ausencia, según el cuadro que te voy a trazar. Imagina un antro subterráneo, que tenga en toda su anchura una abertura que dé libre paso a la luz, y en esta caverna, hombres encadenados desde la infancia, de suerte que no puedan mudar de lugar ni volver la cabeza a causa de las cadenas que les sujetan las piernas y el cuello, pudiendo solamente ver los objetos que tienen enfrente. Detrás de ellos, a cierta distancia y a cierta altura, supóngase un fuego cuyo resplandor los alumbra, y un camino elevado entre este fuego y los cautivos. Supón a lo largo de este camino un tabique, semejante a la mampara que los titiriteros ponen entre ellos y los espectadores, para exhibir por encima de ella las maravillas que hacen.

—Ya me represento todo eso —dijo.

—Figúrate ahora unas personas que pasan a lo largo del tabique llevando objetos de toda clase, figuras de hombres, de animales de madera o de piedra, de suerte que todo esto sobresale del tabique. Entre los portadores de todas estas cosas, como es natural, unos irán hablando y otros pasarán sin decir nada.

—¡Extraños prisioneros y cuadro singular! —dijo.

—Se parecen, sin embargo, a nosotros punto por punto —dije—. Por lo pronto, ¿crees que puedan ver otra cosa, de sí mismos y de los que están a su lado, que las sombras que el fuego proyecta enfrente de ellos en el fondo de la caverna?

—¿Cómo habían de poder ver más —dijo—, si desde su nacimiento están precisados a tener la cabeza inmóvil?

—Y respecto de los objetos que pasan detrás de ellos, ¿pueden ver otra cosa que las sombras de los mismos?

—¿Qué otra cosa, si no?

—Si pudieran conversar unos con otros, ¿no convendrían en dar a las sombras que ven los nombres de las cosas mismas?

—Por fuerza.

—Y si en el fondo de su prisión hubiera un eco que repitiese las palabras de los transeúntes, ¿se imaginarían oír hablar a otra cosa que a las sombras mismas que pasan delante de sus ojos?

—¡No, por Zeus! —exclamó.

—En fin, no creerían que pudiera existir otra realidad que estas mismas sombras de objetos fabricados —dije yo.

—Es forzoso por completo —dijo.

—Mira ahora —proseguí— lo que naturalmente debe suceder a estos hombres, si se les libra de las cadenas y se les cura de su ignorancia. Que se desligue a uno de estos cautivos, que se le fuerce de repente a levantarse, a volver la cabeza, a marchar y mirar del lado de la luz; hará todas estas cosas con un trabajo increíble; la luz le ofenderá a los ojos, y el alucinamiento que habrá de causarle le impedirá distinguir los objetos cuyas sombras veía antes. ¿Qué crees que respondería si se le dijese que hasta entonces sólo había visto fantasmas y que ahora tenía delante de su vista objetos más reales y más aproximados a la verdad? Si en seguida se le muestran las cosas a medida que se vayan presentando y a fuerza de preguntas se le obliga a decir lo que son, ¿no se le pondrá en el mayor conflicto y no estará él mismo persuadido de que lo que veía antes era más real que lo que ahora se le muestra?

—Mucho más —dijo.

—Y si se le obligase a mirar la luz misma, ¿no sentiría dolor en los ojos? ¿No volvería la vista para mirar a las sombras, en las que se fija sin esfuerzo? ¿No creería hallar en éstas más distinción y claridad que en todo lo que ahora se le muestra?

—Así es —dijo.

—Si después se le saca de allí a la fuerza y se le lleva por el sendero áspero y escarpado hasta encontrar la claridad del sol, ¿qué suplicio sería para él verse arrastrado de esa manera? ¡Cómo se enfurecería! Y cuando llegara a la luz del sol, deslumbrados sus ojos con tanta claridad, ¿podría ver ninguno de estos numerosos objetos que llamamos seres reales?

—Al pronto no podría —dijo.

—Necesitaría indudablemente algún tiempo para acostumbrarse a ello. Lo que distinguiría más fácilmente sería, primero, sombras; después, las imágenes de los hombres y demás objetos reflejados sobre la superficie de las aguas, y por último, los objetos mismos. Luego, dirigiría sus miradas al cielo, al cual podría mirar más fácilmente durante la noche a la luz de la luna y de las estrellas que en pleno día a la luz del sol.

—¿Cómo no?

—Y al fin podría, creo yo, no sólo ver la imagen del sol en las aguas y dondequiera que se refleja, sino fijarse en él y contemplarlo allí donde verdaderamente se encuentra y tal cual es.

—Necesariamente —dijo.

—Después de esto, comenzando a razonar, llegaría a concluir que el sol es el que crea las estaciones y los años, el que gobierna todo el mundo visible y el que es, en cierta manera, la causa de todo lo que se veía en la caverna.

—Es evidente que llegaría, después de aquéllas, a hacer todas estas reflexiones — dijo.

—Y ¿qué? Si en aquel acto recordaba su primera estancia, la idea que allí se tiene de la sabiduría y a sus compañeros de esclavitud, ¿no se regocijaría de su mudanza y no se compadecería de la desgracia de aquéllos?

—Efectivamente.

—¿Crees que envidiaría aún los honores, las alabanzas y las recompensas que allí, supuestamente, se dieran al que más pronto reconociera las sombras a su paso, al que con más seguridad recordara el orden en que marchaban yendo unas delante y detrás de otras o juntas, y que en este concepto fuera el más hábil para adivinar su aparición; o que tendría envidia a los que eran en esta prisión más poderosos y más honrados?

¿No preferiría, como Aquiles en Homero, «trabajar la tierra al servicio de un pobre labrador» y sufrirlo todo antes que vivir en aquel mundo de lo opinable?

—No dudo que estaría dispuesto a sufrir cualquier destino antes que vivir de esa suerte —dijo.

—Fija tu atención en lo que voy a decirte —seguí—. Si este hombre volviera de nuevo a su prisión para ocupar su antiguo puesto, al dejar de forma repentina la luz del sol, ¿no se le llenarían los ojos de tinieblas?

—Ciertamente —dijo.

—Y si cuando no distingue aún nada, antes de que sus ojos hayan recobrado su aptitud, lo que no podría suceder en poco tiempo, tuviese precisión de discutir con los otros prisioneros sobre estas sombras, ¿no daría lugar a que éstos se rieran, diciendo que por haber salido de la caverna se le habían estropeado los ojos, y no añadirían, además, que sería para ellos una locura el intentar semejante ascensión, y que si alguno intentara desatarlos y hacerlos subir sería preciso cogerle y matarle?

—Sin duda —dijo.

—Y bien, mi querido Glaucón —dije—, ésta es precisamente la imagen que hay que aplicar a lo que se ha dicho antes. El antro subterráneo es este mundo visible; el fuego que le ilumina es la luz del sol; en cuanto al cautivo, que sube a la región superior y que la contempla, si lo comparas con el alma que se eleva hasta la esfera inteligible, no errarás, por lo menos, respecto a lo que yo pienso, ya que quieres saberlo. Sabe Dios sólo si es conforme con la verdad. En cuanto a mí, lo que me parece en el asunto es lo que voy a decirte. En los últimos límites del mundo inteligible está la idea del bien, que se percibe con dificultad; pero una vez percibida no se puede menos de sacar la consecuencia de que ella es la causa primera de todo lo que hay de bello y de recto en el universo; que, en este mundo visible, ella es la que produce la luz y el astro de que ésta procede directamente; que en el mundo invisible engendra la verdad y la inteligencia; y en fin, que ha de tener fijos los ojos en esta idea el que quiera conducirse sabiamente en la vida pública y en la vida privada.

—Soy de tu dictamen en cuanto puedo comprender tu pensamiento —dijo.

—Admite, por lo tanto, también y no te sorprenda —dije— que los que han llegado a esta sublime contemplación desdeñan tomar parte en los negocios humanos, y sus almas aspiran sin cesar a fijarse en este lugar elevado. Así debe suceder si es que ha de ser conforme con la imagen que yo he trazado.

—Sí, así debe ser —dijo.

—¿Es extraño que un hombre —dije yo—, al pasar de esta contemplación divina a la de los miserables objetos que nos ocupan, se turbe y parezca ridículo cuando, antes de familiarizarse con las tinieblas que nos rodean, se vea precisado a entrar en discusión ante los tribunales o en cualquier otro paraje sobre sombras y figuras de justicia, reflejos las unas de las otras, y explicar cómo él las concibe delante de personas que jamás han visto la justicia en sí misma?

—No veo en eso nada que me sorprenda —dijo.

—Antes bien —dije—, un hombre sensato reflexionará que la vista puede turbarse de dos maneras y por dos causas opuestas: por el tránsito de la luz a la oscuridad o por el de la oscuridad a la luz; y aplicando a los ojos del alma lo que sucede a los del cuerpo, cuando vea a aquélla turbada y entorpecida para distinguir ciertos objetos, en vez de reír sin razón al verla en tal embarazo, examinará si éste procede de que el alma viene de un estado más luminoso, o si es que al pasar de la ignorancia a la luz, se ve deslumbrada por el excesivo resplandor de ésta. En el primer caso, la felicitará por su turbación; y en el segundo lamentará su suerte; y si quiere reírse a su costa, sus burlas serán menos ridículas que si se dirigiesen al alma que desciende de la estación de la luz.

—Lo que dices es muy razonable —asintió.

—Si todo esto es cierto —dije—, debemos concluir que la ciencia no se aprende de la manera que ciertas gentes pretenden. Se jactan de poder hacerla entrar en un alma donde no existe, poco más o menos del mismo modo que se volvería la vista a un ciego.

—Lo dicen resueltamente —convino.

—Pero lo que estamos diciendo nos hace ver —dije— que cada cual tiene en su alma la facultad de aprender mediante un órgano destinado a este fin; que todo el secreto consiste en llevar este órgano, y con él el alma toda, de la vista de lo que nace a la contemplación de lo que es, hasta que pueda fijar la mirada en lo más luminoso que hay en el ser mismo, es decir, según nuestra doctrina, en el bien; en la misma forma que si el ojo no tuviere un movimiento particular, sería necesario que todo el cuerpo girase con él al pasar de las tinieblas a la luz; ¿no es así?

—Sí.

—En esta evolución, que se hace experimentar al alma, todo el arte consiste en hacerla girar de la manera más fácil y más eficaz. No se trata de darle la facultad de ver, porque ya la tiene; sino que lo que sucede es que su órgano está mal dirigido y no mira a donde debía mirar, y esto es precisamente lo que debe corregirse.

—Tal parece —dijo.

—Y así, mientras con las demás virtudes del alma sucede poco más o menos como con las del cuerpo: cuando no se han obtenido de la naturaleza, se adquieren mediante la educación y la cultura; respecto a la facultad de saber, en cambio, como es de una naturaleza más divina, jamás pierde su poder: se hace solamente útil o inútil, ventajosa o perjudicial, según la dirección que se le da. ¿No has observado hasta dónde llevan su sagacidad los hombres conocidos como malos pero inteligentes? ¿Con qué penetración su alma ruin discierne todo lo que les interesa? Su vista no está ni debilitada ni turbada, y como la obligan a servir como instrumento de su malicia, son tanto más maléficos cuanto son más sutiles y perspicaces.

—En efecto —dijo.

—Pues bien —dije—, si desde la infancia se hubieran atajado estas tendencias naturales, que como otros tantos pesos de plomo innatos arrastran al alma, por adherencia a los placeres sensuales y groseros, y la obligan a mirar siempre hacia abajo; si después de haberla librado de estos pesos, se hubiera dirigido su mirada hacia la verdad, aquella misma alma la habría distinguido con la misma sagacidad que ve ahora aquello hacia lo que mira.

—Así parece —dijo.

—¿No es una consecuencia natural —dije—, o más bien necesaria, de todo lo que hemos dicho, que ni los que no han recibido educación alguna y que no tienen conocimiento de la verdad, ni aquellos a quienes se ha dejado que pasaran toda su vida en el estudio y la meditación, son a propósito para el gobierno de los Estados; los unos, porque en su conducta no tienen un punto fijo por el que puedan dirigir todo lo que hacen en la vida pública y en la vida privada; y los otros porque no consentirán nunca que se eche sobre ellos semejante carga, creyéndose ya en vida en las Islas de los Bienaventurados?

—Es verdad —dijo.

—A nosotros que fundamos una república —dije yo— nos toca obligar a los hombres de naturaleza privilegiada a que se consagren a la más sublime de todas las ciencias, contemplando el bien en sí mismo y elevándose hasta él por ese camino áspero de que hemos hablado; pero después que hayan llegado a ese punto y hayan contemplado el bien durante cierto tiempo, guardémonos de permitirles lo que hoy se les permite.

—¿Qué?

—No consentiremos que se queden en esta región superior —dije—, negándose a bajar al lado de los desgraciados cautivos, para tomar parte en sus trabajos, y aun en sus honores, cualquiera que sea la situación en que se vean.

—Pero ¿habremos de ser tan duros con ellos? —preguntó—. ¿Por qué condenarles a una vida miserable cuando pueden gozar de una suerte más dichosa?

—Vuelves, mi querido amigo —dije—, a olvidar que la ley no debe proponerse por objeto la felicidad de una determinada clase de ciudadanos con exclusión de las demás, sino la felicidad del Estado todo; que a este fin debe unirse a todos los ciudadanos en los mismos intereses, comprometiéndose por medio de la persuasión o de la autoridad a que se comuniquen unos a otros todas las ventajas que están en posición de procurar a la comunidad; y que al formar con cuidado semejantes ciudadanos, no se pretende dejarlos libres para que hagan de sus facultades el uso que les acomode, sino servirse de ellos con el fin de fortificar los lazos del Estado.

—Es verdad —dijo—; se me había olvidado.

—Por lo demás, ten presente, mi querido Glaucón —dije—, que nosotros no vamos a perjudicar a los filósofos que se formen entre nosotros, sino que podremos exponerles muy buenas razones para obligarles a que se encarguen de la guarda y de la dirección de los demás. Les diremos: en otros Estados puede excusarse a los filósofos que evitan la molestia de los negocios públicos, porque deben su sabiduría sólo a sí mismos, puesto que se han formado solos, a pesar del gobierno y, por lo tanto, es justo que lo que sólo se debe a sí mismo en su origen y en su desarrollo no esté obligado a ninguna clase de retribución para con nadie; pero a vosotros, en cambio, os hemos formado consultando el interés del Estado y el vuestro, para que, como en la república de las abejas, seáis en ésta nuestros jefes y nuestros reyes, y con esta intención os hemos dado una educación más perfecta, que os hace más capaces que todos los demás para unir ambos aspectos. Descended, pues, uno tras otro, cuanto sea necesario, a la vivienda de los demás, acostumbrad vuestros ojos a las tinieblas que allí reinan; y cuando os hayáis familiarizado con ellas, veréis infinitamente mejor que los de allí; distinguiréis mejor que ellos las imágenes y aquello que reflejan, porque habéis visto en otra parte la verdad de lo bello, de lo justo y de lo bueno. Y así, el Estado nuestro y vuestro vivirá a la luz del día, y no en sueños, como la mayor parte de los demás Estados, donde los jefes se baten por sombras vanas y se disputan con encarnizamiento la autoridad, que miran como un gran bien. Pero la verdad es que todo Estado en que los que deben mandar no muestren empeño por engrandecerse necesariamente ha de ser el que viva mejor, y ha de reinar en él la concordia; mientras que al que tenga otra clase de gobernantes no puede menos de sucederle todo lo contrario.

—Es cierto —dijo.

—¿Se resistirán, pues, nuestros discípulos a estas razones? ¿Se negarán a cargar alternativamente con el peso del gobierno, para ir después a pasar juntos la mayor parte de su vida en la región de la luz pura?

—Es imposible que lo rehúsen —dijo—, porque son justos y justas también nuestras exigencias; pero entonces cada uno de ellos, al contrario de lo que sucede en todas partes, aceptará el mando como un yugo inevitable.

—Así es, mi querido amigo —dije yo—. Si puedes encontrar para los que deben obtener el mando una condición que ellos prefieran al mando mismo, también podrás encontrar una república bien ordenada, porque en ella sólo mandarán los que son verdaderamente ricos, no en oro, sino en sabiduría y en virtud, riquezas que constituyen la verdadera felicidad. Pero dondequiera que hombres pobres, hambrientos de bienes y que no tienen nada por sí mismos, aspiren al mando, creyendo encontrar en él la riqueza que buscan, allí no ocurrirá así. Cuando se disputa y se usurpa la autoridad, esta guerra doméstica e intestina arruinará al fin al Estado y a sus jefes.

—Nada más cierto —dijo.

—¿Conoces alguna condición —pregunté—, como no sea la del verdadero filósofo, que pueda inspirar el desprecio de las dignidades y de los cargos públicos?

—No conozco otra, ¡por Zeus! —dijo.

—Además no conviene confiar la autoridad a los que están ansiosos de poseerla, porque en tal caso la rivalidad hará nacer disputas entre ellos.

—Pues ¿cómo no?

—¿A quién obligarás a aceptar el mando, entonces, sino a los que, instruidos mejor que nadie en la ciencia de gobernar, cuentan con otra vida y otros honores que prefieren a los que ofrece la vida política?

—No me dirigiría a otros —dijo.

—¿Quieres ahora que examinemos juntos de qué manera formaremos los hombres de este carácter, y cómo los haremos pasar de las tinieblas a la luz, como se dice de algunos que pasaron del Hades a la estancia de los dioses?

—¿Cómo no había de querer? —dijo.

—No se trata aquí de un lance de tejo como en el juego, sino de imprimir al alma un movimiento que la eleve de la luz tenebrosa que la rodea hasta la verdadera luz del ser por el camino que por esto mismo llamaremos verdadera filosofía.

—Muy bien.

—Conviene ahora ver cuál es, entre las ciencias, la propia para producir este efecto.

—¿Cómo no?

—Y bien, mi querido Glaucón, ¿cuál es la ciencia que eleva el alma desde lo que nace hasta lo que es? Al mismo tiempo, fijo mi reflexión en otra cosa. ¿No hemos dicho que era preciso que nuestros filósofos se ejercitasen durante su juventud en el ejercicio de las armas?

—Sí que lo dijimos.

—Por lo tanto, es preciso que la ciencia que busquemos, además de esta primera ventaja, tenga otra.

—¿Cuál?

—La de no ser inútil a los guerreros.

—Sin duda así debe ser, si es posible —dijo.

—Ahora bien, ¿no hemos comprendido ya en nuestro plan de educación la música y la gimnasia?

—Eso es —dijo.

—Pero la gimnasia tiene por objeto, si recuerdas, lo que está expuesto a la generación y a la corrupción, toda vez que su destino es examinar lo que puede aumentar o disminuir las fuerzas del cuerpo.

—Eso parece.

—Luego no es ésta la ciencia que buscamos.

—No, no lo es.

—¿Será la música tal como queda explicada más arriba?

—Pero recordarás —dijo— que la música corresponde a la gimnasia, aunque en un género opuesto. Su fin, decíamos, es el de arreglar las costumbres de los guerreros, comunicando a su alma, no una ciencia, sino un cierto acuerdo mediante el sentimiento de la armonía, y una cierta regularidad de movimientos mediante la influencia del ritmo y de la medida. La música emplea con un propósito semejante los discursos, sean verdaderos o fabulosos —siguió—, pero no he visto que comprenda ninguna de las ciencias que buscas, o sea las propias para elevar el alma hasta lo que tú investigas ahora.

—Me recuerdas exactamente lo que ya hemos dicho —dije yo—;

en efecto, no hemos creído que la música comprenda nada semejante a lo que buscamos. Pero mi querido Glaucón, ¿dónde encontraremos esa enseñanza? No es ninguna de las artes mecánicas, porque nos han parecido demasiado innobles para el caso.

—¿Cómo no? Sin embargo, si descartamos la música, la gimnasia y las artes, ¿qué más enseñanzas nos quedan?

—Si no encontramos nada más fuera de ésas, acudamos a una que se aplique a todas ellas.

—¿Cuál?

—La que es tan común, por ejemplo, que todas las artes y razonamientos se sirven de ella, y que es imprescindible aprender entre las primeras.

—¿Qué es ello? —preguntó.

—Conocer lo que es uno, dos, tres; esa ciencia tan vulgar. Yo lo llamo, en general, números y cálculo: ¿no es cierto que toda ciencia y arte deben participar de ella?

—Muy cierto —dijo.

—¿No lo hace también el arte militar? —pregunté. —Le es absolutamente necesaria —dijo.

—En verdad —dije— Palamedes, en las tragedias, nos representa siempre a Agamenón como un raro general. ¿No has observado que se alaba, por haber inventado los números, de haber formado el plan de campaña delante de Ilión, y de haber hecho la enumeración de las naves y de todo lo demás, como si antes de él hubiera sido imposible practicar todo esto, y como si, al mismo tiempo, Agamenón no supiese cuántos pies tenía, puesto que, si hemos de creerle, no sabía ni aun contar?

¿Qué idea crees que debería formarse de un general semejante?

—Si es cierto eso, resultaría ciertamente extravagante —dijo.

—¿Pondremos, pues, como otra enseñanza necesaria a un guerrero la de los números y del cálculo?

—Le es indispensable, más que ninguna otra —dije—, a aquel que quiera entender algo sobre el modo de ordenar un ejército; o, más bien, al que quiera ser hombre.

—¿Tienes la misma idea que yo con relación a esta enseñanza? — dije.

—¿Qué idea?

—Parece tener por naturaleza la ventaja que buscamos: la de llevar a la comprensión; pero nadie sabe servirse de ella como es debido, pese a que es la más apta para atraer hacia la esencia.

—¿Qué quieres decir? —preguntó.

—Trataré de explicarte lo que pienso —dije—. A medida que vaya yo distinguiendo las cosas que creo propias para conducir a donde decimos de las que no lo son, considera tú sucesivamente el mismo objeto que yo; después concede o niega según lo tengas por conveniente, y por este medio veremos mejor si la cosa es tal como yo me imagino.

—Ve mostrándolo —dijo.

—Mira, pues —dije—, si quieres, lo que te muestro: que, entre las cosas sensibles, unas no invitan en manera alguna al entendimiento a fijar en ellas su atención, porque los sentidos son los jueces competentes en este caso; y otras obligan al entendimiento a reflexionar, porque los sentidos no podrían pronunciar un juicio sano sobre ellas.

—Hablas, sin duda, de los objetos lejanos y de las pinturas sombreadas —dijo.

—No has comprendido bien lo que quiero decir —contesté.

—Pues ¿qué quieres decir? —preguntó.

—Entiendo por objetos que no invitan al alma a la reflexión —dije— aquellos que no excitan al mismo tiempo dos sensaciones contrarias; y por objetos que invitan al alma a reflexionar entiendo aquellos que dan origen a dos sensaciones contrarias, puesto que los sentidos no se dan cuenta de que sea tal cosa o tal otra opuesta, ya hiera el objeto los sentidos de cerca o de lejos. Para hacerte comprender mejor mi pensamiento, he aquí lo que llamaríamos tres dedos: el pequeño, el siguiente y el del medio.

—Muy bien —dijo.

—Ten entendido que los supongo vistos de cerca; y ahora haz conmigo esta observación.

—¿Cuál?

—Cada uno de ellos nos parece igualmente un dedo; poco importa en este concepto que se le vea en medio o al extremo, blanco o negro, gordo o delgado, y así de lo demás. Nada de esto obliga al alma de la mayoría a preguntar al entendimiento qué es un dedo; porque jamás la vista ha atestiguado que un dedo fuese, al mismo tiempo, lo contrario de un dedo.

—No, sin duda —dijo.

—Es natural, pues —dije—, que en este caso nada excite ni

despierte al entendimiento.

—Es natural.

—Pero ¿la vista juzga como es debido de la magnitud o de la pequeñez de estos dedos? Para juzgar bien, ¿es indiferente que el uno de ellos esté en medio o a los extremos? Lo mismo digo de lo grueso y de lo delgado, de la blandura y de la dureza por lo que respecta al tacto. En general, la relación de los sentidos sobre todos estos puntos, ¿no es muy defectuosa? ¿Lo que pasa con cada uno de ellos no es lo siguiente: que el sentido destinado a juzgar lo que es duro no puede hacerlo sino después de haber juzgado lo que es blando, y dice al alma que el cuerpo que la afecta es al mismo tiempo duro y blando?

—Así es —dijo.

—¿No es inevitable entonces —dije— que el alma se encuentre embarazada al preguntarse qué entiende esta sensación por duro, ya que también lo llama blando?

La sensación de pesantez y de ligereza, ¿no produce en el alma igual incertidumbre acerca de la naturaleza de la pesantez y de la ligereza, cuando la misma sensación le dice que el mismo cuerpo es pesado y ligero?

—Semejantes testimonios deben parecer bien extraños al alma, en efecto —dijo—, y exigen de su parte un serio examen.

—Es, pues, natural que el alma —dije—, llamando entonces en su auxilio al entendimiento y al cálculo, trate de examinar si cada uno de estos testimonios recae sobre una sola cosa o sobre dos.

—¿Cómo no?

—Mas si resulta que son dos cosas, ¿no le parecerá cada una de ellas distinta de la otra?

—Sí.

—Ahora bien, si cada una de ellas es una, y ambas juntas son dos, las concebirá ambas como separadas; porque, si las concibiese como no separadas, no sería ya la concepción de dos cosas, sino la de una sola.

—Muy bien.

—La vista, decíamos, percibe, pues, la magnitud y la pequeñez, no como dos cosas separadas, sino como cosas confundidas, ¿no es cierto?

—Sí.

—Y para distinguir esta sensación confusa, el entendimiento, haciendo lo contrario de lo que hace la vista, se ve precisado a considerar la magnitud y la pequeñez, no confundidas, sino como distintas la una de la otra.

—Es cierto.

—Y así ves aquí la causa de que nos preguntemos a nosotros mismos qué es magnitud y qué es pequeñez.

—Totalmente de acuerdo.

—Por esto también hemos podido distinguir una cosa como visible y otra como inteligible.

—Muy bien —dijo.

—Pues aquí tienes lo que yo quería hacerte comprender cuando decía que, entre los objetos sensibles, hay unos que incitan a la reflexión, que son los que producen, a la vez, dos sensaciones contrarias; y otros que no incitan a reflexionar porque sólo producen una sensación.

—Comprendo ahora, y pienso como tú —dijo.

—Y ¿en cuál de estas dos clases colocas el número y la unidad?

—No tengo idea —dijo.

—Juzga —dije— por lo que acabamos de decir. Si obtenemos un conocimiento suficiente de la unidad en sí por la vista o por cualquier otro sentido, este conocimiento no podrá dirigirnos hacia la contemplación de la esencia, como dijimos antes del dedo. Pero si la vista nos ofrece siempre en la unidad alguna contradicción, de suerte que no parezca más una unidad que lo opuesto a la unidad, en este caso hay necesidad de un juez que decida; el alma embarazada despierta al entendimiento y se ve precisada a hacer indagaciones y a preguntarse a sí misma lo que es la unidad en sí. El conocimiento de la unidad, en este caso, es una de las cosas que elevan al alma y la vuelven hacia la contemplación del ser.

—Pero la vista de la unidad —dijo— produce en nosotros el efecto de que hablas; porque vemos la misma cosa a la par una y múltiple hasta el infinito.

—Pero lo que sucede con la unidad —dije yo—, ¿no sucede igualmente con todo número, cualquiera que él sea?

—¿Cómo no?

—Pero la aritmética y la ciencia del cálculo tienen por objeto el número.

—En efecto.

—Por consiguiente, una y otra son aptas para conducir al conocimiento de la verdad.

—Perfectamente aptas.

—He aquí ya, pues, dos de las enseñanzas que buscamos. En

efecto, ellas son necesarias al guerrero para disponer bien un ejército, y al filósofo para salir de lo que nace y muere, y elevarse hasta la esencia misma de las cosas, porque sin esto no será nunca un verdadero calculador.

—Así es —dijo.

—Pero ocurre que nuestro guardián es, a la vez, guerrero y filósofo.

—¿Cómo no?

—Demos, por lo tanto, Glaucón, una ley a los que hemos destinado en nuestro plan a desempeñar los primeros puestos, para que se consagren a la ciencia del cálculo, para que la estudien, no superficialmente, sino hasta que, por medio de la pura inteligencia, hayan llegado a conocer la esencia de los números, no para servirse de esta ciencia en las compras y ventas, como hacen los mercaderes y negociantes, sino para aplicarla a las necesidades de la guerra y facilitar al alma el camino que debe conducirla desde la generación a la contemplación de la verdad y de la esencia.

—Muy bien dicho —contestó.

—Ahora advierto —dije— cuán sutil es esta ciencia del cálculo y cuán útil al objeto que nos proponemos, cuando se la estudia en sí misma y no para hacer un negocio.

—¿Por qué? —preguntó.

—Por la virtud que tiene de elevar el alma, como acabamos de decir, obligándola a razonar sobre los números, tales como son en sí mismos, sin consentir jamás que sus cálculos recaigan sobre números visibles y palpables. Sabes, sin duda, lo que hacen los que están versados en esta ciencia. Si intentas dividir en su presencia la unidad propiamente dicha, se burlan de ti y no te escuchan; y si la divides, ellos la multiplican otras tantas veces, temiendo que la unidad no parezca como ella es, es decir, una, sino un conjunto de partes.

—Gran verdad es la que dices —asintió.

—Si se les pregunta: «Varones admirables, ¿de qué número habláis?, ¿dónde están esas unidades tales como suponéis, perfectamente iguales entre sí sin que haya la menor diferencia, y que no se componen de partes, mi querido Glaucón?», ¿qué crees que responderán?

—Creo que responderían que ellos hablan de cosas que no se pueden comprender de otra manera que por el pensamiento.

—Ya ves, mi querido amigo —dije yo—, que no podemos absolutamente pasar sin esta ciencia, puesto que es evidente que obliga al alma a servirse del entendimiento para conocer la verdad en sí.

—Así lo hace, efectivamente —dijo.

—¿No has observado también que los que han nacido para calculistas tienen mucha facilidad para aprender casi todas las ciencias, y que hasta los espíritus tardos, cuando se han ejercitado con constancia en el cálculo, alcanzan, por lo menos, la ventaja de adquirir mayor facilidad y penetración para aprender?

—Así es —dijo.

—Por lo demás, no te sería fácil encontrar muchas ciencias más penosas de aprender y de practicar que ésta.

—No, en efecto.

—Por todas estas razones no debemos despreciarla y sí dedicar a ella a los que nazcan con un excelente natural.

—Consiento en ello —dijo.

—Por consiguiente, la adoptamos —dije—. Veamos si esta otra ciencia, que se relaciona con aquélla, nos conviene o no.

—¿Cuál es? ¿Será la geometría? —preguntó.

—La misma —dije yo.

—Es evidente que nos conviene, por lo menos en cuanto tiene relación con las operaciones de guerra; porque, en condiciones iguales, un geómetra podrá mejor que ningún otro acampar, tomar plazas fuertes, concentrar o desplegar un ejército, y hacer que ejecute todas las evoluciones que están en uso en una acción o en una marcha.

—A decir verdad —observé—, no se necesita mucha geometría ni mucho cálculo para todo esto. Pero es preciso ver si la parte más elevada de esta ciencia tiende a hacer más fácil para el espíritu la contemplación de la idea del bien, porque éste es, según dijimos, el resultado de las ciencias que obligan al alma a volverse hacia el lugar donde se encuentra este ser, que es el más dichoso de los seres, y que el alma debe esforzarse en contemplar en todos conceptos.

—Tienes razón —asintió.

—Luego si la geometría mueve al alma a contemplar la esencia de las cosas, nos conviene; si se detiene en la generación, no nos conviene.

—Así hemos quedado.

—Pues bien, ninguno de los que tienen la más pequeña experiencia de geometría nos negará que el objeto de esta ciencia es directamente contrario al lenguaje que usan los que la tratan —dije yo.

—¿Cómo? —dijo.

—En efecto, su lenguaje es ridículo y forzado. Hablan pomposamente de cuadrar, aplicar, añadir, y así de lo demás, como si ellos obrasen realmente, y como si todas sus demostraciones tendiesen a la práctica, siendo así que esta ciencia, toda ella, no tiene otro objeto que el conocimiento.

—Desde luego —dijo.

—Has de convenir también en otra cosa.

—¿En qué?

—En que tiene por objeto el conocimiento de lo que existe siempre, y no de lo que nace y perece en algún momento.

—No tengo dificultad en convenir en ello —dijo—, porque la geometría tiene por objeto el conocimiento de lo que existe siempre.

—Por consiguiente, noble amigo, la geometría atrae al alma hacia la verdad, forma en ella el espíritu filosófico, obligándola a dirigir a lo alto sus miradas, en lugar de abatirlas, como suele hacerse, sobre las cosas de este mundo.

—Sí, y en gran manera —dijo.

—Por tanto, ordenaremos también en gran manera a los ciudadanos de tu Calípolis que no desprecien el estudio de la geometría, tanto más cuanto que, además de esta ventaja principal, tiene otras que no son despreciables.

—¿Cuáles son? —preguntó.

—No sólo, por lo pronto, las relativas a la guerra, de que hablaste antes —dije yo—. Además, da al espíritu facilidad para aprender las otras ciencias, y así vemos que hay desde este punto de vista una completa diferencia entre el que está versado en la geometría y el que no lo está.

—La diferencia es absoluta, por Zeus —dijo.

—Por lo tanto, ¿la estableceremos como segunda enseñanza para nuestros jóvenes alumnos?

—Establezcámosla.

—Y la astronomía será la tercera. ¿O no te parece bien?

—Soy de tu opinión —dijo—, tanto más cuanto que no es menos necesario al guerrero que al labrador y al piloto tener un exacto conocimiento de las estaciones, de los meses y de los años.

—Verdaderamente, me haces gracia —dije—. Parece como que temes que el vulgo te eche en cara que incluyas ciencias inútiles en tu plan de educación. Las ciencias de que hablamos tienen una ventaja inmensa, pero que pocos sabrán apreciar; y consiste en que purifican y reaniman un órgano del alma extinguido y embotado por las demás ocupaciones de la vida; órgano cuya conservación nos importa mil veces más que los ojos del cuerpo, puesto que sólo por él se percibe la verdad. Cuando digas esto, los que piensan como nosotros en esta materia te aplaudirán; pero no te atengas al voto de los que jamás se han empleado en reflexiones de esta clase, y que no ven en estas ciencias otra utilidad que aquella de que tú hablaste. Mira ahora para quién hablas, a no ser que tú no razones, ni en consideración a los unos, ni en consideración a los otros, sino para ti mismo, sin que por eso lleves a mal la utilidad que los demás puedan sacar de tus palabras.

—Es cierto que prefiero esto último: interrogar y responder sobre todo para mi propio provecho.

—Si es así, volvamos atrás —dije yo—, porque nos hemos equivocado al tomar la ciencia que sigue inmediatamente a la geometría.

—Pues ¿cómo lo hemos hecho?

—De las superficies hemos pasado a los sólidos en movimiento —dije yo—, antes de ocuparnos de los sólidos en sí mismos. El orden exigía que, después del segundo desarrollo, hubiéramos tomado el tercero, es decir, el cubo y todo lo que tiene profundidad.

—Eso es cierto —dijo—. Pero me parece, Sócrates, que en este campo aún no se ha hecho ningún descubrimiento.

—Eso procede de dos causas —dije yo—. La primera es que ningún Estado hace aprecio de estos descubrimientos y que se trabaja en ellos débilmente, porque son penosos. La segunda, es porque los que se dedican a ella tendrían necesidad de un guía, sin el cual sus indagaciones serán inútiles. Encontrar uno bueno es difícil, y aun cuando se encontrase, en el estado actual de cosas, los que se ocupan de estas indagaciones tienen demasiada presunción para querer obedecerle. Pero si un Estado presidiese a estos trabajos y les diera estimación, los individuos se prestarían a sus miras, y mediante trabajos concertados y sostenidos no se tardaría en descubrir la verdad; puesto que hoy mismo, a pesar del desprecio que se hace de estas cuestiones por no comprender su utilidad, ni siquiera los pocos que a ellas se consagran, sólo por la fuerza del encanto que producen, triunfan de todos los obstáculos y hacen cada día nuevos progresos. No sería, pues, extraño que salieran algún día a la luz.

—Convengo —dijo— en que es un estudio sumamente atractivo. Pero explícame, te lo suplico, lo que decías antes. Pusiste en primer término la geometría o estudio de las superficies.

—Sí —dije yo.

—Inmediatamente después —dijo—, la astronomía; y luego te volviste atrás.

—Es porque, queriendo apresurarme demasiado, voy más despacio —dije—. Después de la geometría debí hablar del desarrollo en profundidad; pero viendo que en esta materia no se han hecho sino descubrimientos ridículos, la he dejado aparte, para pasar a la astronomía, es decir, al movimiento en profundidad.

—Muy bien —asintió.

—Pongamos la astronomía en cuarto lugar, entonces —dije—, suponiendo que la disciplina aquí omitida será accesible desde el momento en que un Estado se ocupe de ella.

—Es, en efecto, muy probable —dijo él—. Pero como me has echado en cara, Sócrates, el haber hecho un elogio indebido de la astronomía, voy a alabarla de una manera conforme con tus ideas. Es evidente, a mi parecer, para todo el mundo, que la astronomía obliga al alma a mirar a lo alto, y a pasar de las cosas de aquí a la contemplación de las de allá.

—Eso quizá es evidente para cualquier otro que no sea yo, porque no pienso lo mismo —dije.

—Pues ¿cuál es tu opinión? —preguntó.

—Creo que, de la manera que la estudian los que la erigen en filosofía, hace mirar, no hacia arriba, sino hacia abajo.

—¿Qué quieres decir con eso? —inquirió.

—Me parece que te formas una idea no precisamente mezquina de lo que yo llamo conocimiento de las cosas de lo alto. ¿Crees que si uno distinguiese algo al considerar de abajo arriba los adornos de un techo, miraría con la inteligencia y no con los ojos? Quizá tengas razón y yo me engañe groseramente. Pero yo no puedo reconocer otra ciencia que haga al alma mirar a lo alto que la que tiene por objeto lo que es y lo que no se ve. Mientras que, ya sea a lo alto con la boca abierta, ya bajando la cabeza y teniendo medio cerrados los ojos, si alguno intenta conocer algo sensible, niego que llegue a conocer nada, porque nada de lo sensible es objeto de la ciencia, y sostengo que su alma no mira a lo alto, sino hacia abajo, aunque esté nadando boca arriba sobre la tierra o sobre el mar.

—Tienes razón en reprenderme, porque bien lo merezco —dijo—. Pero dime:

¿qué es lo que encuentras de reprensible en la manera con que se enseña hoy la astronomía, y qué variación convendría hacer que fuera útil a nuestro designio?

—La siguiente —dije yo—. Que se admire la belleza y el orden de los astros que adornan el cielo, nada más justo; pero como, después de todo, no dejan de ser objetos sensibles, quiero que se ponga su belleza muy por bajo de la belleza verdadera, de la que producen la velocidad y la lentitud reales en sí en sus relaciones mutuas y en los movimientos que comunican a los astros, según el verdadero número y todas las verdaderas figuras. Estas cosas escapan a la vista, y no pueden comprenderse sino por la razón y por el pensamiento: ¿crees tú lo contrario?

—De ninguna manera —dijo.

—Quiero, pues, que el cielo recamado —dije— no sea más que una imagen que nos sirva para nuestra instrucción como servirían a un geómetra las figuras ejecutadas por Dédalo o por cualquier otro escultor o pintor. Considerándolas, en efecto, como obras maestras de arte, un geómetra tendría por ridículo, sin embargo, estudiarlas seriamente, para descubrir en ellas la verdad absoluta de las relaciones de igualdad, de lo doble o cualquier otra.

—Seguramente sería ridículo —dijo.

—Pues bien —dije yo—, el verdadero astrónomo, ¿no pensará lo mismo respecto a las revoluciones celestes? Creerá, sin duda, que el que ha hecho el cielo ha reunido en él y en lo que contiene la mayor belleza que es dado reunir en cosas semejantes; pero en cuanto a las relaciones del día a la noche, de los días a los meses, de los meses a los años, y en fin, de unos astros con otros, o de ellos con aquéllos, ¿no crees que mirará como una extravagancia que se imagine que estas relaciones sean siempre las mismas y que jamás muden, aun cuando sólo se trata de fenómenos materiales y visibles y de buscar por todos los medios en todo esto el descubrimiento de la verdad misma?

—Ahora ya te entiendo, y creo que tienes razón —dijo.

—Y así nos serviremos de los astros en el estudio de la astronomía —dije yo— como nos servimos de los problemas en la geometría, sin detenernos en lo que pasa en el cielo, si queremos hacernos verdaderos astrónomos y sacar algún provecho de la parte inteligente de nuestra alma, que sin esto no nos sería de utilidad alguna.

—De esta manera haces el estudio de la astronomía mucho más difícil que lo es en la actualidad —dijo.

—Y aun me parece que debemos prescribir el mismo método —dije yo— respecto a las demás ciencias, pues de no ser así, ¿qué utilidad tendríamos como legisladores?

XII. ¿Puedes recordarme aún alguna otra ciencia que pueda servir a nuestros planes?

—Ninguna viene ahora a mi memoria —dijo.

—Sin embargo —dije—, el movimiento, a mi parecer, no presenta una sola forma, porque tiene muchas. Un sabio podría enumerarlas todas, pero nosotros sólo nombraremos las dos que conocemos.

—¿Cuáles son?

—La ya citada es la primera; la otra es la que corresponde a ésta —dije yo.

—¿Cuál es esa otra?

—Parece que los oídos han sido hechos para los movimientos armónicos —dije—, como los ojos para los movimientos astronómicos; y los pitagóricos dicen que estas dos ciencias, la astronomía y la música, son hermanas, y nosotros somos de su opinión; ¿no es así, Glaucón?

—Así es —dijo.

—Pues bien —dije yo—, como la labor es grande, les preguntaremos a aquéllos su opinión sobre estas cosas y algunas otras si es preciso, pero observando cuidadosamente nuestra máxima.

—¿Qué máxima?

—Vigilar para que no se den a nuestros discípulos enseñanzas en esta materia que sean imperfectas y no conduzcan al punto a donde deben ir a parar todos nuestros conocimientos, como dijimos antes, con motivo de la astronomía. ¿No sabes que la armonía es hoy tratada igual que aquélla? Se limita esta ciencia a la medida de los tonos y de los acordes sensibles, trabajo tan inútil como el de los astrónomos.

—Por los dioses que es también harto ridículo —dijo—. Nuestros músicos hablan sin cesar de intervalos condensados, extienden su oído como para sorprender los sonidos al paso; y unos dicen que oyen un sonido medio entre dos tonos, y que este sonido es el más pequeño intervalo que los separa y hay que medir con él; otros sostienen, por el contrario, que las cuerdas han dado dos tonos perfectamente semejantes; y todos prefieren el juicio del oído al de la mente.

—Hablas de esos famosos músicos —dije yo— que no dan descanso a las cuerdas, que las ponen en tortura y las atormentan por medio de las clavijas. Podría llevar más adelante esta descripción y hablar de los golpes que con el plectro dan a las cuerdas y de las acusaciones que dirigen a éstas y que éstas niegan, desafiando a sus verdugos; pero dejando este punto declaro que no es de éstos de los que quiero hablar, sino de aquellos a quienes nos hemos propuesto interrogar sobre la armonía. Éstos, por lo menos, hacen lo mismo que los astrónomos; indagan los números de que resultan los acordes que hieren el oído; pero no llegan a ver solamente en estos acordes un medio de descubrir cuáles números son armónicos y cuáles no lo son, ni de dónde procede esta diferencia.

—Esa indagación sería verdaderamente digna de un genio —dijo.

—Ella conduce, indudablemente —dije yo—, al descubrimiento de lo bello y de lo bueno; pero si se lleva a cabo con otro fin, no servirá de nada.

—Es natural —dijo.

—Pienso, en efecto —dije—, que si el estudio de todas las ciencias de que acabamos de hablar tuviese por efecto hacer conocer las relaciones íntimas y generales que tienen unas con otras, este estudio sería entonces un gran auxiliar para el fin que nos hemos propuesto, pues en otro caso no merecería la pena consagrarse a él.

—Soy de tu opinión —dijo—; pero Sócrates, semejante trabajo será muy largo y muy penoso.

—¿Hablas del preludio —dije yo— o de otra cosa? ¿No sabemos que todo esto no es más que una especie de preludio del canto que debemos aprender? En efecto;

¿son a tu parecer dialécticos todos los que están versados en estas ciencias?

—No, por Zeus; he encontrado muy pocos entre ellos —dijo.

—Y bien; el que no está en posición de dar o de entender la razón de cada cosa, ¿crees que pueda conocer jamás lo que, según hemos dicho, era necesario saber? — pregunté.

—No creo tampoco eso —dijo.

—Aquí tienes, pues, mi querido Glaucón —dije—, el canto mismo que interpreta la dialéctica. Ésta, aun siendo inteligible, puede ser representada por el órgano de la vista que, según hemos demostrado, se eleva gradualmente del espectáculo de los animales al de los astros y, en fin, a la contemplación del mismo sol. Y así, el que se dedica a la dialéctica, renunciando en absoluto al uso de los sentidos, se eleva, sólo mediante la razón, hasta lo que es cada cosa en sí, y si continúa sus indagaciones hasta que haya percibido mediante el pensamiento el bien en sí, ha llegado al término de los conocimientos inteligibles, así como el que ve el sol ha llegado al término del conocimiento de las cosas visibles.

—Exactamente —dijo.

—Y ¿no es este viaje lo que tú llamas marcha dialéctica?

—¿Cómo no?

—Y —dije yo— el verse libre de sus cadenas y después, abandonando las sombras, dirigirse hacia las figuras artificiales y hacia la luz que las alumbra; salir de este lugar subterráneo para subir hasta los sitios que ilumina el sol; y al no poder fijarse, desde luego, ni en los animales, ni en las plantas, ni en el sol, recurrir a las divinas imágenes de los mismos, pintadas en la superficie de las aguas y en sus sombras, aunque estas sombras pertenezcan a seres reales, no a objetos artificiales como sucedía en la caverna, y no estén formadas por aquella luz, que nuestro prisionero tomaba por el sol: he ahí el efecto del estudio de las ciencias de que hemos hablado. Eleva la parte más noble del alma hasta la contemplación del más excelente de los seres; como en el otro caso, el más penetrante de los órganos del cuerpo se eleva a la contemplación de lo más luminoso que hay en el mundo material y visible.

—Estoy conforme en todo lo que dices —admitió—; sin embargo, desde cierto punto de vista me parece difícil de aceptar, y desde otro me parece difícil de desechar. Pero como no es ésta la única vez que hablaremos de esta materia, y más adelante volveremos muchas veces a ella, doy por sentado que así sea; y ahora pasemos a otro canto y estudiémoslo con el mismo esmero que el preludio. Dinos, pues, en qué consiste la dialéctica, en cuántas especies se divide, y por qué camino se llega a ella. Porque hay trazas de que el término adonde van a parar estos caminos es el reposo del alma y el fin de su viaje.

—No podrías seguirme hasta ese punto, mi querido Glaucón —dije—; por más que no te faltara mi decidida voluntad. No sería ya la imagen lo que yo te haría ver, sino la verdad misma, por lo menos tal como yo la pienso. Si al pensar así me engaño o no, esto no hace al caso; lo que se trata de probar es que existe algo semejante digno de ver; ¿no es así?

—¿Cómo no?

—¿Y no es cierto que sólo la dialéctica puede descubrirlo a un espíritu ejercitado en lo que ha poco enumerábamos, sin que se conozca otro camino?

—También eso merece ser probado.

—Por lo menos hay un punto que nadie puede negar —dije yo—, y es que este método es el único por el que puede llegarse con regularidad a descubrir la esencia de cada cosa; porque, por lo pronto, la mayor parte de las artes sólo se ocupan de las opiniones de los hombres y de sus gustos, de la producción y de la fabricación, y si se quiere, sólo de la preparación de los productos de la naturaleza o del arte. En cuanto a las otras artes, como la geometría y todas las de la misma clase, que a nuestro parecer tienen alguna relación con el ser, vemos que el conocimiento que de éste tienen se parece a un sueño; que les será siempre imposible verlo con esa vista clara que distingue la vigilia del ensueño, mientras no se eleven por encima de sus hipótesis, de las que no dan la razón. ¿Cómo es posible que lleguen nunca a ser conocimiento demostraciones fundadas en principios inciertos, y que sirven, sin embargo, de base a conclusiones y proposiciones intermedias mezcladas con lo que no se sabe?

—No es posible —dijo.

—El método dialéctico es, pues, el único —dije— que, dejando a un lado las hipótesis, se encamina hacia el principio mismo para afirmar su pie, sacando poco a poco el ojo del alma del cieno en que estaba sumido, y elevándole a lo alto con el auxilio y por el ministerio de las artes de que hemos hablado. Hemos distinguido éstas muchas veces con el nombre de ciencias, para conformarnos al uso; pero sería preciso darles otro nombre, que ocupase un punto medio entre la oscuridad de la opinión y la evidencia de la ciencia. Antes nos servimos del nombre de pensamiento discursivo. Pero a mi juicio tenemos cosas demasiado importantes de que tratar, para que nos detengamos ahora en una disputa de palabras.

—No te equivocas —dijo.

—Pero ¿bastará que el alma emplee sólo aquel nombre que de alguna manera haga ver claramente la condición de la cosa?

—Bastará.

—Mi dictamen es que continuemos llamando ciencia a la primera y más perfecta manera de conocer —dije yo—; pensamiento discursivo a la segunda; creencia a la tercera; figuración a la cuarta; comprendiendo las dos últimas bajo el nombre de opinión, y las dos primeras bajo el de inteligencia; de suerte que la generación sea el objeto de la opinión, y la esencia el de la inteligencia; y que la inteligencia sea a la opinión, la ciencia a la creencia, el pensamiento discursivo a la figuración, lo que la esencia es a la generación. Dejemos por ahora, mi querido Glaucón, el examen de las razones en que se funda esta analogía, así como la manera de dividir en dos especies la clase de objetos sometidos a la opinión y la que pertenece a la inteligencia, para no vernos envueltos en discusiones más largas que todas aquellas de que ya hemos salido.

—Por mi parte —dijo— convengo también en esto en la medida en que puedo seguirte.

—¿No llamas dialéctico al que posee noción de la esencia de cada cosa? ¿Y no dices de un hombre que no tiene inteligencia de una cosa cuando no puede dar razón de ella ni a sí mismo ni a los demás?

—¿Cómo podría decir otra cosa? —aseguró.

—Razonemos del mismo modo respecto al bien. Un hombre que no puede separar por el entendimiento la idea del bien de todas las demás, ni dar de ella una definición precisa, ni vencer todas las objeciones, como un hombre de corazón en un combate, ni fundar sus argumentos en la esencia, no en la apariencia, destruyendo todos los obstáculos mediante un razonamiento irresistible, ¿no dirás de él que ni conoce el bien en sí, ni ningún otro bien; que si percibe alguna imagen del bien, no es mediante la ciencia sino mediante la opinión como él la comprende; que su vida se pasa en un profundo sueño, acompañado de ensueños, del que no saldrá en este mundo antes de bajar al Hades, donde dormirá un sueño verdadero?

—Sí, por Zeus, lo diré con toda vehemencia —exclamó.

—Pero si alguna vez te encargases realmente de la educación de estos hijos imaginarios, que formas aquí de palabra, no los pondrías a la cabeza del Estado y no los revestirías con un gran poder para disponer de los negocios públicos, si eran incapaces de dar razón de sus pensamientos, siendo estos para ellos como en geometría las líneas que se llaman irracionales.

—No, seguramente —dijo.

—¿Les ordenarías, por consiguiente, que se dedicasen especialmente a la ciencia de interrogar y de responder de la manera más sabia posible?

—Sí, se lo prescribiré de concierto contigo —dijo.

—Por lo tanto —dije yo—, ¿juzgas que la dialéctica es, por decirlo así, el coronamiento y el colmo de las demás ciencias; que no hay ninguna que pueda colocarse por encima de ella, y que cierra la serie de las ciencias que importa aprender?

—Sí —dijo.

—Por consiguiente —dije yo—, te falta ahora designar las personas a quienes debemos hacer partícipes de estas enseñanzas, y de qué manera.

—Es evidente —dijo.

—¿Recuerdas cuál es el carácter de los que hemos escogido para gobernar?

—¿Cómo no?

—Entonces considera que también en otras cosas debemos escoger hombres de aquel temple, y que era preciso preferir los más firmes, los más valientes y, si es posible, los más hermosos; pero estas ventajas corporales y la nobleza de sentimientos no eran bastante, y se exigió que tuviesen las disposiciones convenientes para la educación que queríamos darles.

—¿Cuáles son estas disposiciones?

—Buen amigo —dije—, la sagacidad necesaria para el estudio de las ciencias y la facilidad para aprender; porque al alma repugnan más presto las dificultades que presentan las ciencias abstractas, que las que ofrece la gimnasia, porque el trabajo es sólo para el alma, que no lo comparte con el cuerpo.

—Cierto —dijo.

—Además es preciso que tengan memoria y tesón, que amen toda especie de trabajo sin distinción; pues de no ser así, ¿cómo crees que habrían de consentir la amalgama de tantos trabajos corporales y tantas reflexiones y ejercicios?

—Jamás lo consentirían de no haber nacido dotados de las condiciones más felices —contestó.

—En efecto, el error en que se incurre en nuestros días —dije yo— y que tanto daño ha causado a la filosofía procede, como ya hemos dicho, de la poca consideración en que se la tiene porque no está hecha para espíritus bastardos, sino para verdaderos y legítimos talentos.

—¿Cómo? —preguntó.

—Por lo pronto, los que quieran dedicarse a ella deben ser de tal suerte que nada haya en ellos de cojera en amor al trabajo. No basta que en parte sean laboriosos y en parte indolentes, que es lo que sucede cuando un joven, lleno de ardimiento por la gimnasia, por la caza y por todos los ejercicios del cuerpo, rechaza todo estudio y las conversaciones e indagaciones científicas, esquivando esta clase de trabajos. Igualmente cojean de amor al trabajo los que tienen un carácter enteramente opuesto.

—Nada más cierto —asintió.

—¿Y no deberemos colocar —pregunté— en el rango de las almas lisiadas con relación al estudio de la verdad las que, detestando la mentira voluntaria y no pudiendo sufrirla sin sentir repugnancia dentro de sí e indignación para los demás, no tienen el mismo horror por la mentira involuntaria, ni se consideran rebajados a sus propios ojos cuando se los convence de su ignorancia, y antes bien se revuelcan en ella con la misma complacencia que un puerco en el fango?

—Sí, sin duda —dijo.

—No menos atención es preciso prestar —dije yo— para discernir los caracteres nobles de los caracteres bastardos en razón de la templanza, de la fortaleza, de la grandeza de alma y de las demás virtudes. Por no saber distinguirlos, los particulares y los Estados someten sus intereses, éstos a magistrados débiles e incapaces, y aquéllos a amigos de iguales condiciones, por servirse de ellos inconscientemente.

—Eso sucede, en efecto —dijo.

—Tomemos, pues —dije—, todas las precauciones para hacer una buena elección, porque si sólo dedicamos a los estudios y ejercicios de esta importancia a personas a quienes nada falte ni con relación al cuerpo ni con relación al alma, la misma justicia nada tendrá que echarnos en cara, y nuestro Estado y nuestras leyes se mantendrán firmes; pero si dedicamos a estos trabajos personas indignas, sucederá todo lo contrario, y pondremos aún en más completo ridículo a la filosofía.

—Eso sería para nosotros una vergüenza —dijo.

—Sin duda, pero no me hago cargo de que yo mismo estoy dando lugar a que se rían a mi costa —dije.

—¿Por qué? —preguntó.

—Porque olvido que todo esto no es más que un juego —dije— y hablo con demasiado calor. Lo que me ha irritado es que al echar una mirada a la filosofía y verla tratada con el mayor desprecio, no he podido contener mi indignación contra los que la ultrajan y he hablado con demasiada seriedad.

—Tu auditorio no advierte que te hayas excedido, por Zeus —dijo.

—No lo cree así el orador —dije—. Pero sea de esto lo que quiera, no olvidemos que nuestra primera elección recaía sobre ancianos, y que aquí no estaría muy en su lugar, porque no hay que creer a Solón cuando dice que un anciano puede aprender muchas cosas; más fácil sería para él correr. No; todos los grandes trabajos están reservados a la juventud.

—Por fuerza —dijo.

—Desde la edad más tierna es preciso destinar nuestros discípulos al estudio de los números, de la geometría y demás ciencias que sirven de preparación a la dialéctica; pero es necesario desterrar de la enseñanza todo lo que sean trabas y coacciones.

—¿Por qué razón?

—Porque un espíritu libre —dije yo— no debe aprender nada como esclavo. Que los ejercicios del cuerpo sean forzosos o voluntarios, no por eso el cuerpo deja de sacar provecho; pero las lecciones que se hacen entrar por fuerza en el alma no tienen en ella ninguna fijeza.

—Es cierto —dijo.

—No emplees la violencia, pues, con los niños cuando les des las lecciones — dije—; haz de manera que se instruyan jugando, y así te pondrás mejor en situación de conocer las disposiciones de cada uno.

—Lo que dices me parece muy sensato —asintió.

—Y ¿recuerdas —pregunté— que, según dijimos antes, es preciso llevar a los niños a la guerra a caballo, hacer que presencien el combate, y hasta aproximarlos a la pelea cuando no haya en ella gran peligro, y procurar en cierta manera que gusten la sangre, como se hace con los perros jóvenes de caza?

—Me acuerdo de eso —dijo.

—Pondrás, pues, a un lado los que hayan mostrado más agilidad en estos trabajos, estudios y peligros —dije.

—¿A qué edad? —preguntó.

—Cuando hayan concluido su curso de ejercicios gimnásticos — dije—, porque durante este tiempo, que será de dos a tres años, les es imposible dedicarse a otra cosa, porque no hay nada más enemigo de las ciencias que la fatiga y el sueño. Por otra parte, los ejercicios gimnásticos son una prueba a la que importa mucho someterlos.

—¿Cómo no? —dijo.

—Pasado este tiempo, y cuando hayan llegado a los veinte años — seguí—, concederás, a los que hayas escogido, distinciones honrosas, y les presentarás en conjunto los conocimientos que hayan adquirido por separado durante la infancia, a fin de que se acostumbren a ver de una ojeada y desde un punto de vista general las relaciones que las disciplinas guardan entre sí, y a conocer la naturaleza del ser.

—Este método es el único que puede afirmar en ellos los conocimientos que habrán adquirido —dijo.

—También es el medio más seguro de distinguir la naturaleza

dialéctica de cualquier otra —dije—; porque el que sabe reunir los objetos desde un punto de vista general ha nacido para la dialéctica; los que no están en este caso, no.

—Soy del mismo parecer —dijo.

—Después de haber observado —continué— cuáles son los mejores de este género, a los que hayan mostrado más constancia y firmeza, ya en el estudio, ya en los trabajos de la guerra, ya en las demás pruebas prescritas, cuando hayan llegado a los treinta años, les concederás mayores honores; y dedicándolos a la dialéctica, distinguirás los que, sin auxiliarse de los ojos y de los demás sentidos, puedan por la sola fuerza de la verdad elevarse hasta el conocimiento del ser; y aquí es, mi querido amigo, donde es preciso tomar las mayores precauciones.

—¿Por qué? —preguntó.

—¿No has fijado tu atención —pregunté— en el gran mal que reina en nuestros días en la dialéctica?

—¿Qué mal? —dijo.

—Creo —dije— que está inficionada de iniquidad.

—Es cierto —dijo.

—¿Crees que haya nada de sorprendente en este desorden? ¿No excusas a los que se entregan a él? —pregunté.

—¿En qué concepto son excusables? —dijo.

—Les sucede lo mismo —dije— que a un hijo supuesto que, educado en el seno de una familia noble y opulenta, en medio del fausto y rodeado de adulaciones, se apercibiese, cuando fuese ya grande, de que los que se dicen sus padres no lo son, sin poder descubrir los verdaderos. ¿Podrías decirme qué pensaría de sus aduladores y de sus pretendidos padres antes de conocer su posición y después de haberla conocido?

¿O prefieres saber lo que yo pienso?

—Prefiero esto último —dijo.

—Me imagino que en el primer caso tendría respeto a su padre —dije—, a su madre y a los demás que miraba como parientes, que no a sus aduladores; que estaría más dispuesto a socorrerlos si los veía en la indigencia; que lo estaría menos a maltratarlos de palabra o de hecho; y, en una palabra, que en las cosas esenciales les obedecería antes que a sus aduladores durante todo el tiempo que ignorase la verdad.

—Es natural —dijo.

—Pero apenas supiera la verdad, en el momento, sus respetos y sus atenciones disminuirían para con aquéllos y aumentarían para con los aduladores; se entregaría a éstos con menos reservas que antes, siguiendo en todo sus consejos, y viviendo con ellos públicamente en la mayor familiaridad, mientras que nada le importaría ni su padre ni sus supuestos parientes, a no estar dotado de un natural muy bueno.

—Las cosas no dejarían de pasar como dices. Pero ¿cómo se relaciona esta imagen con los que se consagran a la dialéctica?

—De la manera siguiente: ¿no se nos educa desde la infancia en los principios de justicia y de honestidad, principios que honramos y obedecemos como a nuestros padres?

—Así es.

—¿No hay también —seguí— máximas opuestas a estos principios, máximas que sólo prometen placer y que asedian nuestra alma como otros tantos aduladores, pero que no arrastran a los que tengan un mínimo de mesura, que conservan siempre el mismo respeto y la misma sumisión a aquellos otros principios paternos?

—Así es.

—¿Y qué? —dije yo—. Si llega a preguntarse al que está en esta disposición de espíritu qué es lo que se llama honroso, y si después de haber respondido conforme a lo que aprendió de boca del legislador, se le rebate su respuesta, se le confunde en repetidas ocasiones y se le pone en la necesidad de dudar si aquello es más honroso que deshonroso; si se repite esta escena con respecto a lo justo, a lo bueno y a las demás cosas que él reverenciaba, ¿qué partido te parece que tomará en razón del respeto y de la sumisión que prestaba antes a los principios?

—Necesariamente los honraría y obedecería menos que antes —dijo.

—Pues bien —dije yo—, cuando llegue el caso de no sentir el mismo respeto por tales principios y de no reconocer las relaciones íntimas que con él tienen, y si, por otra parte, le es imposible descubrir por sí mismo la verdad, ¿cómo puede menos de abrazar otra vida sino aquella que le lisonjea?

—No puede menos —dijo.

—Se hará, por consiguiente, rebelde a las leyes a que era antes sumiso.

—Por fuerza.

—Por consiguiente, los que se dedican a la dialéctica de esta manera, ¿no deben caer en este inconveniente y, después de todo, merecer que se les perdone?

—Y además que se les tenga compasión —dijo.

—Pues para no exponer a nuestros discípulos a la misma compasión, cuando hayan llegado a los treinta años y antes de destinarlos a la dialéctica, procurarás tomar todas las precauciones necesarias.

—Desde luego —dijo.

—¿No es una excelente precaución que no gusten de la dialéctica cuando son demasiado jóvenes? No ignoras, sin duda, que los jóvenes, cuando han gustado de los primeros argumentos, se sirven de ellos como de un pasatiempo, y tienen fruición en provocar controversias sin cesar. A ejemplo de los que los han confundido en la disputa, ellos, a su vez, confunden a los demás y, semejantes a los perros jóvenes, se complacen en dar tirones y mordiscos verbales a cuantos se les aproximan.

—Sí, gozan soberanamente —dijo.

—Después de muchas disputas en que han salido unas veces vencidos y otras vencedores, concluyen, de ordinario, por no creer nada de lo que creían antes. De esta manera dan ocasión a que los demás los desacrediten a ellos y a la filosofía.

—Nada más cierto —dijo.

—En una edad más madura, en cambio —dije yo—, no se incurrirá en esta manía; se imitará, más bien, a los que trabajan para descubrir la verdad, que a los que contradicen sólo por entretenimiento y diversión. De esta manera se comportará él de forma más moderada y se pondrá la profesión filosófica en un grado de estimación que no tenía antes.

—Muy bien —dijo.

—Por vía de precaución dijimos antes que a los ejercicios de la dialéctica sólo debían admitirse espíritus sólidos y graves, en vez de admitir, como se hace en nuestros días, al primero que llega, aun cuando muchas veces no tenga disposición para ello.

—Totalmente cierto —dijo.

—¿Será bastante dar a la dialéctica un tiempo doble del que se ha dado a la gimnasia, y consagrarse a ella sin tregua y tan exclusivamente como se hizo con los ejercicios del cuerpo?

—¿Cuántos años? ¿Cuatro o seis? —preguntó.

—No importa: pon cinco. Después de esto los harás descender de nuevo a la caverna, en efecto, obligándoles a pasar por los empleos militares y por las demás funciones propias de su edad, a fin de que no cedan a nadie en experiencia. Observarás si en todas estas pruebas se mantienen firmes, aunque estén distraídos y sean solicitados por todas partes, o si vacilan.

—¿Y cuánto tiempo han de durar estas pruebas? —dijo.

—Quince años —contesté—. Entonces es llegada la ocasión de conducir al término a aquellos que a los cincuenta años hayan salido indemnes de estas pruebas, y se hayan distinguido en el estudio y en toda su conducta, precisándoles a dirigir el ojo del alma hacia aquello que alumbra todas las cosas, a contemplar el bien y a servirse de él toda su vida como de un modelo para gobernar, cada cual en su día, sus costumbres, las del Estado y las de los particulares, ocupándose casi siempre del estudio de la filosofía, pero cargando, cuando toque el turno, con el peso de la autoridad y de la administración de los negocios sin otro fin que el bien público, y en la persuasión de que se trata menos de ocupar un puesto de honor que de cumplir un deber indispensable. Entonces es cuando, después de haber trabajado sin descanso en formar y dejar al Estado sucesores dignos de reemplazarles, podrán pasar de esta vida a las Islas de los Bienaventurados. El Estado les erigirá magníficos mausoleos y, si la Pitia lo autoriza, se les harán sacrificios como a genios tutelares o, por lo menos, como a almas bienaventuradas y divinas.

—Acabas, Sócrates —exclamó—, de fabricar, como un hábil escultor, perfectos hombres de Estado.

—Di también mujeres, mi querido Glaucón —dije yo—, porque no creas que haya hablado yo más bien de hombres que de mujeres, siempre que estén dotadas de una aptitud conveniente.

—Así debe ser, puesto que en nuestro sistema es preciso que todo sea común entre los dos sexos —dijo.

—Y bien, amigos míos —dije—, ¿me concederéis ahora que nuestro proyecto de Estado y de gobierno no es una vana quimera? La ejecución es difícil, sin duda, pero es posible; y sólo lo es, como se ha dicho, cuando estén a la cabeza de los gobiernos uno o muchos verdaderos filósofos que, mirando con desprecio los honores que hoy con tanto ardor se solicitan, en la convicción de que no tienen ningún valor, no estimando sino lo recto y los honores que de ello dimanan, poniendo la justicia por encima de todo por su importancia y su necesidad, sometidos en todo a sus leyes y esforzándose en hacerlas prevalecer, acometan la organización de su propio Estado.

—¿De qué manera? —preguntó.

—Enviarán al campo a todos los ciudadanos que pasen de diez

años; y después de haber, de esta suerte, sustraído al influjo de las actuales costumbres a los hijos de estos ciudadanos, los educarán conforme a sus propias costumbres y a sus propias leyes, que son las que nosotros hemos expuesto antes. Por este medio establecerán en el Estado, en poco tiempo y sin dificultad, el gobierno de que hemos hablado, brindando así grandes beneficios al pueblo.

—Desde luego —dijo—. Creo, Sócrates, que has encontrado la manera como debe llevarse a cabo nuestro proyecto, en el supuesto de que algún día se verifique.

—¿Daremos, pues, aquí por terminado nuestro discurso sobre el Estado y sobre el hombre que se le parece? Pues es fácil también ver ahora cuál debe ser este hombre según nuestros principios.

—Está claro —dijo—; y, en lo tocante a tu pregunta, la materia está agotada.

# LIBRO VIII

—Es, pues, cosa convenida por nosotros, mi querido Glaucón, que en un Estado bien constituido todo debe ser común; mujeres, hijos, educación, ejercicios propios de la paz y de la guerra, y que debe designarse como reyes del mismo a hombres consumados en la filosofía y en la ciencia militar.

—Convenido está —dijo.

—También hemos convenido en que, una vez designados los gobernantes, hay que asentar a los guerreros en casas del género que hemos dicho, que serán comunes y en las que nadie tendrá nada propio. Además de la habitación recordarás lo que dispusimos sobre la clase de bienes que poseerán.

—Sí —dijo—. Recuerdo que nos pareció necesario que ninguno de ellos fuese propietario de nada, que es lo contrario de lo que sucede actualmente con los demás; y que, considerándose como atletas destinados a combatir y vigilar por el bien público, debían proveer a su seguridad y a la de sus conciudadanos, y recibir de los demás, en retribución de sus servicios, lo que necesitaran cada año para su manutención.

—Bien —repuse—. Pero puesto que sobre esta materia hemos dicho ya cuanto había que decir, recordemos la altura a que estaba nuestra polémica cuando dimos cabida a la presente digresión, y tomemos de nuevo el hilo del debate para continuarlo.

—No es difícil hacerlo —dijo—. Parecía, en efecto, que habías agotado todo lo relativo al Estado, y concluías poco más o menos lo mismo que ahora, diciendo que un Estado, para ser perfecto, debía parecerse al que acabas de describir, y que sería hombre de bien el que se condujese conforme a los mismos principios, si bien te pareció posible dar del uno y del otro un modelo más acabado aún. Pero añadías que, si esta forma de gobierno era buena, todas las demás serían defectuosas. En cuanto alcanza mi memoria, recuerdo que contabas cuatro especies cuyos defectos era conveniente examinar, comparándolos con los de los individuos cuyo carácter respondía a cada una de estas especies, a fin de que, después de haberlos considerado todos con cuidado y de estar seguro acerca de cuál es el mejor y cuál el peor, nos fuese posible juzgar si el primero es el más dichoso y el segundo el más desgraciado de los hombres, o si las cosas pasan de otra manera. Y en el punto mismo en que te suplicaba yo que nos dieras a conocer esas cuatro especies de gobierno, Adimanto y Polemarco nos interrumpieron y te comprometieron a entrar en la digresión que ha concluido en este momento.

—Me lo has recordado —dije— con toda exactitud.

—Haz como los luchadores; dame el mismo asidero, y responde ahora a la misma pregunta a que te proponías contestar entonces.

—Lo haré, si puedo —dije.

—Deseo saber cuáles son esos cuatro gobiernos de que hablabas —dijo.

—No tendré dificultad en satisfacerte —respondí—, porque todos ellos son bien conocidos. El primero y más alabado es el de Creta y Lacedemonia. El segundo, que ocupa también el segundo rango en fama, es la oligarquía, gobierno expuesto a un gran número de vicios. El tercero, opuesto enteramente al segundo, es la democracia. En seguida viene la gloriosa tiranía, que aventaja a todos los otros tres gobiernos, como cuarta y postrera enfermedad que puede padecer un Estado. ¿Puedes nombrarme, si no, algún otro gobierno que tenga una forma propia y distinta de éstos? Porque las dinastías y los reinos venales y otros gobiernos semejantes entran como intermedios entre esos mismos de que hemos hablado, y no se hallan menos entre los bárbaros que entre los griegos.

—Efectivamente, se citan muchos y muy extraños —dijo.

—¿Sabes ahora —proseguí— que hay necesariamente otros tantos caracteres de hombres como especies de gobiernos; porque no creerás que las constituciones de los Estados procedan de las encinas o de las piedras, sino de los caracteres mismos de los miembros que los componen, y de la dirección que este conjunto imprime a todo lo demás, por así decir, al inclinarse?

—Efectivamente, no creo que vengan sino de ahí —dijo.

—Por lo tanto, puesto que hay cinco especies de gobiernos, debe haber otros tantos caracteres del alma individual que correspondan a aquéllos.

—¿Cómo no?

—Ya hemos tratado del carácter que corresponde a la aristocracia, y hemos dicho con razón que es bueno y justo.

—Descrito lo tenemos.

—Ahora tenemos que recorrer los caracteres viciados; en primer lugar, el que ansía victorias y honores, formado según el modelo del gobierno de Lacedemonia; y en seguida, los caracteres oligárquico, democrático y tiránico. Cuando hayamos reconocido cuál es el más injusto de estos caracteres, lo pondremos frente a frente del más justo, y comparando la justicia pura con la injusticia también sin mezcla, concluiremos por ver hasta qué punto la una y la otra nos hacen dichosos o desgraciados, y si deberemos acogernos a la injusticia, siguiendo el consejo de Trasímaco, o cederemos a la fuerza de las razones que nos precisan a abrazar el partido de la justicia.

—Es preciso hacerlo así —dijo.

—Y así como habíamos comenzado a examinar las costumbres del Estado antes de pasar a las de los individuos porque creímos que este método era más claro, ahora, ¿qué será más conveniente, que continuemos en la misma forma y que después de haber considerado, desde luego, el gobierno ambicioso (porque no sé qué otro nombre darle, como no sea, quizá, el de timocracia o de timarquía), pasemos en seguida al hombre que se le parece? ¿Observaremos la misma conducta respecto a la oligarquía y al hombre oligárquico, después de haber echado una mirada sobre la democracia, nos fijaremos en el hombre democrático y, por último, llegaremos al gobierno tiránico y examinaremos su constitución, en la cual se nos presentará el alma tiránica, y trataremos de pronunciar nuestro fallo con conocimiento de causa sobre la cuestión que nos hemos propuesto resolver?

—Sí —dijo—; así se hará con más orden este examen y este juicio.

—Procuremos, pues, por lo pronto —dije yo— explicar de qué manera puede tener lugar el paso de la aristocracia a la timocracia. ¿No es cierto, en general, que los cambios de todo gobierno político tienen su origen en el partido que gobierna, cuando se suscita en él alguna escisión, y que, por pequeño que se suponga este partido, mientras mantenga en su seno la armonía, es imposible que tenga lugar alguna innovación en el Estado?

—Tal sucede, en efecto.

—Por consiguiente —dije—, ¿cómo en un Estado de las condiciones del nuestro podrá darse un movimiento, Glaucón? ¿Por dónde la discordia, infiltrándose entre los auxiliares y los gobernantes enfrentará cada una de estas clases contra la otra y contra sí misma? ¿Quieres que, a imitación de Homero, conjuremos a las musas para que nos expliquen el origen de la querella, y que las hagamos hablar en tono trágico y sublime, cuando lo que hacen es jugar y divertirse, tratándonos como niños?

—¿Cómo?

—Poco más o menos de la manera siguiente: «Es difícil que en un Estado así constituido haya movimientos; pero como todo lo que nace está destinado a perecer, tampoco ese sistema de gobierno subsistirá eternamente, sino que se disolverá algún día, y he aquí cómo. Hay, no sólo para las plantas que nacen del seno de la tierra, sino también para el alma y el cuerpo de los animales que viven sobre su superficie, cambios de fertilidad y de esterilidad. Estos cambios tienen lugar cuando cada especie termina y vuelve a comenzar su revolución circular, la cual es más corta o más larga según que la vida de cada especie sea más larga o más corta. Vuestros magistrados, por hábiles que sean y por mucho que los auxilien la experiencia y el cálculo, podrán no determinar exactamente el instante favorable o contrario a la propagación de su especie. Se les escapará este instante, y darán al Estado hijos en épocas desfavorables. Las generaciones divinas tienen un período que comprende un número perfecto, pero, respecto a la raza humana, hay otro número que es el primero en el cual se producen incrementos de potencia simple y reforzada, con tres intervalos y cuatro términos, semejantes y desemejantes, crecientes y menguantes, y que hacen aparecer todas las cosas como acordadas y racionales entre sí. La base, cuatro, conjugada con el cinco y aumentada tres veces, produce dos armonías: la una, uniforme, multiplicada otras tantas veces por cien; la otra, equilátera en un sentido, pero oblonga en conjunto, resultante de cien números de la diagonal racional de cinco, disminuidos en uno, o de diagonales irracionales de cinco, disminuido cada número en dos, así como cien cubos de tres. He aquí el número geométrico, que de este modo domina todo él sobre los nacimientos mejores o peores. Ignorando la virtud de este número, vuestros magistrados harán contraer en épocas indebidas matrimonios de los que nacerán bajo funestos auspicios hijos de mala índole. Sus padres escogerán, es cierto, los mejores de entre ellos para que ocupen su lugar; pero como serán indignos de sucederles en sus puestos, apenas se vean elevados, cuando ya comenzarán a despreciarnos a nosotras (las Musas), no haciendo de la música el caso que debieran, y despreciando en igual forma la gimnasia, de donde resultará que la educación de vuestros jóvenes será mucho menos perfecta. Y así los magistrados que fueren escogidos de entre ellos no tendrán el talento de discernir las razas de oro, de plata, de bronce y de hierro, de que habla Hesíodo, y que se encuentran entre vosotros. Llegando, pues, a mezclar el hierro con la plata y el bronce con el oro, resultará de esta mezcla una falta de conveniencia, de regularidad y de armonía, defecto que, allí donde aparece, engendra siempre la enemistad y la guerra. Ésta es la raza origen de la discordia en todas partes donde surge».

—Y nosotros diremos que no se engañan —aseveró.

—Nada más natural, pues son Musas —dije yo.

—Pues bien, ¿qué es lo que dicen las Musas después? —inquirió.

—«Una vez producida la disensión, las razas de hierro y de bronce trataban de enriquecerse y de adquirir tierras, casa —dije yo—, oro y plata, mientras que las razas de oro y plata, ricas por naturaleza, y no estando desprovistas, intentaban llevar las almas a la virtud y al sostenimiento de la constitución primitiva. Después de muchas luchas y violencias entre unos y otros, convinieron en dividir entre sí las tierras y las casas, destinando como esclavos al cuidado de sus tierras y sus casas al resto de los ciudadanos, a quienes consideraban antes como hombres libres, como sus amigos y como proveedores de su mantenimiento, y continuando ellos mismos haciendo la guerra y proveyendo a la común seguridad».

—Me parece que semejante mutación —dijo— tiene ahí la causa.

—Un gobierno de esta clase, ¿será un término medio entre la aristocracia y la oligarquía? —pregunté.

—En efecto.

—El cambio se hará, pues, del modo que yo he explicado; pero ¿cuál será la forma de este nuevo gobierno? ¿No es evidente que, por ser un término medio, retendrá algo de lo antiguo y que tomará algo del gobierno oligárquico pero que, en fin, tendrá algo que sea propio y distintivo?

—Así es —dijo.

—Conservará del régimen anterior el respeto a los magistrados, la aversión de los guerreros a la agricultura, a los oficios manuales y a las profesiones lucrativas, la costumbre de las comidas públicas y el cuidado de practicar los ejercicios gimnásticos y militares. ¿No?

—Sí.

—Lo que tendrá de propio, ¿no será el temor de elevar a los sabios a las primeras dignidades, porque ya no se formarán en su seno caracteres de una virtud sencilla y pura, sino que aparecerán caracteres compuestos de diversos elementos; el elegir para el mando espíritus más fogosos y simples, nacidos más para la guerra que para la paz; el tener muy en cuenta las estratagemas y ardides de la guerra, y el estar siempre con las armas en la mano?

—Sí.

—Hombres de esta condición —dije yo— estarán ansiosos de riquezas, como en los Estados oligárquicos. Ciegos adoradores del oro y de la plata, los honrarán en la oscuridad, y los tendrán secretamente encerrados en cofres. Ellos mismos, atrincherados en el recinto de sus casas como en otros tantos nidos, gastarán en mujeres y en todo lo que halague sus pasiones.

—Es muy cierto —dijo.

—Serán, pues, avaros de su dinero, porque lo aman y lo poseen clandestinamente, y al mismo tiempo serán pródigos de los bienes de los demás a causa del deseo que tienen de satisfacer sus pasiones. Entregados en secreto a todos los placeres, se ocultarán de la ley, como un hijo relajado se oculta de su padre; y todo esto gracias a una educación fundada, no en la persuasión, y sí en la fuerza, por haber despreciado la verdadera Musa, la que preside a la dialéctica y a la filosofía, y por haber preferido la gimnasia a la música.

—Ése de que hablas es un gobierno mezclado de bien y del mal —dijo.

—En efecto, es una mezcla —dije—. Pero dado que domina aquí la fogosidad, lo que más sobresale es la ambición y la sed de honores.

—En gran manera —dijo.

—Tales serían, pues —dije yo—, el origen y las costumbres de este gobierno. No he hecho una pintura exacta de él sino sólo un bosquejo, porque esto basta a nuestro propósito, que es conocer el hombre justo y el injusto; y porque, por otra parte, tendríamos que entrar en interminables pormenores si quisiéramos describir con completa exactitud cada gobierno y cada carácter.

—Tienes razón —dijo.

—¿Cuál es el hombre que corresponde a este gobierno? ¿Cómo se forma y cuál es su carácter?

—Me imagino —dijo Adimanto— que debe parecerse a Glaucón, por lo menos en punto a ambición.

—Podrá ser —le dije yo—; pero me parece que difiere bajo otros muchos conceptos.

—¿Cuáles?

—Debe ser más obstinado —dije yo— y menos educado con las Musas, aunque las ama bastante. Oirá con gusto, pero no tendrá ningún talento para hacer uso de la palabra. Duro con los esclavos, en vez de sentirse superior a ellos, como hacen los que han recibido buena educación, será dulce con los hombres libres y respetuoso con los gobernantes. Aspirará a los honores y dignidades, no por la elocuencia ni por ningún otro medio del mismo género, sino por las virtudes guerreras, y así tendrá pasión por la caza y por los ejercicios gimnásticos.

—He ahí —dijo— el carácter de este Estado.

—Durante su juventud podrá muy bien despreciar las riquezas —proseguí—, pero su apego a ellas crecerá con la edad, porque su carácter le inclina a la avaricia, y porque, privada su virtud del más excelente guardián, no es pura ni desinteresada.

—¿De qué guardián? —preguntó Adimanto.

—La razón combinada con música, porque sólo ella puede conservar la virtud en un corazón que la posee —dije yo.

—Dices bien —asintió.

—Tal es el joven timocrático —dije yo—, imagen del Estado que le corresponde.

—Exacto.

—He aquí ahora —dije— de qué manera se forma. Tendrá a veces por padre un hombre de bien, ciudadano en un Estado mal gobernado, que huye de los honores, de las dignidades, de las magistraturas y de todas las molestias que los cargos llevan consigo; y, en fin, que prefiere perder derechos a sufrir molestias.

—¿Cómo se forma el carácter de este joven? —preguntó.

—En primer lugar —dije yo—, por los discursos de su madre, a quien oye quejarse a todas horas de que su marido no tiene cargo alguno en el Estado; que así es ella menos considerada entre las demás mujeres; que su marido no se afana por aumentar su riqueza; que no quiere pelea con nadie ni en procesos privados ni en públicos; y que ella ve claramente que, consagrado a sí propio, tiene para ella la mayor indiferencia. Esta madre, resentida de una conducta semejante, repite sin cesar al hijo que su padre es un hombre indolente y sin carácter, y otras cien frases semejantes de las que las mujeres acostumbran a decir en tales ocasiones.

—Es cierto que se valen de tales lamentos, porque están en su carácter —dijo Adimanto.

—Tampoco ignoras —proseguí— que también los criados, aun pasando por ser leales, con el hijo de la casa usan en secreto el mismo lenguaje. Cuando ven, por ejemplo, que el padre no entabla reclamación para el pago de una deuda o la reparación de alguna injuria, le dicen al hijo que «cuando sea grande, haga valer sus derechos, y procure ser más hombre que su padre». Cuando sale de casa, oye por todas partes el mismo lenguaje; ve que son despreciados y considerados como imbéciles los que se ocupan en lo que les importa, mientras que son honrados y alabados los que se mezclan en lo que no les interesa. Este joven, que escucha y ve todo esto, y que oye de boca de su padre un lenguaje enteramente distinto, y que observa que la conducta de éste es opuesta a la de los demás, es atraído, a la vez, por dos fuerzas: por su padre, que cultiva y fortifica la parte racional de su alma, y por los demás, que inflaman su fogosidad y sus deseos. Como su natural no es malo de suyo y, si es solicitado por el mal, es sólo por los hombres malos con quienes trata, adopta un término medio entre los dos partidos extremos, y entrega el mando de su alma a esta parte de sí mismo en que residen la fogosidad y la ambición, que ocupa un término medio, y de esta manera se hace un hombre ambicioso y altanero.

—Me parece —dijo— que has explicado perfectamente el origen y desarrollo de este carácter.

—Ya tenemos, pues, la segunda especie de hombre y de gobierno —dije yo.

—La tenemos.

—Pasemos revista, como dice Esquilo, a otro hombre formado frente a otra ciudad, y para seguir el mismo orden, comencemos por la ciudad.

—Conforme.

—El gobierno que corresponde examinar ahora creo que es la oligarquía.

—¿Qué clase de constitución llamas tú oligarquía?

—Entiendo una forma de gobierno donde el censo —dije yo— decide de la condición de cada ciudadano; donde los ricos, por consiguiente, ejercen el mando sin que los pobres participen de él.

—Comprendo —dijo.

—¿No deberemos decir, ante todo, cómo la timarquía se convierte en oligarquía?

—Sí.

—Pues no hay nadie —seguí—, por poca perspicacia que tenga, que no vea cómo se verifica la transición de la una a la otra.

—¿Cómo?

—Aquellas riquezas, acumuladas en los cofres de cada particular, son una causa de la ruina de aquel gobierno. Su primer efecto es arrastrar a cada ciudadano a gastar en lujo para sí y para su mujer y, por consiguiente, a desconocer y eludir la ley.

—Es natural —dijo.

—En seguida, excitados los unos con el ejemplo de los demás, y queriendo imitarles, en poco tiempo el contagio se hace general, según creo.

—Naturalmente.

—En fin —dije yo—, se dejan dominar más y más por la pasión de amontonar riquezas, y cuanto más aumenta el crédito de éstas, tanto más disminuye el de la virtud. La riqueza y la virtud, ¿no son como dos pesos puestos en una balanza, que se mueven en opuestas direcciones?

—En efecto —dijo.

—Por consiguiente, la virtud y los hombres de bien son menos estimados en un Estado en la proporción en que se estiman más los ricos y las riquezas.

—Eso es evidente.

—Pero se practica lo que se estima y se descuida lo que se desestima.

—Tal sucede.

—Por consiguiente, los ciudadanos, de ambiciosos y amigos de honores que eran, concluyen por hacerse codiciosos y avaros. Reservan todos sus elogios y toda su admiración para los ricos; los empleos son para ellos solos, y basta ser pobre para verse despreciado.

—Completamente.

—Entonces se fijan por una ley las condiciones necesarias para participar del poder oligárquico, y estas condiciones se resumen en la cuota de la renta. La cuota que se requiere es más o menos grande, según que el principio oligárquico esté más o menos en vigor, y está prohibido aspirar a los cargos públicos a todos aquellos cuya renta no asciende a la tasa señalada. Y hacen que pase esta ley valiéndose de la fuerza y de las armas, o bien se acepta por temor de que ellos cometan alguna violencia. ¿No pasan así las cosas?

—Así es, ciertamente.

—He aquí, pues, cómo se establece por lo general ésta.

—Sí; pero ¿cuáles son sus costumbres y cuáles los vicios que nosotros le echamos en cara? —preguntó.

—El primero es el principio mismo de este Estado —dije—. Escucha lo que voy a decir. Si en la elección de un piloto se atendiese únicamente al censo, y se excluyese del gobierno del timón al pobre, a pesar de su experiencia...

—¡Las naves llevarían muy mala navegación! —dijo.

—¿No será lo mismo respecto a otra gobernación, cualquiera que ella sea?

—Lo creo así.

—¿Y deberemos exceptuar el gobierno de un Estado? —pregunté—. ¿O también en éste?

—Mucho más que en ningún otro —dijo—, porque es el más difícil y el más importante de todos los gobiernos.

—Luego la oligarquía tiene este vicio capital.

—Tal parece.

—¿Y es menos grave este otro?

—¿Cuál?

—Que este Estado no sea uno, sino que encierre necesariamente dos Estados, uno compuesto de ricos y otro de pobres, que habitan el mismo suelo y que se esfuerzan sin cesar en destruirse los unos a los otros.

—Ciertamente —exclamó— este vicio no es menos grave que el primero, por Zeus.

—Tampoco es una gran ventaja para este gobierno la impotencia en que está de hacer la guerra, porque necesita para ello, o armar a la multitud, a la que tiene que temer más que al enemigo, o no servirse de ella y entrar en lucha con un ejército que merecerá entonces verdaderamente el nombre de oligárquico, prescindiendo de que los ricos se niegan por avaricia a pagar los gastos de la guerra.

—Está muy lejos de ser una ventaja.

—Además, ¿no ves que los mismos ciudadanos son, a la vez, en este régimen, labradores, guerreros y comerciantes? ¿Y no hemos proscrito esta acumulación de muchos oficios en manos de un solo individuo? ¿O acaso te parece bien?

—En modo alguno.

—Mira ahora si el mayor y primer vicio de esta constitución no es el que voy a decir.

—¿Cuál?

—La libertad en que se deja a cada uno de deshacerse de sus bienes o de adquirir los de los demás; de permanecer en el Estado el que los ha vendido sin tener ninguna ocupación, sin ser artesano, ni comerciante, ni soldado, ni otro título, en fin, que el de pobre e indigente.

—Sí que es el primer vicio —asintió.

—En los Estados oligárquicos no se trata de impedir este desorden, porque si se hiciese, los unos no poseerían riquezas inmensas mientras los otros se ven reducidos a la última miseria.

—Es cierto.

—Fija tu atención en lo que voy a decir. Cuando este hombre, rico en otro tiempo, se arruinaba haciendo gastos insensatos, ¿qué ventaja sacaba de ello el Estado?

¿Pasaba por uno de sus jefes, o no era ni jefe ni servidor, ni tenía otro destino que el de gastar sus bienes?

—Era un pródigo y nada más, pese a la apariencia —dijo.

—¿Quieres entonces —pregunté— que digamos de este hombre que, al igual que en su celdilla nace un zángano, azote de la colmena, nace él en su casa como otro zángano, azote del Estado?

—Así es, Sócrates —dijo.

—Pero ¿acaso no hay esta diferencia, mi querido Adimanto: que Dios ha querido que los zánganos alados nazcan sin aguijón, mientras que si entre los zánganos de dos pies los hay que no tienen aguijón, otros, por el contrario, lo tienen muy punzante? Los que no lo tienen, ¿acaso no envejecen y mueren en la indigencia, mientras que entre los que lo tienen se encuentran todos los malhechores?

—Nada es más cierto —dijo.

—Es claro que en todo Estado en que veas pobres —dije yo—, hay ladronzuelos, rateros, sacrílegos y malvados de todas especies.

—Evidente —dijo.

—Pero en los gobiernos oligárquicos, ¿no hay pobres?

—Casi todos los ciudadanos lo son —dijo— a excepción de los gobernantes.

—Por consiguiente —dije—, ¿no estamos autorizados para creer que en tales Estados se encuentran muchos malhechores armados de aguijón, a quienes los magistrados vigilan y contienen por fuerza?

—Así lo pensamos —dijo.

—Pero ¿no diremos que la ignorancia, la mala educación y el vicio mismo del régimen son la causa de que exista esa mala gente?

—Lo diremos.

—Tal es el carácter del Estado oligárquico, tales son sus vicios, y quizá tiene aún más.

—Quizá —dijo.

—De esta manera resulta acabado —dije yo— el cuadro de este sistema que se llama oligarquía, en el que el censo determina los gobernantes. Pasemos ahora al hombre oligárquico. Veamos cómo se forma y cuál es su carácter.

—Veámoslo —dijo.

—El cambio del espíritu timárquico en oligárquico en un individuo, ¿no se verifica de esta manera?

—¿De qué manera?

—El hijo de un timócrata quiere, por lo pronto, imitar a su padre y seguir sus pasos; pero después ve que su padre se ha estrellado contra el Estado, como una nave contra un escollo; que después de haber zozobrado en sus bienes y su persona, ya a la cabeza de los ejércitos, ya en otro cargo importante, es conducido delante de los jueces y, calumniado por impostor, es condenado a muerte, al destierro, a la pérdida de su honor o de sus bienes...

—Eso suele suceder —dijo.

—Viendo, digo, caer sobre su padre tantas desgracias, que también llegan a él; despojado de su patrimonio, y atemorizado, arroja de cabeza aquella ambición y aquella fogosidad del trono que les había levantado en su alma; y humillado por el estado de indigencia en que se encuentra, ya no piensa sino en amontonar bienes de fortuna, y por medio de un trabajo asiduo y de mezquinos ahorros consigue al cabo enriquecerse. ¿No crees que entonces hará subir a aquel mismo trono el espíritu de codicia y de avaricia, convirtiéndole en su gran rey, y ciñéndole la tiara, el collar y la cimitarra?

—Ciertamente —dijo.

—Poniendo en seguida a los pies de este nuevo señor, de una parte la razón, de otra el valor, y encadenados ambos como viles esclavos, obliga a la una a no reflexionar, a no pensar sino en los medios de acumular nuevos tesoros; y obliga al otro a no admirar ni honrar más que las riquezas y a los ricos, a poner toda su gloria en la posesión de una gran fortuna y en el arte de acumularla.

—En un joven no hay cosa más rápida y violenta que el paso de la ambición a la avaricia —dijo.

—¿No es éste el carácter oligárquico? —dije.

—Por lo menos la metamorfosis parte de un hombre semejante a la constitución que, según hemos visto, concluye en oligarquía.

—Veamos si es igual a ella.

—Veámoslo.

—Por lo tanto, ¿no tiene como primer rasgo de semejanza el colocar las riquezas por encima de todo?

—¿Cómo no?

—Además, se le parece por el espíritu de ahorro y por la industria; no concede a la naturaleza más que la satisfacción de los deseos necesarios; se priva de todo otro gasto, y domina todos los demás deseos considerándolos como insensatos.

—Exactamente.

—Es sórdido —dije yo—, en todo busca ganancia, no piensa más que en atesorar; en fin, es de aquellos a quienes el vulgo admira. ¿No es éste un retrato fiel del carácter análogo a aquel sistema?

—Así lo creo —dijo—, porque ni para aquel Estado ni para aquel hombre hay nada que deba ser preferido a las riquezas.

—Sin duda que este hombre —dije— apenas si ha pensado en instruirse.

—No hay trazas de ello —dijo—, porque en tal caso no se dejaría conducir por un guía ciego ni lo tendría en tal estima.

—Bien —dije—. Atiende a lo que voy a decir. ¿No podremos afirmar que la falta de educación ha hecho nacer en él deseos que corresponden a la naturaleza de los zánganos, unos siempre indigentes, otros inclinados siempre a obrar mal, deseos que contiene con gran violencia por tener otros intereses?

—Desde luego —dijo.

—¿Sabes dónde has de mirar para ver sus deseos maléficos?

—¿Dónde?

—A las tutorías de huérfanos o a cualquier otra comisión en que tenga libertad de obrar mal.

—Tienes razón.

—¿No es claro que, si en otros negocios goza de buena reputación por parecer un hombre justo, es porque contiene sus malos deseos con una especie de prudente violencia, no por virtud ni por exigencia de la razón, sino por necesidad o por temor de perder sus otros bienes?

—Es cierto —dijo.

—Pero cuando se trata de gastar bienes ajenos —dije yo—, entonces es, por Zeus, mi querido amigo, cuando descubrirás en los hombres de esta condición deseos propios de la naturaleza de los zánganos.

—Estoy convencido de ello —dijo.

—Un hombre de tal carácter experimentará necesariamente rebeliones dentro de sí mismo; habrá en él dos hombres diferentes, cuyos deseos combatirán entre sí, y de ordinario los mejores podrán más que los peores.

—Así es.

—Por esta razón, creo yo, en el exterior aparecerá más moderado y más dueño de sí mismo que muchos otros. Pero la verdadera virtud, la que produce la armonía y la unidad, está muy distante de encontrarse en su alma.

—Pienso como tú.

—Si se suscita alguna cuestión de honor entre particulares o una lucha entre conciudadanos, este hombre, por tacañería, no será un rival de cuidado. No gusta de gastar su dinero por cosas de honor ni por esta clase de combates, porque teme despertar en su alma deseos pródigos y llamarlos en su auxilio. Se presenta, pues, en la lid a la manera oligárquica, es decir, con una pequeña parte de sus fuerzas; queda casi siempre derrotado; pero sigue rico.

—A buen seguro —dijo.

—¿Dudaremos aún de la perfecta semejanza que hay entre el hombre avaro y negociante y el gobierno oligárquico?

—En modo alguno —dije.

—Me parece que corresponde ahora examinar el origen y las costumbres de la democracia, y observar después estas mismas cualidades en el hombre democrático, a fin de que podamos compararlos entre sí y juzgarlos.

—Eso es, si hemos de seguir nuestro método acostumbrado —dijo.

—Pues bien —dije yo—, ¿no se pasa de la oligarquía a la

democracia a causa del deseo insaciable de estas mismas riquezas, que se miran como el primero de todos los bienes en el gobierno oligárquico?

—¿Cómo?

—Los gobernantes, que deben los cargos que ocupan, creo yo, a las inmensas riquezas que poseen, se guardan bien de reprimir mediante la severidad de las leyes el libertinaje de los jóvenes corrompidos, ni de impedir que se arruinen con sus despilfarros, porque su plan es comprarles los bienes, hacerles préstamos con crecidos intereses, y aumentar por este medio sus riquezas y su crédito.

—Sin duda.

—Pero ¿no es evidente que en todo Estado, cualquiera que él sea, es imposible que los ciudadanos estimen las riquezas y practiquen al mismo tiempo la templanza, sino que es una necesidad que sacrifiquen una de estas dos cosas a la otra?

—Eso es completamente evidente —dijo.

—Así es que en las oligarquías, los magistrados, por su tolerancia con el libertinaje, han reducido muchas veces a la indigencia a hombres bien nacidos.

—Ciertamente.

—Esto da origen a que haya en el Estado gentes provistas de aguijones, unos oprimidos con las deudas, otros despojados de sus derechos y algunos que padecen de ambas cosas, todos los cuales se hallan en permanente hostilidad contra los que se han enriquecido con los despojos de su fortuna y contra el resto de los ciudadanos, no aspirando más que a promover una revolución.

—Así es.

—Sin embargo, los negociantes van con la cabeza gacha, preocupados con su negocio y sin reparar en los que han arruinado; hieren, hincándoles el aguijón de su dinero a los que se ponen a su alcance y recogen los multiplicados intereses que engendra su capital, multiplicando por este medio en el Estado la raza de los zánganos y de los pobres.

—¿Cómo no ha de multiplicarse? —dijo.

—No quieren, a pesar de eso, contener esta plaga creciente —dije yo—, ya impidiendo a los particulares disponer de sus bienes a su capricho, o ya mediante una ley que impida igualmente el progreso del mal.

—¿Y cuál es esa ley?

—Una que es natural emplear a falta del primer remedio, y que obligaría a los ciudadanos a preocuparse de su virtud; porque si los contratos voluntarios se celebrasen a cuenta y riesgo del prestamista, la usura se ejercería con menos descaro y en el Estado no abundarían tanto los males de que he hablado.

—Muy cierto —dijo.

—Así se ven los ciudadanos reducidos a este triste estado —dije yo— por culpa de los gobernantes, y como una consecuencia necesaria, estos mismos se corrompen y corrompen a sus hijos, los cuales, pasando una vida voluptuosa sin ejercitar su alma ni su cuerpo, se hacen débiles e incapaces de resistir al placer y al dolor.

—¿Cómo no?

—Ocupados sus padres únicamente en enriquecerse, desprecian todo lo demás, y no toman más interés por la virtud que los indigentes.

—No, en efecto.

—Con esta disposición de espíritu, cuando gobernantes y gobernados se encuentran juntos en viajes, u otras ocasiones, como en una teoría, en el ejército, tanto en mar como en tierra, o en cualquier otra coyuntura, y se observan mutuamente en circunstancias peligrosas, los ricos entonces no tienen ningún motivo para despreciar a los pobres; por el contrario, cuando un pobre, flaco y quemado por el sol, se ve en una pelea al lado de un rico educado a la sombra y muy obeso, viéndole jadeante y agobiado, ¿qué crees que pensará? ¿No se dirá a sí mismo que estas gentes sólo deben sus riquezas a la cobardía de los pobres? Y cuando se encuentran juntos, ¿no se dicen unos a otros: «En verdad, estos hombres son nuestros, pues son bien poca cosa»?

—Estoy persuadido de que hablan y piensan de esa manera —dijo.

—Y así como a un cuerpo enfermizo le basta el más pequeño empujón para caer en la enfermedad, y en ocasiones cae sin que sobrevenga ninguna causa exterior, así un Estado que se encuentra en la situación que acabo de decir no tarda en ser presa de sediciones y guerras intestinas en el momento en que, con el menor pretexto, unos y otros, llaman en su auxilio a aliados exteriores de Estados oligárquicos y de Estados democráticos; y algunas veces las dos facciones se despedazan con sus propias manos, sin que los extranjeros tomen parte en sus querellas.

—Sí, ciertamente.

—El gobierno se hace democrático cuando los pobres, consiguiendo la victoria sobre los ricos, degüellan a los unos, destierran a los otros y reparten con los que quedan los cargos y la administración de los negocios, reparto que en estos gobiernos se arregla de ordinario por la suerte.

—Así es, en efecto, como la democracia se establece —dijo él—, sea por la vía de las armas, sea que los ricos, temiendo por sí mismos, tomen el partido de retirarse.

—Y ¿cuál será la administración —dije yo—, cuál la constitución de este nuevo sistema? Veremos luego el hombre que se parece a él y podremos llamarle el hombre democrático.

—Evidentemente —dijo.

—¿No serán, ante todo, hombres libres en un Estado lleno de libertad y de franqueza, y no tendrá cada uno libertad para hacer lo que le venga en gana?

—Así se dice —contestó.

—Pero dondequiera que exista esta licencia, es claro que cada ciudadano dispone de sí mismo y escoge a su placer el género de vida que más le agrada.

—Evidente.

—Por consiguiente, éste será el régimen con más clases distintas de hombres.

—¿Cómo no?

—En verdad, esta forma de gobierno —dije— tiene trazas de ser la más bella de todas, y esta diversidad prodigiosa de caracteres es de admirable efecto, como las flores bordadas que hacen resaltar la belleza de una tela. Por lo menos lo será —seguí diciendo— para aquellos que juzgan de las cosas como las mujeres y los niños cuando se emboban ante los objetos abigarrados.

—En efecto —dijo.

—En este Estado, mi querido amigo, puede cada uno buscar el género de gobierno que le acomode —proseguí.

—¿Por qué?

—Porque los comprende todos, gracias a la licencia que cada cual tiene para vivir como quiera. Efectivamente, si alguno quisiera formar el plan de un Estado, como antes hicimos nosotros, no tendría más que trasladarse a un Estado democrático, porque es éste un mercado donde se vende toda clase de regímenes. No tendría más que escoger, y después realizar su proyecto bajo el plan que hubiera preferido.

—Seguramente no le faltarían modelos —dijo.

—Si hemos de juzgar a primer golpe de vista, ¿no es una condición agradable y cómoda en semejante gobierno el no poder ser uno obligado a desempeñar un cargo público, aunque tenga méritos para ello; el no estar sometido a ninguna autoridad, si no se quiere; el no ir a la guerra cuando los otros van; el no estar en paz, si hay gusto en ello, mientras los demás viven en paz; y el ser juez y magistrado si se le pone a uno en la cabeza, por más que la ley prohíba el ejercicio de tales funciones?

—A primera vista, sin duda, así parece —dijo.

—¿No tiene también algo de admirable la tranquilidad con que se toman algunos su condena? ¿No has visto hombres condenados a muerte o al destierro permanecer y pasearse en público, con una desenvoltura y un continente de héroes, sin que nadie preste atención ni haga caso de ellos?

—Yo he visto a muchos —dijo.

—¡Y esta indulgencia, esta manera de pensar ajena a todo escrúpulo mezquino, que hace que se desdeñen aquellas máximas de que nosotros hemos tratado con tanto respeto al trazar el plan de nuestro Estado, cuando dijimos que, a no estar dotado de una naturaleza extraordinaria, ninguno podría hacerse virtuoso si desde la infancia no había jugado rodeado de cosas bellas para después aplicarse a cosas semejantes!… ¡Ah! ¡Con qué magnífica indiferencia se pisotean todas estas máximas, sin tomarse el trabajo de examinar cuál ha sido la educación de los que se injieren en el manejo de los negocios públicos! ¡Qué empeño, por el contrario, en acogerlos y en honrarlos, con tal que se digan amigos del pueblo!

—¡Noble régimen, sin duda! —dijo.

—Tales son, entre otras muchas, las características de la democracia —dije yo—: Es, como ves, un gobierno muy cómodo, donde nadie manda; en el que reina una mezcla encantadora y una igualdad perfecta, lo mismo entre las cosas desiguales que entre las iguales.

—Nada dices que no sepa todo el mundo —dijo.

—Considera ahora —proseguí— este carácter en un individuo particular, o más bien, para seguir siempre el mismo orden, ¿no debemos ver antes cómo se forma?

—Sí —dijo.

—¿No se forma de esta manera? El hombre avaro y oligárquico tiene un hijo al que educa en sus mismas costumbres.

—¿Cómo no?

—Este hijo, a ejemplo de su padre, domina por la fuerza los deseos que podrían conducirle al despilfarro y que son enemigos de la ganancia, los que se llaman superfluos.

—Evidentemente —dijo.

—¿Quieres que para no avanzar a tientas —dije yo— comencemos por distinguir bien los deseos necesarios de los deseos superfluos?

—Sí, lo quiero —asintió.

—¿No hay razón para llamar deseos necesarios a aquellos de los que no podemos prescindir, y cuya satisfacción por otra parte nos es útil? Porque evidentemente estos deseos son necesidades de nuestra naturaleza; ¿no es así?

—En efecto.

—Con justa razón los llamaremos, por consiguiente, deseos necesarios.

—Con razón.

—En cuanto a aquellos de que es fácil deshacerse, si desde joven se toman precauciones, y cuya presencia, lejos de producir en nosotros ningún bien, nos causa muchas veces grandes males, ¿no diremos bien si los llamamos deseos superfluos?

—Muy bien.

—Tomemos un ejemplo de unos y otros, para formarnos de ellos una idea más exacta.

—Conviene hacerlo.

—El deseo de comer algo condimentado, en cuanto es indispensable para mantener la salud y las fuerzas, ¿no es necesario?

—Creo que sí.

—El simple deseo de alimentarse es necesario por dos razones: porque es útil comer, y porque en otro caso sería imposible vivir.

—Sí.

—Y el del condimento también, en cuanto viene bien a la salud.

—Es cierto.

—Pero el deseo de toda clase de comidas y de guisados, deseo que se puede reprimir y hasta quitar por entero mediante una buena educación desde la juventud, deseo dañoso al cuerpo y al alma, a la razón y a la templanza, ¿no debe ser comprendido con razón entre los deseos superfluos?

—Con muchísima razón.

—¿Diremos, por tanto, que éstos son deseos pródigos, y aquéllos, deseos provechosos, porque nos sirven para hacernos más capaces de obrar?

—¿Qué otra cosa, si no?

—El mismo juicio formaremos de los apetitos sexuales y de todos los demás.

—Así es.

—¿No hemos dicho, de aquel a quien hemos dado el nombre de zángano, que estaba dominado por los deseos superfluos, mientras que el hombre ahorrativo y oligárquico sólo es gobernado por los deseos necesarios?

—¿Cómo no?

—Expliquemos de nuevo cómo este hombre oligárquico se hace democrático; y he aquí de qué manera, a mi juicio, se verifica esto ordinariamente.

—¿Cómo?

—Cuando un joven mal educado, en la forma que hemos dicho, y alimentado en el amor al lucro, llega a gustar la miel de los zánganos, y a vivir en relación con estos insectos ávidos y hábiles para procurar toda clase de placeres, ¿no sufre entonces el gobierno interior de su alma un cambio, pasando de oligárquico que era a democrático?

—Es una necesidad inevitable —dijo.

—Así como el Estado ha mudado de forma, porque una facción ha sido auxiliada por extranjeros que favorecían sus designios, del mismo modo, ¿no es una necesidad que este joven mude también de costumbres a causa del apoyo que sus pasiones encuentran en las pasiones ajenas de la misma naturaleza?

—Totalmente de acuerdo.

—Si su padre o sus parientes enviasen por su parte auxilios a la facción de los deseos oligárquicos, y para sostenerla reprendiesen y afeasen su conducta, ¿no sería su corazón entonces teatro de una guerra intestina entre revolución y contrarrevolución?

—¿Cómo no?

—Algunas veces sucede que la facción democrática cede ante la oligárquica, y entonces ciertos deseos son en parte destruidos, en parte arrojados del alma, efecto de un pudor que se despierta en el joven, que entra así de nuevo en la senda del deber.

—Algunas veces sucede eso —dijo.

—Pero bien pronto, a causa de la mala educación que ha recibido de su padre, nuevos deseos, más fuertes y numerosos, suceden a los que ha desterrado.

—Así suele ocurrir —convino.

—Estos nuevos deseos le arrastran otra vez a buscar los mismos compañeros, y de esta relación clandestina nace una multitud de otros deseos.

—¿Cómo no?

—Por último, se apoderan de la ciudadela del alma de este joven, después de haber visto que estaba vacía de ciencia, de nobles costumbres, de máximas verdaderas, que son la salvaguardia más segura y más fiel de la razón de los mortales amados de los dioses.

—Sin duda —dijo.

—Bien pronto juicios falsos y presuntuosos y opiniones atrevidas acuden en tropel y ocupan el lugar de aquéllos.

—Es cierto —dijo.

—¿No es entonces cuando vuelve a unirse a aquellos comedores de lotos, no se ruboriza ya de mantener relación íntima con ellos? Si de parte de sus amigos o de sus parientes llega algún refuerzo al elemento parco de su alma, las máximas presuntuosas, cerrando prontamente las puertas del castillo real, niegan la entrada a este socorro; ni siquiera escuchan los consejos que, a manera de embajada, envían ancianos llenos de buen sentido y de experiencia. Secundadas estas máximas presuntuosas por una multitud de perniciosos deseos, consiguen la victoria, y calificando el pudor de imbecilidad, lo rechazan ignominiosamente, destierran la templanza después de haberla ultrajado dándole el nombre de cobardía, y proscriben la moderación y la frugalidad, a las que califican de rusticidad y bajeza.

—Sí, verdaderamente.

—Después de haber creado este vacío en el alma del desgraciado joven y de haberlo purgado como a quien se inicia en los más grandes misterios, introducen en su alma, con numeroso acompañamiento, ricamente adornadas y con coronas sobre la cabeza, la insolencia, la anarquía, el desenfreno y la desvergüenza, de los que hacen mil elogios, encubriendo su fealdad con los nombres más preciosos: la insolencia, con el de buena educación; la anarquía, con el de libertad; el desenfreno, con el de magnificencia; la desvergüenza, con el de valor. ¿No es de esta manera —dije— como un joven, acostumbrado desde la infancia a no satisfacer otros deseos que los necesarios, pasa al estado de libertad, en el que se deja dominar por una infinidad de placeres superfluos y perniciosos?

—Esto es patente —dijo.

—Después de todo esto, vive, creo yo, sin distinguir los placeres superfluos de los placeres necesarios, se entrega a los unos y a los otros, y no ahorra, para satisfacerlos, bienes, cuidados ni tiempo. Si tiene la fortuna de no llevar el desorden al exceso, y si la edad, habiendo apaciguado un tanto sus pasiones, le obliga a llamar del destierro a la facción perseguida y a no entregarse sin reserva al invasor, entonces establece una especie de equilibrio entre sus deseos, y haciéndoles, por decirlo así, echar suertes, entrega su alma al primero que ha sido por ésta favorecido. Satisfecho este deseo, se somete al imperio de otro, y así sucesivamente; y sin fijarse en ninguno, atiende a todos por igual.

—Sin duda.

—Si alguno llega a decirle —seguí— que hay placeres de dos clases, unos que son resultado de deseos justos y legítimos y otros que son fruto de deseos perversos, y que es preciso estimar y buscar los primeros, reprimir y domar los segundos, vuelve la cabeza a todo esto y sólo responde a ello por signos desdeñosos, y sostiene que todos los placeres son de la misma naturaleza y merecen ser satisfechos.

—Tal debe ser, en efecto, su conducta, dada la disposición de espíritu en que se encuentra —reconoció.

—Vive al día. El primer deseo que se presenta es el primero que satisface. Hoy tiene deseo de embriagarse entre canciones báquicas y mañana ayunará y no beberá más que agua. Tan pronto se ejercita en la gimnasia como está ocioso y sin cuidarse de nada. Algunas veces es filósofo, las más es hombre de Estado; sube a la tribuna, habla y obra sin saber lo que dice ni lo que hace. Un día envidia la condición de los guerreros y hele aquí convertido en guerrero; otro día se convierte en negociante, por envidia de los negociantes. En una palabra, en su conducta no hay nada fijo, nada de arreglado; y llama a la vida que pasa, vida libre y agradable, vida dichosa.

—Nos has pintado al natural la vida de un amigo de la igualdad —dijo.

—Este hombre, que reúne en sí toda clase de costumbres y de caracteres, tiene toda la gracia y la variedad del Estado popular; y no es extraño que tantas personas de uno y otro sexo encuentren tan encantador un género de vida en el que aparecen unidas casi todas las clases de gobiernos y caracteres.

—Así es —dijo.

—¿Pondremos, pues, frente a frente de la democracia a este

hombre, que se puede con razón llamar democrático?

—Pongámoslo —dijo.

—Ahora nos queda por examinar —dije yo— la forma más bella de gobierno y el carácter más acabado; quiero decir, la tiranía y el tirano.

—De acuerdo por completo —dijo.

—Veamos, mi querido amigo, cómo se forma el gobierno tiránico; por lo pronto parece que debe su origen a la democracia.

—Es cierto.

—El paso de la democracia a la tiranía, ¿no se verifica poco más o menos lo mismo que el de la oligarquía al de la democracia?

—¿Cómo?

—Lo que en la oligarquía se considera como el mayor bien, y lo que puede decirse que es el origen de esta forma de gobierno, es la riqueza; ¿no es así?

—Sí.

—Lo que causa su ruina, sin embargo, ¿no es el deseo insaciable de enriquecerse, y la indiferencia que por esto mismo se siente por todo lo demás?

—Es verdad —dijo.

—Por la misma razón, para la democracia es la causa de su ruina el deseo insaciable de lo que mira como su verdadero bien.

—Y ¿qué es eso que define como tal?

—La libertad —repliqué—. En un Estado democrático oirás decir por todas partes que la libertad es el más precioso de los bienes, y que por esta razón todo hombre que haya nacido libre fijará en él su residencia antes que en ningún otro punto.

—En efecto, es muy frecuente oír semejante lenguaje —dijo.

—¿No es, pues, y esto es lo que quería decir, este amor a la libertad, llevado hasta el exceso y acompañado de una indiferencia extremada por todo lo demás, lo que pierde al fin a este régimen y hace la tiranía necesaria? —dije yo.

—¿Cómo? —preguntó.

—Cuando un Estado democrático, devorado por una sed ardiente de libertad, está gobernado por malos escanciadores, que la derraman pura y la hacen beber hasta la embriaguez, entonces, si los gobernantes no son complacientes, dándole toda la libertad que quiere, son acusados y castigados, so pretexto de que son traidores que aspiran a la oligarquía.

—Efectivamente eso es lo que hacen —dijo.

—Con el mismo desprecio —dije— tratan a los que muestran aún algún respeto y sumisión a los magistrados, echándoles en cara que para nada sirven y que son esclavos voluntarios. Pública y privadamente alaban y honran la igualdad que confunde a los magistrados con los ciudadanos. En un Estado semejante, ¿no es natural que la libertad se extienda a todo?

—¡Cómo no ha de extenderse!

—¿No penetrará en el interior de las familias la anarquía, y al fin, no se comunicará hasta a los animales? —dije.

—¿Qué quieres decir? —preguntó.

—Que los padres —dije— se acostumbran a tratar a sus hijos como a sus iguales y, si cabe, a temerles; estos a igualarse con sus padres, a no tenerles ni temor ni respeto, para gozar de completa libertad; y que los simples metecos se igualan a los ciudadanos y viceversa, y hasta los extranjeros aspiran a los mismos derechos.

—Así sucede —dijo.

—Eso y otras pequeñeces por el estilo —dije—: los maestros, en semejante Estado, temen y adulan a sus discípulos; éstos se burlan de sus maestros y de sus ayos. En general, los jóvenes quieren igualarse con los viejos y pelearse con ellos, ya de palabra, ya de hecho. Los viejos, a su vez, condescendiendo con los jóvenes, se llenan de humor y jocosidad para imitar sus maneras, temiendo pasar por personas de carácter altanero y despótico.

—Es cierto por completo —dijo.

—Pero el abuso más intolerable que la libertad introduce en la democracia —dije yo— es que los esclavos de ambos sexos no son menos libres que los que los han comprado. Y ya casi se me olvidaba decir qué grado de libertad y de igualdad alcanzan las relaciones entre los hombres y las mujeres.

—No olvidemos nada y, según la expresión de Esquilo, digamos todo lo que nos venga a la boca —dijo.

—Muy bien —dije—; es lo mismo que estoy haciendo. Dificultad habrá en creer, a no haberlo visto, que los animales domésticos son en este gobierno más libres que en ningún otro. Las perras, según el proverbio, se hacen como sus dueñas; y los caballos y los asnos, acostumbrados a marchar con la cabeza erguida y sin agacharse, chocan con todos los que encuentran, si no se les permite el paso. En fin, todo goza aquí de una plena y entera libertad.

—Me refieres —dijo— mi propio sueño. Más de una vez, cuando

voy al campo, me sucede eso.

—¿No ves —dije— los males que resultan de todo esto? ¿No ves cómo se hacen suspicaces los ciudadanos hasta el punto de rebelarse e insurreccionarse a la menor apariencia de coacción? Y por último llegan, como tú sabes, hasta no hacer caso de las leyes, escritas o no escritas, para no tener así ningún señor.

—Lo sé muy bien —contestó.

—De este principio tan bello y tan encantador es de donde nace la tiranía, por lo menos a mi entender —dije.

—Encantador en verdad; pero continúa explicándome sus efectos —pidió.

—El mismo azote que ha perdido a la oligarquía —seguí—, tomando nuevas fuerzas y nuevos crecimientos a causa de la licencia general, arrastra a la esclavitud al Estado democrático; porque puede decirse con verdad que no se puede incurrir en un exceso sin exponerse a caer en el exceso contrario. Esto mismo es lo que se observa en las estaciones, en las plantas, en nuestros cuerpos, y en los Estados lo mismo que en todas las demás cosas.

—Es natural —dijo.

—Por consiguiente, lo mismo con relación a un Estado que con relación a un simple particular, la libertad excesiva debe producir, tarde o temprano, una extrema servidumbre.

—Eso parece, sin duda.

—Por lo tanto —proseguí—, es natural que la tiranía tenga su origen en el gobierno popular; es decir, que a la libertad más completa y más ilimitada suceda el despotismo más absoluto y más intolerable.

—Está en el orden de las cosas —dijo.

—Pero no es esto lo que tú me preguntas, según creo —dije—. Quieres saber cuál es ese azote que, formado en la oligarquía y aumentado después en la democracia, acaba esclavizando a ésta.

—Tienes razón —dijo.

—Por este azote entiendo —dije— ese linaje de personas pródigas y ociosas, unas más valientes que marchan a la cabeza, y otras más cobardes que les siguen. Hemos comparado los valientes a los zánganos armados de aguijón, y los cobardes a zánganos sin aguijón.

—Me parece exacta esa comparación —observó.

—Estas dos especies de hombres causan en el cuerpo político —proseguí— los mismos estragos que la flema y la bilis en el cuerpo humano. Un legislador sabio, como médico hábil del Estado, tomará respecto de ellos las mismas precauciones que un hombre que cuida abejas toma respecto a los zánganos. Su primer cuidado será impedir que nazcan, y si a pesar de su vigilancia nacen, procurará erradicarlos lo más pronto posible, así como las celdillas que han infestado.

—Sí, por Zeus, desde luego —dijo.

—Para comprender mejor aún lo que queremos decir, enfoquémoslo de otro modo —dije yo.

—¿Cómo?

—Separemos con el pensamiento el Estado democrático en las tres clases de que efectivamente se compone. La primera es la que nace de la licencia pública, que hace que su número no sea menor que en la oligarquía.

—Así es.

—Sin embargo, hay la diferencia de que es aquí mucho más maléfica que en aquélla.

—¿Por qué razón?

—Porque como en el otro Estado no tiene ningún crédito y se procura alejarla de los cargos públicos, queda sin acción y sin fuerza; mientras que en el Estado democrático es ella la que exclusivamente está a la cabeza de todo. Los más ardientes hablan y obran; los demás murmujean alrededor de la tribuna y cierran la boca a todo el que intente manifestar una opinión contraria; de suerte que en este gobierno todos los negocios pasan por sus manos con raras excepciones.

—Es cierto —dijo.

—La segunda clase vive aparte, y no se comunica con la multitud.

—¿Cuál es?

—Como en este Estado todo el mundo trabaja por enriquecerse, los más organizados son también de ordinario los más ricos.

—Es natural.

—De éstos, sin duda, es de donde los zánganos sacan más miel y con más facilidad.

—¿Qué podrían sacar, en efecto, de los que tienen poco o nada? —dijo.

—Así es que dan a los ricos el nombre de pasto para los zánganos.

—Eso parece —dijo.

—La tercera clase es la plebe, compuesta de artesanos, ajenos a los negocios públicos y que apenas tienen con qué vivir. En la democracia, esta clase es la más numerosa y la más poderosa cuando está reunida en asamblea.

—Sí, pero no se reúne como no tenga esperanza de recibir alguna miel —dijo.

—Por esto los que presiden a estas asambleas hacen los mayores esfuerzos por proporciónársela. Con esta idea se apoderan de los bienes de los ricos, que reparten con el pueblo, procurando siempre quedarse ellos con la mejor parte.

—Así es como el pueblo recibe la miel —dijo.

—Sin embargo, los ricos, viéndose despojados de sus bienes, sienten la necesidad de defenderse, se quejan del pueblo, y emplean todos los medios posibles para ello.

—¿Cómo no?

—Los otros, a su vez, los acusan, inocentes y todo como son, de querer introducir la turbación en el Estado, de conspirar contra el pueblo y de formar una facción oligárquica.

—¿Qué otra cosa cabe?

—Pero cuando los acusados se aperciben de que el pueblo, más que por mala voluntad, por ignorancia, y seducido por los artificios de sus calumniadores, se pone de parte de estos últimos, entonces quieran ellos o no quieran, se hacen de hecho oligárquicos. No es a ellos a quienes hay que culpar por esto, sino a los zánganos que los pican con sus aguijones.

—Totalmente de acuerdo.

—En seguida vienen las denuncias, los procesos y las luchas entre los partidos.

—En efecto.

—¿No es natural que el pueblo tenga entonces alguno a quien confíe especialmente sus intereses, y a veces procure engrandecer y hacer poderoso?

—Eso suele hacer en efecto.

—Es evidente, pues —dije—, que de esta estirpe de protectores del pueblo es de la que nace el tirano, y no de ninguna otra.

—La cosa es clara.

—Pero el protector del pueblo, ¿por qué principia a hacerse tirano? ¿No será evidentemente cuando comienza a hacer una cosa parecida a lo que se dice que pasaba en Arcadia en el templo de Zeus Liceo?

—¿Qué dicen que pasaba allí? —preguntó.

—Se dice que el que comía entrañas humanas, mezcladas con las de otras víctimas, se convertía en lobo. ¿No has oído decirlo?

—Sí.

—En la misma forma, cuando el protector del pueblo, encontrando a éste completamente sumiso a su voluntad, empapa sus manos en la sangre de sus conciudadanos; cuando en virtud de acusaciones calumniosas, que son demasiado frecuentes, arrastra a sus adversarios ante los tribunales y hace que expiren en los suplicios, bañando su lengua y su boca impía en la sangre de sus hermanos, valiéndose del destierro y de las cadenas, y propone la abolición de las deudas y una nueva división de tierras, ¿no es para él una necesidad el perecer a manos de sus enemigos o hacerse tirano del Estado y convertirse en lobo?

—Forzosamente —dijo.

—Ya le tienes aquí en guerra abierta con los que poseen grandes bienes —dije.

—Es cierto.

—Y si se consiguiese expulsarlo, y volviese a pesar de sus enemigos, ¿no vendría hecho un tirano completo?

—Sin duda.

—Pero si los ricos no pueden conseguir echarlo ni hacer que le condenen a muerte, acusándole delante del pueblo, naturalmente conspirarán sordamente contra su vida.

—Al menos suele suceder así —dijo.

—Entonces el hombre ambicioso, que ha llegado a este punto extremo, aprovecha la ocasión para hacer al pueblo una petición. Le pide una guardia personal para proteger al defensor del pueblo.

—Sí, verdaderamente —dijo.

—El pueblo se la concede, temiéndolo todo por su defensor, y no temiendo nada por sí mismo.

—Sin duda también.

—Cuando las cosas llegan a este punto, todo hombre que posee grandes riquezas y que por esta razón pasa por enemigo del pueblo, toma para sí el oráculo dirigido a Creso: huye siguiendo el río Hermos, de lecho pedregoso, y no temas la tacha de cobardía.

—En efecto —dijo—, porque no tendría ocasión de temerla dos veces.

—Si le prenden en su huida, le cuesta la vida —dije yo.

—No es otra la suerte que le espera.

—En cuanto al protector del pueblo, no creas que «yace grande en gran espacio»; sube descaradamente al carro del Estado, destruye a derecha e izquierda a todos aquellos de quienes desconfía, y se declara abiertamente tirano.

—¿Quién puede impedírselo? —dijo.

—Veamos ahora cuál es la felicidad de este hombre y la del Estado que le sufre — dije.

—Conforme, veámoslo —dijo.

—Por lo pronto, en los primeros días de su dominación —dije—, ¿no sonríe graciosamente a todos los que encuentra, y no llega hasta decir que ni remotamente piensa en ser tirano? ¿No hace las más pomposas promesas en público y en particular, librando a todos de sus deudas, repartiendo las tierras entre el pueblo y sus favoritos, y tratando a todo el mundo con benevolencia y mansedumbre?

—Es natural que empiece de esta manera.

—Cuando se ve libre de sus enemigos exteriores, en parte por transacciones, en parte por victorias, y se cuenta seguro de este lado, tiene cuidado de mantener siempre en pie algunas semillas de guerra para que el pueblo sienta la necesidad de un jefe.

—Naturalmente.

—Y, sobre todo, para que los ciudadanos, empobrecidos por los impuestos que exige la guerra, sólo piensen en sus diarias necesidades, y no se hallen en estado de conspirar contra él.

—Claro.

—Y también hace esto, creo yo, para tener un medio seguro de deshacerse de los de corazón demasiado altivo para someterse a su voluntad, exponiéndolos a los ataques del enemigo. Por todas estas razones es preciso que un tirano tenga siempre entre manos algún proyecto de guerra.

—A la fuerza.

—Pero semejante conducta no puede sino hacerle más y más odioso a sus conciudadanos.

—¿Cómo no?

—Y algunos de los que contribuyeron a su elevación, y que son los que, después de él, tienen mayor autoridad, ¿no hablarán con él o entre sí con mucha libertad de lo que pasa, censurándolo, al menos los más atrevidos?

—Parece que sí.

—Es preciso que el tirano se deshaga de ellos si quiere reinar en paz; y que, sin distinguir amigos de enemigos, haga que desaparezcan todos los hombres de algún mérito.

—Es evidente.

—Debe ser muy perspicaz para distinguir los que tienen valor, grandeza de alma, inteligencia y riqueza; y su felicidad estriba, quiera o no quiera, en hacer a todos la guerra, y tenderles lazos sin tregua hasta que haya purgado de ellos al Estado.

—¡Extraña manera de purgar! —dijo.

—Hace lo contrario de los médicos, que purgan el cuerpo quitándole lo malo y dejándole lo bueno.

—Tiene que obrar así si quiere gobernar —dijo.

—En verdad, ¡bendita necesidad la suya de perecer o vivir con canalla, que tampoco puede evitar que le aborrezca! —dije.

—Tal es su situación —dijo.

—¿No es claro que cuanto más odioso se haga a sus conciudadanos, a causa de sus crueldades, tanta más necesidad tendrá de una fiel y numerosa guardia?

—¿Cómo no?

—Pero ¿dónde encontrará esas gentes fieles? ¿De dónde las hará venir?

—Si paga bien, acudirán en gran número de todas partes —dijo.

—Me parece que ya te entiendo, por el Can —exclamé—: acudirán enjambres de zánganos de todos los países.

—Es verdad lo que te parece —dijo.

—¿Pero por qué no a gente de su país…?

—¿Cómo?

—Formando su guardia de esclavos, a quienes declararía libres después de haber hecho morir a sus dueños.

—Muy bien, porque tales esclavos le serían enteramente adictos —dijo.

—¡Dichosa, pues —dije—, la condición de un tirano si se ve obligado a destruir a aquellos ciudadanos y a convertir éstos en sus amigos y fieles servidores!

—Pero de ellos se sirve —dijo.

—Estos nuevos ciudadanos le admiran y viven con él en la más íntima familiaridad, mientras que los hombres de bien le aborrecen y huyen de él —dije.

—¿Cómo no han de hacerlo?

—Con razón se alaba la tragedia como una escuela de sabiduría —dije—, y particularmente las de Eurípides.

—¿A propósito de qué dices eso?

—Porque de Eurípides es esta máxima que tiene un sentido profundo: los tiranos se hacen sabios mediante el trato con los sabios, con lo que, sin duda, ha querido decir que los que componen su sociedad son sabios.

—Es cierto que él y los demás poetas califican la tiranía de divina en muchos pasajes de sus obras.

—Pero como los poetas trágicos son también sabios, nos perdonarán que en nuestro Estado, y en todos aquellos que están gobernados según principios análogos, se rehúse admitirlos a causa de sus elogios a la tiranía —dije.

—En cuanto yo alcanzo, creo que los más razonables de ellos nos lo perdonarán — dijo.

—Pero nadie les quita de recorrer como quieran los demás Estados. Allí, reuniendo al pueblo, y pagando las voces más elocuentes, más enérgicas y más insinuantes, inspiran a la multitud el gusto de la tiranía y de la democracia.

—Sin duda.

—Con esto conseguirán dinero y honores, en primer lugar de parte de los tiranos, como es natural que suceda; y en segundo lugar, de parte de las democracias. Pero a medida que remonten su vuelo hacia gobiernos más perfectos, su nombradía se debilitará y no podrá seguirles.

—Tienes razón.

—Pero dejemos esta digresión —dije—: volvamos al tirano, y veamos cómo podrá proveer el sostenimiento de su preciosa, numerosa y multicolor guardia, renovada a cada momento.

—Es evidente que comenzará por saldar los tesoros de los templos, si los hay, y mientras dure la venta de las cosas sagradas y le produzca lo suficiente, no impondrá al pueblo grandes contribuciones —dijo.

—Muy bien; pero cuando le falte este recurso, ¿qué hará?

—Entonces vivirán con los bienes de su padre él, los suyos, sus convidados, sus favoritos y sus queridas —contestó.

—Entiendo: es decir que el pueblo, que ha engendrado al tirano, le alimentará a él y a los suyos —dije.

—Así tendrá que suceder —afirmó.

—Pero ¿qué dices? —pregunté—: si el pueblo se cansase al fin, y le dijese que no es justo que un hijo ya grande y fuerte sea una carga para su padre; que, por el contrario, a él toca procurar el mantenimiento a su padre; que, al formarle y educarle, no ha sido su ánimo que se convirtiera en dueño cuando fuera grande, ni ser él, el padre, esclavo de sus esclavos, ni alimentarle a él y a esa muchedumbre de extranjeros que le rodean; que lo que se propuso fue solamente libertarse por su medio del yugo de los ricos y de los que se llaman en la sociedad hombres de bien; ¿no deberá en este concepto mandarle que se retire con sus amigos, con la misma autoridad que un padre arroja de casa a su hijo con sus compañeros de libertinaje?

—Entonces, ¡por Zeus! —exclamó él—, el pueblo verá qué hijo ha engendrado, acariciado y encumbrado, y que los que intenta arrojar son más fuertes que él.

—Pero ¿qué dices? —pregunté—. ¿Se atrevería el tirano a emplear la violencia con su padre, y hasta maltratarle si no cedía?

—Sí —dijo—, si antes lo ha desarmado.

—¿Llamas al tirano, por consiguiente —dije—, parricida y perverso sustentador de la vejez? Y he aquí que hemos llegado a lo que todo el mundo llama tiranía. El pueblo, queriendo evitar, como suele decirse, el humo de la esclavitud de los hombres libres, cae en el fuego del despotismo de los esclavos, y ve que la servidumbre más dura y más amarga sucede a una libertad excesiva y desordenada: la esclavitud bajo esclavos.

—Castigo casi siempre irremediable —dijo.

—Y bien —dije—, ¿podremos lisonjearnos de haber explicado de una manera satisfactoria la transición de la democracia a la tiranía y a las costumbres de este gobierno?

—La explicación es completa —dijo.

## LIBRO IX

—Nos queda por examinar —dije— el carácter del tirano en sí mismo, cómo del hombre democrático sale el hombre tiránico, cuáles son sus costumbres, y si su suerte es dichosa o desgraciada.

—Es lo único que nos falta por considerar —asintió.

—¿Sabes lo que echo de menos ahora? —dije.

—¿Qué?

—No hemos expuesto, a mi parecer, con bastante claridad, la naturaleza y las diferentes especies de deseos. Mientras falte algo que decir sobre este punto, el descubrimiento de lo que buscamos quedará siempre envuelto en tinieblas.

—Aún estamos a tiempo de tratarlo, ¿no? —dijo.

—Sin duda. He aquí principalmente lo que yo querría conocer de una manera más clara. Entre los deseos y los placeres superfluos los hay que son ilegítimos. Estos deseos nacen en el alma de todos los hombres; pero en unos, reprimidos por las leyes o por otros deseos mejores, se desvanecen enteramente, gracias a la razón, o son débiles o pocos en número, mientras que en otros, por el contrario, estos deseos son más numerosos y, al mismo tiempo, más fuertes.

—¿De qué deseos hablas? —preguntó.

—Hablo de los que se despiertan durante el sueño —repuse—; cuando esta parte del alma, que es racional, pacífica y a propósito para mandar, está como dormida, y la parte animal y feroz, excitada por el vino y por la buena comida, se rebela y, rechazando el sueño, intenta escaparse y satisfacer sus apetitos. Sabes que en tales momentos esta parte del alma a todo se atreve, como si se hubiera liberado violentamente de todas las leyes de la conveniencia y del pudor; no se contiene, en su fantasía, de cohabitar con su madre ni con ningún otro ser, humano, divino o bestial. Ningún asesinato, ningún alimento indigno le causa horror; en una palabra, no hay acción, por extravagante y por infame que sea, que no esté pronta a ejecutar.

—Dices gran verdad —convino.

—Pero cuando un hombre observa una conducta sobria y arreglada; cuando antes de entregarse al sueño reanima la antorcha de su razón, alimentándola con reflexiones saludables, conversando consigo mismo; cuando, sin saciar a la parte animal, le concede lo que no puede rehusarse, para que se tranquilice y no turbe con su alegría o su tristeza la parte inteligente del alma, sino, antes bien, la deje en su propio ser y pura naturaleza, para continuar en sus observaciones sobre lo que ignore de lo pasado, de lo presente y de lo venidero; cuando este hombre, apaciguada así la parte en que reside la fogosidad, se acuesta tranquilo y sin resentimiento contra nadie; en fin, cuando, mientras las otras dos partes están quietas, pone en movimiento aquella tercera en la que reside el juicio, entonces ve más fácilmente la verdad y no se siente turbado por fantasmas impuros y sueños criminales.

—Estoy persuadido de eso —dijo.

—Quizá me he extendido demasiado. Lo único que importa saber es que hay en cada uno de nosotros, incluyendo a los que parecen más dueños de sus pasiones, una especie de deseos crueles, brutales, sin freno, como lo prueban los sueños. Examina si lo que digo es válido y si estás conforme.

—Estoy conforme.

—Recuerda ahora el retrato que hemos hecho del hombre

democrático. Dijimos que había sido educado en su juventud por un padre tacaño, que sólo estimaba la pasión por el dinero, cuidando poco de satisfacer los deseos superfluos, cuyo objeto no es otro que el lujo y los placeres; ¿no es así?

—Sí.

—Que encontrándose después en relación con gentes frívolas y entregadas a esos placeres superfluos de que acabo de hablar, sentía aversión por las lecciones de su padre y se entregaba a la embriaguez y al libertinaje; que, sin embargo, como su índole era mejor que la de sus corruptores, viéndose atraído en dos direcciones opuestas, tomaba un término medio entre la de sus corruptores y la de su padre; que, proponiéndose seguir ya una, ya otra, con moderación, creía observar un género de vida igualmente lejano, a su juicio, de una sumisión servil y del desorden que no conoce ley, y que, de esta manera, de oligárquico que era se convertía en democrático.

—Es cierto. Tal es la idea que nosotros nos hemos formado de él —dijo.

—Supón ahora —dije— que este hombre, ya anciano, tiene un hijo educado en las mismas costumbres.

—Lo supongo.

—Imagina en seguida que le sucede lo mismo que a su padre; quiero decir, que se encuentra empeñado en una vida licenciosa, que llaman libre los que le seducen; que, de una parte, su padre y sus parientes apoyan de firme a la facción de los deseos moderados, mientras que, de otra, estos encantadores hábiles, que poseen el secreto de hacer tiranos, secundan con todo su poder la facción contraria. Cuando desesperen de encontrar otro medio de retener a este joven en su partido, harán nacer en su corazón, por medio de artificios, el amor que preside a los deseos ociosos y pródigos, y que en mi opinión no es más que un gran zángano alado. ¿Crees tú que sea otra cosa el amor en estos hombres?

—Nada más que eso —dijo.

—Bien pronto los demás deseos, coronados de flores, perfumados, brillantes, embriagados con licores y acompañados de placeres frenéticos, vienen a zumbar en rededor de ese zángano, le alimentan, le engrandecen y, por último, le arman el aguijón de la pasión, y desde aquel acto el tirano del alma no tiene ningún freno. Escoltado por la demencia, extermina y arroja fuera de sí todos los sentimientos honestos, todos los deseos virtuosos, hasta que, después de haber borrado de su alma todo vestigio de sensatez, la ve henchida de un furor que no conocía antes.

—Es ésa una fiel pintura de la manera como se forma el hombre tiránico —dijo.

—¿No es ésta la razón por que se ha dado después a Eros el nombre de tirano? — pregunté.

—Así parece —respondió.

—El hombre embriagado, ¿no tiene también tendencias tiránicas? —inquirí.

—Sí las tiene.

—En igual forma, un hombre demente, ¿no se imagina que es capaz de mandar a los hombres y también a los dioses?

—Sin duda —dijo.

—Entonces, mi querido amigo —dije yo—, ¿qué es, hablando propiamente, el hombre tiránico, sino aquel a quien la educación o la naturaleza o ambas han hecho borracho, enamorado y loco?

—Totalmente cierto.

—Acabas de ver, me parece, cómo se forma el hombre tiránico. Pero ¿cómo vive?

—Tal como se acostumbra a decir en broma —replicó—: tú eres el que me lo has de decir.

—Sea así. Todo se volverán fiestas —seguí—, juegos, festines, francachelas, cortesanas y placeres de todos géneros, a que le arrojará Eros tiránico, que ha dejado penetrar en su alma y que dirige todas sus facultades.

—Necesariamente —dijo.

—¿Y no sentirá nacer junto a estos, día y noche, una multitud de nuevos deseos tan indómitos como insaciables?

—Multitud, en efecto.

—Y así sus rentas, si es que las tiene, se verán bien pronto agotadas en satisfacerlos.

—¿Cómo no?

—Detrás vendrán los préstamos y, como consecuencia, la disipación de su fortuna.

—¿Qué remedio?

—Y cuando no tenga ya nada, ¿no será importunado por los gritos tumultuosos de esta muchedumbre de deseos que se agitan en su alma como en su nido? Estrechado por sus aguijones, y sobre todo por el del amor, al que sirven los demás deseos, por decirlo así, como de escolta,

¿no correrá de un lado para otro como un furioso buscando por todas partes alguna presa, que pueda sorprender por artificio o arrancar por la fuerza?

—Sí, ciertamente —dijo.

—Y así será para él una necesidad, o agarrar cuanto se le venga a las manos, o verse despedazado por los más crueles dolores.

—Es forzoso.

—Y lo mismo que los nuevos placeres han suplantado a los antiguos en su corazón, enriqueciéndose con sus despojos, así, aunque más joven, ¿no querrá apoderarse de los bienes de su padre y de su madre, y aprovecharse del patrimonio que queda a éstos después de haber disipado su parte?

—¿Cómo sería de otro modo? —dijo.

—Y si sus padres rehúsan satisfacer sus deseos, ¿no empleará, por de pronto, contra ellos el hurto y el fraude?

—Desde luego.

—Si por este medio no consigue nada, ¿no apelará al robo y a la fuerza?

—Lo creo —dijo.

—Si se oponen a la violencia el anciano y la anciana, si resisten, ¿respetará su ancianidad? ¿Dejará de cometer con ellos algún acto tiránico?

—Temo mucho por los padres de un joven semejante —dijo.

—Por Zeus, mi querido Adimanto, ¿crees tú que por una amiga superflua, a quien por capricho obsequia desde la víspera, o por un joven a quien persigue también desde el día anterior innecesariamente, será capaz de poner las manos en su padre o en su madre, en sus amigos más antiguos y más necesarios, sin miramiento a sus muchos años; y llegará hasta someterlos como esclavos a esta mujer y a ese joven, que habrá introducido en la casa de sus padres?

—Sí lo hará, por Zeus —dijo.

—Luego gran fortuna es para los padres el haber dado a luz un hijo de ese carácter

—dije.

—Desde luego —dijo.

—Pero ¡qué!, cuando haya consumido todos los bienes de su padre y de su madre, y el enjambre de pasiones se haya multiplicado y fortificado en su corazón, ¿no se verá reducido a forzar las casas, despojar de noche a los transeúntes y robar los templos? Las opiniones sobre el honor y la probidad, consideradas como justas, que le habían inspirado en su infancia, desaparecerán entonces delante de aquellas otras, con el amor a la cabeza, que se harán dueñas de su alma, apenas liberadas de la esclavitud. Estas mismas opiniones, que cuando estaba él sometido a la autoridad de las leyes y a la voluntad de su padre, apenas se atrevían a emanciparse en los sueños de la noche, hoy que el amor se ha hecho su tirano, le conducirán cien veces al día a las mismas acciones que antes experimentaba raras veces durante el sueño. Ni los asesinatos, ni las horribles orgías, ni los crímenes de ninguna clase le detendrán, porque reinando en su alma sólo el amor tiránico, le inspirará la licencia y el desprecio a las leyes, y mirando esta alma como un Estado sometido a su imperio, le obligará a emprenderlo todo, para tener con que alimentarle a él y a esa turba que lleva tras de sí, venida en parte de fuera por las malas compañías, y nacida en parte dentro, desencadenada por su propia audacia o liberada por él mismo. ¿No será ésta la vida que hará éste?

—Ésa, sin duda —dijo.

—Si en un Estado se encuentran —dije— pocos ciudadanos de este carácter, siendo todos los demás prudentes y arreglados en sus costumbres, entonces esos pocos saldrán y se pondrán al servicio de cualquier tirano extranjero; o para venderse como auxiliares dondequiera que haya guerra; y si en todas partes hay paz y tranquilidad, producirán en su patria un número infinito de pequeños males.

—¿Qué males?

—Por ejemplo, robar, forzar las casas, escamotear las bolsas, despojar a los transeúntes, cometer sacrilegios y raptos de hombres libres. Si son elocuentes, harán el oficio de acusadores, presentarán testigos falsos y se venderán al que más les dé.

—Pequeños males son éstos, si ellos son en corto número.

—Sí, ya sabes —dije— que las cosas pequeñas lo son en comparación con las grandes; y todos estos males, puestos al lado de los que sufre un Estado oprimido por un tirano, son una bagatela. Pero cuando en un Estado hay muchos ciudadanos de este carácter, y aumentándose cada día su partido ven que tienen mayoría, entonces es cuando, apoyados en un populacho insensato, dan al Estado por tirano a aquel de entre ellos que tiene en su propia alma el más fuerte e imperioso tirano.

—Sí, porque semejante hombre sabrá perfectamente el oficio de tirano —dijo.

—Si los demás ceden, no pasa nada. Pero si no, al menor movimiento que haga la ciudad, el tirano cometerá contra su patria las mismas violencias que usó contra su padre y su madre; la maltratará, la entregará al poder de los nuevos amigos que le rodean, y reducirá a la esclavitud más dura a esta patria, o matria, sirviéndome de la expresión de los cretenses. A este punto irán a parar sus deseos.

—Tienes toda la razón —dijo.

—Por lo demás —proseguí—, en ese hombre, antes de gobernar, su carácter se deja ver en su condición privada de la manera siguiente. O bien se ve rodeado de una multitud de aduladores, dispuestos a obedecerle en todo; o arrastrándose él mismo impúdicamente a sus pies, cuando tiene necesidad de los demás, no habrá cosa que no haga para convencerles de su decidido afecto; pero apenas habrá obtenido lo que deseaba, cuando les volverá la espalda.

—Muy cierto.

—Y así estos hombres pasan la vida sin ser amigos de nadie, siendo dueños o esclavos de voluntades ajenas, porque es un signo del carácter tiránico el no conocer ni la verdadera libertad ni la verdadera amistad.

—Desde luego.

—¿No puede llamarse a estos hombres con razón desleales?

—¿Cómo no?

—¿Y no puede decirse también que son injustos en sumo grado, si lo que hemos dicho antes a propósito de la justicia es verdadero?

—Verdadero es, sin duda —dijo.

—Resumamos, pues —proseguí—, los rasgos que constituyen al perfecto criminal.

Debe ser en vela tal como lo describimos en sueños.

—Sin duda.

—Es el hombre que, teniendo el carácter más tiránico que puede concebirse, está revestido con la autoridad tiránica; y cuanto más tiempo ejerza la tiranía, más se afirmará en su manera de ser.

—Ésa es una consecuencia necesaria —exclamó Glaucón por su parte.

—Y si es el más malo de los hombres, ¿no será también el más desgraciado — dije—, y no lo será tanto más cuanto por más tiempo y de una manera más absoluta haya ejercido la tiranía? Distinta es, a este respecto, la opinión del vulgo.

—No puede ser de otra manera —observó.

—La condición del hombre tiranizado por sus pasiones es la misma que la de un Estado oprimido por un tirano; como la condición del hombre democrático se parece a la de un Estado democrático, y así sucede con los demás.

—¿Cómo no?

—Y lo que un Estado es con relación a otro Estado, en razón, ya de la virtud, ya de la felicidad, un hombre lo es con relación a otro hombre.

—¿Qué otra cosa cabe?

—Pero ¿cuál es la diferencia en virtud del Estado gobernado por un tirano con el Estado gobernado por un rey tal como nosotros lo describimos al principio?

—Son enteramente opuestos; el uno es el mejor, el otro el peor.

—No te preguntaré cuál de los dos es el mejor o el peor —dije yo—, porque es cosa clara; lo que yo te pregunto es si el que tienes por mejor es también dichoso, y el que tienes por peor el más desgraciado. No nos alucinemos en este punto por fijarnos sólo en el tirano y en el corto número de favoritos que le rodean; entremos en el Estado mismo, examinémosle todo entero, penetremos en él por todas partes, y en seguida demos nuestro fallo a lo observado.

—Pides una cosa muy justa. Es cosa evidente para todo el mundo que no hay un Estado más desgraciado que el que obedece a un tirano, ni más dichoso que el que está gobernado por un rey.

—¿No tendré razón —dije— para exigir que se vaya con el mismo pulso cuando se trate de dar parecer sobre la felicidad de los individuos, y para querer que nos atengamos a la decisión del que pueda penetrar con el pensamiento hasta el interior del hombre, sin dejarse llevar, como los niños, de apariencias, ni tampoco de las exterioridades fastuosas de que el poder tiránico se reviste para imponerse a la multitud, sino penetrando en el fondo de las cosas? ¿Si pretendiese yo, por consiguiente, que en la cuestión presente no deberíamos dar oídos a otro juez que al que a las luces del juicio une las de la experiencia, al que ha vivido con los tiranos, que los ha visto en su interior despojados del aparato y pompa teatral, y que sabe la impresión que le causan las crisis políticas; si comprometiese a este hombre a dar su fallo sobre la felicidad o desgracia de la condición del tirano, comparada con todas las demás?

—Sería muy correcto exigirlo —dijo.

—¿Quieres que supongamos por un momento —dije— que

nosotros mismos nos encontramos en estado de juzgar, y que hemos vivido con los tiranos, para que de esta manera tengamos alguien que responda a nuestras preguntas?

—Sí, lo quiero.

—Sígueme, pues, y recordando la semejanza que existe entre el Estado y el individuo, considera el uno después del otro, y dime cuál debe ser la situación de ambos.

—¿Qué situación? —preguntó.

—Comenzando por el Estado, dime: un Estado sometido a un tirano, ¿es libre o esclavo? —inquirí.

—Digo que es todo lo esclavo que se puede ser —replicó. —Sin embargo, en semejante Estado, ¿ves personas que son dueñas de lo que tienen y libres en sus acciones?

—Sí; las veo, pero en muy corto número —dijo—, pues a decir verdad, la mayor y más sana parte de los ciudadanos se ve reducida a la más dura y vergonzosa esclavitud.

—Luego si con el individuo pasa lo mismo que con el Estado —dije—, ¿no es una necesidad que se verifiquen en él las mismas cosas, que su alma gima en una servidumbre baja y vergonzosa, que la parte más excelente de esta alma esté sometida a los caprichos de la parte más despreciable, más depravada y más furiosa?

—Así debe suceder —dijo.

—¿Qué dirás de un alma que se halla en este estado? ¿Es libre o esclava?

—Esclava, sin duda.

—Pero un Estado esclavo y dominado por un tirano no hace lo que quiere.

—No, ciertamente.

—A decir verdad, un alma tiranizada, hablando de ella en su totalidad, tampoco hace lo que quiere, sino que arrastrada sin cesar por la violencia del aguijón, se sentirá llena de turbación y de arrepentimiento.

—¿Cómo no?

—El Estado en que reina un tirano, ¿es rico o pobre?

—Es pobre.

—Luego un alma tiranizada es también siempre pobre e insaciable.

—Así es —dijo.

—¿No es una necesidad que este Estado y este individuo estén en un temor y en un terror continuos?

—Sin duda.

—¿Crees que sea posible encontrar ningún otro Estado en que sean más las quejas, las lágrimas, los gemidos y los amargos dolores que en éste?

—De ningún modo.

—¿Ni ningún otro individuo en quien lo sean más que en este hombre tiránico, a quien el amor y las demás pasiones hacen furioso?

—¿Cómo podría ser de otro modo? —dijo.

—Así, pues, pensando en todos estos males y en otros mil, has creído que este Estado era el más desgraciado de todos los Estados...

—¿No he tenido razón? —preguntó.

—Sin duda, pero colocándote en el mismo punto de vista, ¿qué dices del hombre tiránico? —dije yo.

—Que es el más desgraciado de los hombres —afirmó.

—En eso —dije— ya no tienes razón.

—¿Por qué? —preguntó.

—Porque no es aún ése el más desgraciado, a mi modo de ver —dije.

—Pues ¿quién lo será entonces?

—El que te voy a citar te parecerá más desgraciado, quizá.

—¿Quién?

—Aquel que, estando tiranizado ya de por sí, no pasa su vida en la esfera privada, sino que su mala estrella le presenta la ocasión de hacerse tirano de un Estado.

—Visto lo que hemos dicho, conjeturo que tienes razón —dijo.

—Así puede suceder —dije—, pero en una materia de esta importancia, donde se trata nada menos que de examinar de qué depende la felicidad o la desgracia de la vida, no hay que andar con conjeturas, sino llegar, si puede ser, hasta una completa certidumbre.

—Muy bien —dijo.

—Mira si razono con exactitud. Para juzgar bien la condición de un tirano, he aquí, a mi parecer, cómo es preciso considerarle.

—¿Cómo?

—Sucede con un tirano lo que con esos particulares ricos que tienen muchos esclavos; porque tienen de común con él que mandan a muchos; la diferencia está sólo en el número.

—En eso difieren, en efecto.

—Ya sabes que estos particulares viven tranquilos, no temen nada de parte de sus esclavos.

—Pues ¿qué han de temer?

—Nada; pero ¿sabes la razón? —dije.

—Sí; es porque todo el Estado cuida de la seguridad de cada ciudadano.

—Muy bien —asentí—. Pero si algún dios, arrancando del seno de esta sociedad a uno de estos hombres que tienen a su servicio cincuenta esclavos o más, con su mujer, sus hijos y domésticos, le transportara con su casa y bienes a un desierto, donde no pudiera esperar auxilio de ningún hombre libre, ¿no estaría continuamente temiendo que iban a perecer a manos de sus esclavos él, su mujer y sus hijos?

—Estaría aterrado —dijo.

—Se vería precisado a agasajar a algunos de entre ellos, a ganarlos a fuerza de promesas, y a darles libertad, aunque no la mereciesen; en una palabra, a convertirse en adulador de sus esclavos.

—Tendría que hacer eso o perecer —dijo.

—¿Y qué sucedería —proseguí— si ese mismo dios colocase alrededor de la estancia de ese rico un gran número de gentes decididas a no sufrir que un hombre ejerciera imperio alguno sobre sus semejantes, y a castigar con el último suplicio al que sorprendiera intentando una cosa semejante?

—Rodeado por todas partes de tantos enemigos, sería para él un motivo mayor aún para temer por sus días —dijo.

—¿No está encadenado en una prisión semejante el tirano? Suponiéndole con el carácter con que le hemos pintado, ¿no debe verse devorado incesantemente por temores y deseos de toda clase? Por viva que sea su curiosidad, no puede viajar como los demás ciudadanos, ni ir a ver mil cosas que llamen su atención. Encerrado en el recinto de su palacio, como una mujer, envidia la felicidad de sus súbditos cuando sabe que hacen algún viaje, y que van a ver cosas que excitan su curiosidad.

—Es muy cierto —dijo.

—Mayores aún son los males que cosecha el hombre tiránico, que has considerado tú como el más desgraciado de los hombres, gobernándose mal a sí mismo, cuando la suerte le obliga a renunciar a la vida privada, y le eleva a la condición de tirano; es incapaz de conducirse a sí mismo y habrá de conducir a los demás. Su condición se parece a la de un enfermo que no teniendo bastantes fuerzas propias, en lugar de pensar sólo en su salud se viese precisado a pasar toda su vida en combates atléticos.

—Esa comparación, Sócrates, es muy exacta y muy verdadera —dijo.

—Semejante situación, mi querido Glaucón —dije yo—, ¿no es la más triste que puede imaginarse y la condición de tirano no añade un aumento de desgracia al mismo que, en tu opinión, era ya el más desgraciado de los hombres?

—Convengo en ello —dijo.

—Y así en realidad, y cualesquiera que sean las apariencias, el tirano no es más que un esclavo, esclavo sometido a las más dura y baja servidumbre, y el adulador de lo más abyecto de la sociedad. Jamás podrá satisfacer por completo sus deseos, porque lo que le falta excede a lo que posee; y el que pudiera penetrar en el fondo de su alma encontraría que es verdaderamente pobre, y vive siempre sobresaltado, y siempre presa de dolores y angustias: tal es su situación, si es cierto que es parecida a la del Estado de que él es dueño; y se parece, en efecto, o ¿no lo crees así?

—Y mucho —dijo.

—A tantas miserias añadamos sobre todo lo que ya hemos dicho; que de día en día, y en razón del rango que ocupa, se hace necesariamente más envidioso, más pérfido, más injusto, más falto de amigos, más impío, más dispuesto a recibir y alimentar en su corazón todos los vicios, siguiéndose de aquí que es el más desgraciado de los hombres, y que comunica su desgracia a los mismos que le rodean.

—Ningún hombre de buen sentido te puede contradecir en este punto —contestó.

—Revístete ahora, pues —dije yo—, con el carácter de juez último y dictamina quiénes de entre los cinco caracteres, el real, el timocrático, el oligárquico, el democrático y el tiránico, son más dichosos y quiénes lo son menos.

—El fallo es fácil de pronunciar —dijo—. Doy a cada uno más o menos virtud, más o menos felicidad, según el orden en que se nos han presentado, como los coros que entran en la escena.

—¿Quieres que hagamos venir un heraldo —dije—, o que publique yo en alta voz que el hijo de Aristón ha declarado que el más dichoso de los hombres es el más justo y más virtuoso, es decir, el que reina sobre sí mismo y que se gobierna según los principios del Estado monárquico; y que el más desgraciado es el más injusto y más depravado, es decir, aquel que, teniendo el carácter más tiránico, ejerce sobre sí mismo y sobre los demás la tiranía más absoluta?

—Proclámalo —dijo.

—¿Y podré añadir —pregunté— que uno y otro son lo que hemos dicho, aun cuando ni los hombres ni los dioses tengan conocimiento alguno de ello?

—Añádelo —dijo él.

—Por consiguiente, he aquí que hemos llegado al término de la primera demostración. Voy, si quieres, a darte una segunda.

—¿Cuál es?

—Si el alma de cada uno de nosotros se divide realmente —dije— en tres especies a la manera que el Estado se divide en tres, ello da lugar, a mi parecer, a una nueva demostración.

—¿Cuál?

—La siguiente. A estas tres partes del alma corresponden tres placeres propios de cada una de ellas: y por consiguiente, tres clases de deseos y de dominaciones.

—¿Qué quieres decir? —preguntó.

—Lo primero es aquello por lo que el hombre comprende; lo segundo es aquello por lo que el hombre se irrita; lo tercero tiene demasiadas formas para que pueda ser comprendido bajo un nombre particular; pero ya lo hemos designado por lo más notable y por lo que más predomina. Lo hemos llamado concupiscible a causa de la violencia de los deseos que nos arrastran a comer, beber, al amor y a los demás placeres de los sentidos; y lo hemos llamado amigo de las riquezas, porque el dinero es el medio más eficaz para satisfacer esta clase de deseos.

—Razón hemos tenido para ello —dijo.

—Si añadiésemos que el placer y querencia propios de esta facultad es el lucro,

¿no sería fijar la idea y designarla con toda claridad? ¿Qué otro nombre, en verdad, puede convenirle mejor que el de amor a las riquezas y al lucro?

—Bien me parece —dijo.

—Y la parte irascible, ¿no nos arrastra de manera total y constante a la dominación, a la victoria y a la gloria?

—Muy cierto.

—Luego podemos con razón llamarla arrogante y ambiciosa.

—Le conviene perfectamente.

—En cuanto a la parte que comprende, es evidente que tiende sin cesar y por completo a conocer la verdad, tal cual es, importándole bien poco las riquezas y la gloria.

—Es cierto.

—¿No tendremos, por lo tanto, razón para llamarla filosófica y amiga de la instrucción?

—¿Cómo no?

—¿No es cierto, igualmente —proseguí—, que, según el caso, unas veces domina este elemento recién nombrado, otras veces, uno de los otros dos?

—Así es —dijo.

—Por eso, ¿diremos que hay tres principales caracteres entre los hombres, que son: el filosófico, el ambicioso y el avaro?

—Totalmente de acuerdo.

—¿Y tres especies de placeres radicados en ellos?

—Muy cierto.

—Si llegaras a preguntarles a cada uno de estos hombres en particular —dije—: «¿cuál es la vida más dichosa?», ya conocerás que habrá de decir que la suya; y que el interesado colocará el placer del lucro por encima de todos los demás placeres, y que despreciará la ciencia y los honores, a menos que no crea que son un medio de reunir dinero.

—Es cierto —dijo.

—Por su parte, ¿qué dirá el ambicioso? —proseguí—. ¿No tratará de bajeza el placer de acumular tesoros, y de humo vano el estudio de las ciencias, a excepción de las que puedan acarrear honra?

—Así es —repuso.

—En cuanto al filósofo —seguí—, diremos resueltamente que de nada hace aprecio en comparación del placer que le proporciona el conocimiento de la verdad tal cual es, y su aplicación continua a este estudio; y con respecto a los demás placeres, si los llama necesidades, es porque no se los procuraría, si la naturaleza no los exigiese.

—Hay que estar convencido de ello.

—Ahora, puesto que se trata —dije— de decidir cuál de estas tres especies de placeres y de condiciones es, no digo la más honesta o vergonzosa o mejor o peor, sino la más agradable y exenta de pesar, ¿cómo podremos saber, entre estas pretensiones opuestas, de qué lado se encuentra la verdad?

—Yo no podría decirlo —replicó.

—Veamos la cuestión de esta manera: ¿cuáles son las cualidades que se requieren para juzgar bien? ¿No son la experiencia, la reflexión y el razonamiento? ¿Es posible seguir mejores guías cuando se trata de formar un juicio?

—¿Cómo podría serlo? —dijo.

—Atiende, pues: ¿cuál de nuestros tres hombres tiene más experiencia de las tres clases de placeres de que acabamos de hablar? ¿Crees que el avaro, si se dedicase al conocimiento de la verdad, sería más capaz de juzgar de la naturaleza del placer que acompaña a la ciencia, que lo es el filósofo de juzgar el placer que causa el lucro?

—De ninguna manera —dijo—, porque el filósofo se ha encontrado desde la infancia en la necesidad de gustar otros placeres que los de la inteligencia; mientras que ninguna necesidad ha tenido el hombre interesado de experimentar, al estudiar los seres, la dulzura del placer de conocer y de adquirir la experiencia: difícil le resultaría, pese a todos sus esfuerzos para conseguirlo.

—Luego el filósofo tiene mayor experiencia que el avaro respecto de ambos placeres —dije yo.

—Mucho mayor.

—¿No conoce también el filósofo por experiencia el placer que va unido a los honores mejor que conoce el ambicioso el placer que produce el comprender?

—Cada uno de estos tres hombres —dijo— está seguro de la honra que le resultará si llega a conseguir el objeto que se propone, porque las riquezas tienen muchos admiradores, como los tienen el valor y la sabiduría. Y así respecto al placer que resulta de verse honrado, todos tres tienen igual experiencia. Pero es imposible que ningún otro, como no sea el filósofo, guste el placer que resulta de la contemplación del ser de las cosas.

—Por consiguiente —dije—, si sólo se atiende a la experiencia, el filósofo está en mejor posición de juzgar que los otros dos.

—Con mucho.

—Y es el único que a las luces de la experiencia une las de la comprensión.

—¿Cómo no?

—En cuanto al instrumento necesario para juzgar, no pertenece en propiedad ni al avaro ni al ambicioso, y sí sólo al filósofo.

—¿Cuál es ese instrumento?

—¿No hemos dicho que es preciso emplear el razonamiento en los juicios?

—Sí.

—Pero el razonamiento, hablando con propiedad, es el instrumento del filósofo.

—¿Cómo no?

—Si la riqueza y el lucro fuesen la regla más segura para juzgar bien de cada cosa, lo que el avaro estima o desprecia contendría efectivamente la máxima verdad.

—Convengo en ello.

—Si fuesen los honores, las victorias o el valor, ¿no sería preciso someterlos a la decisión del hombre ambicioso y arrogante?

—Es evidente.

—Pero puesto que a la reflexión y a la experiencia y a la razón pertenece juzgar...

—No puede menos de reconocerse que lo que merece la estimación del filósofo, del amigo de la razón, es verdaderamente estimable.

—Luego de los tres placeres de que se trata, el más dulce es el que depende de esta parte del alma por la que adquirimos conocimientos, y el hombre que da a esta parte el mando sobre sí mismo pasa la vida más dichosa.

—¿Cómo va a ser de otro modo? —dijo—: como apreciador soberano, el hombre inteligente alaba su propia vida.

—¿Qué vida y qué placer deberán ponerse en segundo lugar? —dije.

—Es claro que será el placer del guerrero y del ambicioso, el cual se aproxima mucho más al del filósofo que el del hombre interesado.

—Según todas las apariencias, al avaro le corresponderá el último rango de vida.

—¿Qué otra cosa cabe? —dijo.

—Por lo tanto, he aquí dos pruebas y dos victorias consecutivas que el justo consigue sobre el injusto. Pero va a conseguir una tercera verdaderamente olímpica, por la que deberá dar gracias a Zeus Salvador y Olímpico. Es la siguiente: todo otro placer que no sea el del sabio no es un placer completo, ni puro, sino como sombreado, según lo que he oído decir a alguno de los sabios. Y si es así, la derrota del injusto es completa.

—Seguramente, pero ¿cómo lo explicas?

—Basta para ello que yo pregunte y tú me respondas —dije.

—Interroga, pues —dijo.

—Dime —proseguí—: el dolor ¿no es lo contrario del placer?

—Sin duda.

—¿No se reconoce un estado en el que no se experimenta placer ni dolor?

—Lo hay, sin duda.

—Este estado, que es un medio entre aquellos dos contrarios, ¿no consiste en un cierto reposo en que se encuentra el alma respecto de los otros? ¿No te parece así?

—Eso es —repuso.

—¿Recuerdas lo que dicen de ordinario los enfermos en los accesos de su mal? — pregunté.

—¿Qué dicen?

—Que el bien más grande es la salud, pero que no han conocido todo su valor antes de enfermar.

—Lo recuerdo —dijo.

—¿No oyes a todos los que sufren un dolor que nada hay más dulce que el cese del dolor?

—Lo oigo.

—Y observarás, creo yo, que en todas las circunstancias de la vida no es el placer lo que los hombres doloridos miran como la cosa más deliciosa, sino la cesación del dolor y el reposo.

—Es porque ese reposo —dijo— les resulta agradable y apetecible en comparación del estado en que se encuentran.

—Por la misma razón, la cesación del placer debe ser un dolor para aquel que disfrutaba antes del placer —dije.

—Seguramente —dijo.

—Por consiguiente, esa calma del alma que, según dijimos antes, ocupa un término medio entre el placer y el dolor, nos parece ahora que es lo uno y lo otro.

—Así parece.

—Pero ¿es posible que lo que no es ni lo uno ni lo otro, sea a la vez lo uno y lo otro?

—Yo no lo pienso así.

—Además, el placer y el dolor, ¿no son ambos un movimiento del alma?

—Sí.

—Pero ¿no acabamos de decir que este estado en que no se siente placer ni dolor es un reposo del alma y cierta cosa intermedia entre estos dos sentimientos?

—Es cierto, así se nos ha mostrado.

—¿Cómo, pues, se puede creer racionalmente que la negación del dolor sea un placer y la de un placer un dolor?

—No puede creerse.

—Por consiguiente —dije yo—, este estado no es en sí mismo ni agradable ni desagradable; pero se le juzga agradable por oposición al dolor, y desagradable por oposición al placer. En todas estas apariencias no hay placer real; todo esto no es más que un alucinamiento.

—Por lo menos, el razonamiento lo demuestra —dijo.

—Para que no te sientas tentado a creer —dije— que en esta vida la naturaleza del placer y del dolor se reduce a no ser más que, el uno, la cesación del dolor, y el otro, la cesación del placer, considera los placeres que no son resultado de ningún dolor.

—¿Dónde están y cuál es su naturaleza? —dijo.

—Son numerosos y de diferentes especies —dije—: fíjate, por ejemplo, en los placeres del olfato. La viva sensación que causan en el alma no es precedida de dolor alguno; y cuando cesan, no dejan tampoco ninguno tras de sí.

—Esto es muy cierto —admitió.

—No nos dejemos, pues, persuadir de que el placer puro no sea más que una simple cesación del dolor y el dolor puro una simple cesación del placer.

—No, en efecto.

—Con todo eso, aquellos placeres —dije— que pasan al alma por el cuerpo, y que son quizá los más numerosos y los más vivos, son de esta naturaleza; son verdaderas cesaciones de dolor.

—Lo son, en efecto.

—¿No sucede lo mismo respecto a los presentimientos de alegría y de dolor, causados por la expectación?

—Lo mismo.

—¿Sabes lo que debe pensarse de estos placeres y con qué se los puede comparar? —pregunté.

—¿Con qué? —dijo.

—¿Sabes que en las cosas hay un punto alto, uno medio y uno bajo? —dije.

—Eso creo.

—El que pasa de una región inferior a una región media, ¿no se imagina subir a lo más alto? Y cuando ha llegado a la región media, y echa una mirada al punto de donde ha partido, ¿qué otra idea puede ocurrírsele sino que está en lo alto, porque no conoce aún la región verdaderamente alta?

—No creo que pueda imaginarse otra cosa, por Zeus —exclamó.

—Si desde allí volviese a descender a la región baja, creería descender, y no se engañaría —proseguí.

—¿Qué otra cosa cabe?

—¿A qué puede atribuirse su error, sino a la ignorancia en que está respecto a la región verdaderamente alta, verdaderamente media, verdaderamente baja?

—Es evidente.

—¿Y es extraño que hombres que no conocen la verdad se formen ideas falsas de mil cosas, entre otras, del placer, del dolor y de lo que es intermedio entre uno y otro, de suerte que cuando pasan al dolor, creen sufrir y sufren en efecto, y cuando del dolor pasan al estado intermedio, se persuaden que han llegado al pleno goce del placer? ¿Es extraño que gentes que jamás han percibido el verdadero placer y que no consideran el placer sino por oposición, como la cesación del dolor, se engañen en sus juicios, poco más o menos como si no conociendo el color blanco tomasen el color gris por lo opuesto al negro?

—Todo eso no es extraño; y lo que me sorprendería sería que vieran lo contrario, por Zeus —dijo.

—Reflexiona sobre lo que voy a decir —seguí—. El hambre, la sed y las demás necesidades naturales, ¿no son una especie de vacío en el cuerpo?

—¿Qué otra cosa cabe?

—En igual forma, la ignorancia y la sinrazón, ¿no son un vacío en el alma?

—Sin duda.

—¿No se llena la primera clase de vacío tomando alimento y la segunda adquiriendo inteligencia?

—¿Cómo no?

—¿Cuál es la más real y verdadera plenitud, la que proviene de las cosas que tienen más realidad o la que proviene de las cosas que tienen menos?

—Es evidente que la de las que tienen más.

—Pero el pan, la bebida, las viandas y, en general, todo lo que alimenta el cuerpo,

¿tiene más realidad, participa más de la verdadera esencia que las opiniones ciertas, la ciencia, la inteligencia, en una palabra, todas las virtudes? He aquí el juicio que debe formarse. Lo que corresponde a algo igual, inmortal y verdadero y representa en sí estos caracteres y se produce en un objeto semejante, ¿no tiene más realidad que lo que nace de una naturaleza sujeta al cambio y a la corrupción, y se produce en una sustancia igualmente mortal y mudable?

—Lo que más participa del ser igual a sí mismo tiene infinitamente más realidad — dijo.

—Según eso, el ser de lo siempre mudable, ¿tiene más realidad que el de la ciencia?

—De ningún modo.

—¿Y qué, tiene acaso más verdad?

—Tampoco.

—Si este ser tuviese menos verdad, tendría menos realidad.

—Por fuerza.

—Luego, en general, todo lo que sirve para el sostenimiento del cuerpo participa menos de la verdad y de la realidad que lo que sirve para el sostenimiento del alma.

—Mucho menos.

—Y del cuerpo, ¿no crees lo mismo respecto al alma?

—Sí, por cierto.

—Luego lo que está lleno de cosas más reales y es más real en sí mismo, ¿no está más realmente lleno que lo lleno de cosas menos reales y menos real en sí mismo?

—¿Cómo no?

—Por consiguiente, si el placer consiste en llenarse de cosas conforme a su naturaleza, lo que se puede llenar verdaderamente de cosas que tienen más realidad debe gozar de un placer más real y más sólido; y lo que participa de cosas menos reales debe llenarse de una manera menos verdadera y menos sólida, y gozar de un placer menos seguro y verdadero.

—Todo eso es forzoso —dijo.

—Por consiguiente, los que no conocen ni la inteligencia ni la virtud, y están siempre entregados a los festines y demás placeres sensuales, pasan sin cesar de la región baja a la región media, y de la media a la baja; viven errantes entre estos dos términos, sin poder nunca traspasarlos. Jamás se han elevado a la alta región ni han levantado hasta allí sus miradas; jamás han estado en posesión del ser; jamás han experimentado un gozo puro y verdadero. Sino que, inclinados siempre hacia la tierra como animales y fijos sus ojos en el pasto que reciben, se entregan brutalmente a la buena mesa y al amor; y disputándose el goce de estos placeres, se cornean y cocean entre sí, concluyendo por matarse unos a otros con sus pezuñas de hierro y sus cuernos, llevados de la insatisfacción de sus apetitos; porque no se cuidan de llenar con objetos reales su propio ser ni la parte de ellos mismos que es la única capaz de una verdadera plenitud.

—Hablas como un oráculo, Sócrates, y acabas de pintar fielmente la vida de la mayor parte de los hombres —dijo Glaucón.

—¿No es una necesidad que sólo gusten de placeres mezclados de dolores, fantasmas de placer verdadero, que sólo tienen color y brillo cuando se les coteja entre sí, y cuya vista excita en el corazón de los insensatos un amor tan vivo y transportes tan violentos que se baten por poseerlos, como se batían los troyanos, según Estesícoro, por el fantasma de Elena, por ignorancia de la verdad?

—Es forzoso que sucedan las cosas de esta manera —dijo.

—Pero ¡qué! ¿No sucede lo mismo respecto a esa parte del alma donde reside el valor, cuando la envidia movida por la ambición, la violencia movida por la soberbia y la cólera movida por el mal humor hacen al hombre correr sin reflexión y sin discernimiento tras una vana plenitud de honor, de victoria y de venganza?

—Eso mismo tiene que suceder necesariamente —dijo.

—Por consiguiente —seguí—, podemos decir con confianza que cuando los deseos que pertenecen a la codicia y la ambición se dejan conducir por la ciencia y la razón, y bajo sus auspicios sólo van en busca de los placeres que les indica la sensatez, entonces experimentan los verdaderos placeres y los más conformes con su naturaleza en todo lo posible; porque de una parte les guía la verdad y, por otra, lo que es más ventajoso a cada cosa es igualmente lo que tiene más conformidad con su naturaleza.

—Lo más conforme, en efecto —dijo.

—Cuando el alma entera marcha guiada por el elemento filosófico, sin que se suscite en ella rebelión alguna, cada una de sus partes se mantiene en los justos límites de su acción, aún le queda el goce de los placeres más puros y más verdaderos de que puede gozar.

—Totalmente de acuerdo.

—Mientras que, cuando una de las otras dos partes usurpa la autoridad, no puede proporcionarse los placeres que le convienen y, para colmo, obliga a las otras partes a procurarse placeres falsos y que les son extraños.

—Así es —dijo.

—Lo que más se aleja de la filosofía y de la razón, ¿no es

igualmente lo más capaz de producir estos funestos efectos?

—Sin duda.

—Pero lo que se separa más del orden y de la ley, ¿no se separa de la razón en la misma medida?

—Es cierto.

—¿No hemos dicho que nada se alejaba más de la razón que los deseos tiránicos y los eróticos?

—Con mucho.

—¿Y que nada se separaba menos que los deseos moderados y monárquicos?

—Sí.

—Por consiguiente, el tirano será el que esté más lejos del placer verdadero y apropiado, mientras que el otro se aproximará a él cuanto es posible.

—Forzosamente.

—Luego la condición del tirano será —dije— la más ingrata, y la del rey la más placentera.

—Es del todo necesario.

—¿Sabes hasta qué punto la condición del tirano es más desagradable que la del rey? —pregunté.

—Lo sabré si tú me lo dices —respondió.

—Nos parece que hay tres especies de placeres: una de placeres legítimos y dos de placeres bastardos; y el tirano, enemigo de la ley y de la razón, sitiado siempre por un cortejo de deseos esclavos y rastreros, está colocado en la extremidad de los placeres bastardos. Ahora, hasta qué grado es inferior en felicidad al otro, es un punto difícil de determinar, a no ser de esta manera.

—¿De qué manera? —preguntó.

—El tirano es el tercero después del hombre oligárquico, porque entre los dos se encuentra el hombre democrático.

—Sí.

—Por consiguiente, si lo que dijimos antes es verdadero, el fantasma del placer que goza el tirano está tres veces más distante de la verdad que el que goza el oligárquico.

—Así es.

—Pero si contamos por uno el hombre monárquico y el hombre aristocrático, el oligárquico es igualmente el tercero después de él.

—Lo es, en efecto.

—Luego el tirano está alejado del verdadero placer el triple del triplo.

—Sí, a mi parecer.

—Por consiguiente —dije—, la apariencia de placer del tirano, conforme a este número lineal, puede expresarse por un número plano.

—Desde luego.

—Porque multiplicando este número por sí mismo, y elevándolo a la tercera potencia, es fácil ver cuántos grados está distante.

—Nada más fácil para un calculista —dijo.

—Ahora bien; si se considera al revés esta progresión y se quiere averiguar en cuántos grados el placer del rey es más verdadero que el del tirano, resultará, hecho el cálculo, que la vida del rey es setecientas veintinueve veces más grata que la del tirano, y que la de éste es más ingrata en la misma proporción.

—Acabas de encontrar, por medio de un cálculo completamente sorprendente, el intervalo que separa, en cuanto a placer y dolor, al hombre justo del injusto —dijo.

—Este número expresa exactamente, sin embargo —dije—, la diferencia de la condición de ambos, si por una y otra parte están acordes en los días, en las noches y los meses y los años.

—De acuerdo están por una y otra parte —dijo.

—Pero si la condición del hombre justo y bueno sobrepuja tanto en placer a la del malvado e injusto, ¡cuánto más la sobrepujará en honestidad, en belleza y en virtud!

—Infinitamente, por Zeus —dijo.

—Ahora bien: puesto que hemos llegado ya a este punto, volvamos a lo que se dijo más arriba y que dio ocasión a esta conversación. Se dijo, si mal no recuerdo, que la injusticia era ventajosa al perfecto malvado, con tal que pasase por hombre justo.

¿No es esto mismo lo que se dijo?

—Así se dijo, en efecto.

—Pues vamos —dije— a dialogar con quien sostuvo eso, ahora que hemos convenido en los efectos que producen las acciones justas y las acciones injustas.

—¿Y cómo lo haremos? —preguntó.

—Para que el que lo ha sostenido vea bien lo que ha dicho, formemos con el pensamiento una imagen del alma.

—¿Qué clase de imagen? —dijo.

—Una imagen hecha por el modelo de la Quimera, de Escila, del Cerbero y de otros monstruos, que la tradición nos representa mediante la unión de muchas naturalezas diferentes.

—Eso es lo que se dice —convino.

—Forma, por lo tanto, un monstruo variopinto de muchas cabezas, unas de animales pacíficos y otras de bestias feroces; dale también el poder de producir todas estas cabezas y de cambiarlas a su capricho.

—Una obra de esta calidad —observó— exige un artista muy entendido; pero como es más fácil trabajar con la imaginación que con cera o cualquier otra materia semejante, me lo figuro tal como le pintas.

—Forma, en seguida, la imagen de un león y de un hombre; pero es preciso que aquella primera sea más grande y la segunda la siga en tamaño.

—Eso es fácil, y dado por hecho —dijo.

—Reúne estas tres imágenes de manera que constituyan un todo.

—Ya las he reunido —dijo.

—Por último, envuelve este compuesto modelándolo con la imagen externa de un hombre, de manera que el que no pueda ver el interior tome el todo por un hombre, juzgando sólo por las apariencias.

—Está ya —dijo.

—Responde ahora al que sostiene que la injusticia es ventajosa al hombre formado de esta manera, y que de nada le sirve ser justo. Digamos que es como si se pretendiese que es ventajoso para él alimentar con esmero y fortificar al monstruo y al león, y debilitar al hombre, dejándolo pasar hambre, de manera que esté a merced de los otros dos y puedan llevarle y traerle a donde les acomode; y añadiremos, ¿no equivale esto a sostener y afirmar que en lugar de acostumbrarles a vivir juntos en un perfecto acuerdo, vale más dejarles batirse y devorarse los unos a los otros?

—El que alaba la injusticia, en realidad, dice eso exactamente —asintió.

—Recíprocamente, decir que es útil el ser justo equivale a sostener que el hombre debe, con sus discursos y sus acciones, trabajar para dar mayor fuerza al hombre interior dentro del otro hombre y conducirse con este monstruo de muchas cabezas como un entendido labrador, auxiliándose de la fuerza del león, para impedir el crecimiento de los aspectos feroces, y alimentar y fomentar los pacíficos, distribuyendo sus cuidados entre todos, para que se mantenga una perfecta inteligencia entre unos y otros y entre todos y él mismo.

—He aquí, precisamente, lo que dice el partidario de la justicia.

—Por consiguiente, el que elogia la justicia tiene razón y el que alaba la injusticia no la tiene. En efecto, ya se atienda al placer, o a la gloria y a la utilidad, la verdad toda está por entero de parte del defensor de la justicia. Nada sólido se encuentra en los razonamientos del que la censura, ni tiene idea ninguna de la cosa misma que censura.

—A mi parecer, ninguna —dijo.

—Como su error no es voluntario, tratemos de desengañarle suavemente. Le preguntaremos: «Mi querido amigo, ¿sobre qué fundamento descansa la distinción establecida entre lo digno y lo indigno? ¿No consiste en que lo uno somete la parte salvaje de nuestra naturaleza a la parte humana, o más bien, divina, y que lo otro somete a la parte salvaje la que es mansa?»; ¿no convendrá en esto?

—Sí, si quiere creerme —repuso.

—«Sentado esto —dije—, ¿puede ser útil a nadie tomar dinero injustamente, si no puede hacerlo sin someter la mejor parte de sí mismo a la más despreciable? ¡Qué! Si por recibir este oro sacrificara la libertad de su hijo o de su hija y los pusiera en manos de amos feroces y crueles, creería perder en ello y rehusaría adquirir por este medio las mayores riquezas; y cuando lo que hay en él de más divino se convierte en esclavo de lo más depravado y más enemigo de los dioses, ¿no había de ser esto para él el colmo de la desgracia? Y el oro que recibe a este precio, ¿no le cuesta más caro que lo que costó a Erifila el collar fatal por el que sacrificó la vida de su esposo?».

—Yo respondo por él que no cabe comparación —dijo Glaucón.

—Dime, pues, ¿por qué razón se ha condenado en todos tiempos una vida licenciosa, sino porque el libertinaje afloja la rienda a este monstruo enorme, cruel y polimorfo?

—Es claro que por esa razón —dijo.

—¿Por qué ofenden y se critican la insolencia y el humor irritables, sino porque desenvuelven con exceso en el hombre el modo leonino y colérico?

—Sin duda.

—Si se condena la vida muelle y voluptuosa, ¿no es porque enerva y hace que degenere este mismo natural en cobardía?

—¿Qué otra cosa cabe?

—¿Por qué se vitupera la adulación y la bajeza, sino porque producen el efecto de sojuzgar la fogosidad a este monstruo turbulento, y porque la sed inextinguible de las riquezas, envileciéndole desde su juventud, hace que el león se convierta en mono?

—Es cierto —dijo.

—¿De dónde nace, según tú, el vituperio al artesanado y al trabajo manual? ¿No es porque estas gentes la parte mejor la tienen débil por naturaleza, no pudiendo adquirir el ascendiente sobre esas bestias interiores y viéndose precisada a servirlas, y que sólo ejercen la industria para inventar nuevos medios de satisfacerlas?

—Así parece —asintió.

—Luego para dar a tales hombres un dueño semejante al que gobierna al hombre superior exigimos que obedezcan en todo a este hombre, que obedece él mismo interiormente a la voz de la divinidad, y ello no porque pretendamos que el esclavo haya de ser gobernado en su perjuicio, como Trasímaco pretendía al decir que era en perjuicio de los súbditos en general; sino que creemos, por el contrario, que nada es más ventajoso para todo hombre que dejarse conducir por un guía sabio y divino, ya lo tenga dentro de sí mismo y disponga de él como de bien suyo propio, que sería lo mejor, o ya, a falta de esto, se someta a un guía extraño; porque nuestro designio es establecer entre los hombres esta conformidad de costumbres, que es el origen de la amistad, sometiendo a todos a un mismo régimen.

—Exactamente —dijo.

—No es menos evidente —dije yo— que la ley se propone el mismo objeto cuando presta igualmente su auxilio a todos los miembros del Estado. La dependencia en que están los hijos se funda en el mismo principio. No permitimos que dispongan de sí mismos hasta que hayamos establecido en su alma, como en un Estado, una forma fija de gobierno, y hasta que su parte mejor, como cultivada por la nuestra, pueda, como ésta hace respecto a nosotros, vigilar sobre ellos y arreglar su conducta; entonces es cuando los dejamos en libertad.

—El designio de la ley es claro —dijo.

—¿En qué y por qué razón, mi querido Glaucón, podríamos decir que sea ventajoso a alguno cometer una acción injusta, u obrar con intemperancia o cometer acciones ignominiosas, por más que al empeorar en maldad se hiciera uno más rico y más poderoso?

—De ninguna manera —dijo.

—¿De qué serviría que la injusticia quedase oculta e impune? La impunidad, ¿no hace al hombre malo más malo aún? Mientras que, descubierto un crimen y castigado, la parte animal se apacigua y se amansa y lo pacífico se libera. El alma entera, volviendo al régimen del principio mejor, se eleva, mediante la adquisición de la templanza, de la justicia y del buen juicio, a un estado tanto más superior al de un cuerpo dotado de fuerza, belleza y salud, cuanto que el alma misma está muy por encima del cuerpo.

—Totalmente cierto —dijo.

—Por consiguiente, todo hombre sensato dirigirá todas sus acciones a este mismo fin. En primer lugar, cultivará y estimará por encima de todo las enseñanzas propias para perfeccionar su alma, despreciando todas aquellas que no producen el mismo efecto.

—Es evidente —dijo.

—En segundo lugar, en su régimen corporal —proseguí— no buscará el goce de los placeres brutales e irracionales, ni tampoco buscará la salud, por mor de ser fuerte, sano y hermoso, en cuanto todas estas ventajas no sean para él medios para la salud de su mente; y, en una palabra, no mantendrá una perfecta armonía entre las partes de su cuerpo, sino en cuanto pueda servir para mantener el acuerdo que debe reinar en su alma.

—No se propondrá otro objeto, si quiere ser verdaderamente músico —dijo.

—En consecuencia, ¿no buscará —pregunté— la misma armonía y orden respecto a las riquezas, o bien se dejará deslumbrar por la idea que la multitud se forma de la felicidad? ¿Acaso aumentará sus riquezas hasta el infinito para aumentar sus males en la misma proporción?

—No lo creo —dijo.

—Por contra —seguí—, teniendo siempre fijos los ojos en su gobierno interior, atento a impedir que la opulencia de una parte y la indigencia de otra desarreglen los resortes, hará estudio en conservar siempre el mismo plan de conducta en las adquisiciones y gastos que pueda hacer.

—Exactamente —dijo.

—Rigiéndose por estos mismos principios respecto de los honores, participará y, si se quiere, gustará incluso de los que puedan hacerle mejor; y huirá lo mismo en la vida privada que en la pública de los que puedan relajar la disposición de su ser.

—Pero teniendo siempre fijos sus ojos en lo dicho, no querrá actuar en política — dijo.

—No, ¡por el Can! —reconocí—. En su propio Estado interior se encargará con gusto del gobierno; pero dudo que lo haga así del de su patria, a no sobrevenir una situación de origen divino.

—Entiendo —dijo—. Hablas de este Estado cuyo plan hemos

trazado y que sólo existe en nuestro pensamiento; porque no crees que exista uno semejante sobre la tierra.

—Por lo menos —dije—, quizá haya en el cielo un modelo para los que quieran mirarlo y fundar a su imagen su ciudad interior. Por lo demás, poco importa que tal Estado exista o haya de existir algún día; lo cierto es que el sabio no consentirá jamás gobernar otro que no sea éste.

—Es muy probable —dijo él.

## LIBRO X

—Por cierto —dije— que entre todos los motivos que me obligan a creer que el plan de nuestro Estado es tan perfecto cuanto es posible, lo tocante a la poesía no es el que menos me llama la atención.

—¿Qué es ello? —preguntó.

—El no admitir aquella parte de la poesía que es puramente imitativa. Ahora que hemos fijado con toda claridad la distinción que existe entre las especies del alma, este reglamento me parece más que nunca de una incontestable necesidad.

—¿Qué quieres decir?

—Puedo decíroslo con confianza, porque no temo que vayáis a denunciarme a los poetas trágicos y a los demás poetas imitadores. Nada es más capaz de corromper el espíritu de los que lo escuchan que este género de poesía cuando aquéllos no están provistos del antídoto conveniente, que consiste en saber apreciar este género tal cual es.

—¿Qué es lo que te obliga a hablar de esta manera? —dijo.

—Voy a decírtelo —repliqué—, si bien mi lengua se ve contenida por cierto cariño y cierto respeto que desde niño he tenido a Homero, porque éste es sin duda el maestro y el jefe de todos estos bellos poetas trágicos; pero como los miramientos debidos a un hombre son siempre menores que los que deben tenerse a la verdad, es preciso que yo hable.

—Muy bien —dijo.

—Escucha, pues; o, más bien, respóndeme.

—Interroga.

—¿Puedes decirme lo que es la imitación en general? Por mi parte, te confieso que tengo dificultad en comprender qué ha de ser.

—¿Y crees que pueda yo comprenderla mejor que tú? —exclamó.

—No tendría nada de extraño —dije—. Muchas veces los de vista débil perciben los objetos antes que los que la tienen muy penetrante.

—Así es —admitió—. Pero jamás me atreveré a decir en tu presencia mi opinión sobre ninguna materia. Tú verás, por tanto.

—¿Quieres que procedamos en nuestra indagación según nuestro método ordinario? Tenemos costumbre de abrazar bajo una idea general cada multitud de seres, comprendidos todos bajo un mismo nombre. ¿Entiendes?

—Entiendo.

—Tomemos de esas multitudes de seres la que tú quieras. Por ejemplo, hay una multitud de camas y de mesas.

—¿Cómo no?

—Pero estas dos especies de muebles están comprendidas, la una, bajo la idea de cama, y la otra, bajo la idea de mesa.

—Sí.

—También tenemos costumbre de decir que el artesano que fabrica una u otra de estas clases de muebles hace la cama o la mesa de que nos servimos conformándose a la idea que de ellas tiene, porque no es la idea misma la que el artesano fabrica, pues

¿cómo podría hacerlo?

—De ningún modo.

—Mira ahora qué nombre conviene dar al artesano que te voy a decir.

—¿A cuál?

—Al que hace él solo todo lo que los demás obreros hacen separadamente.

—En verdad que hablas de un hombre admirable y extraordinario.

—Aguarda, que aún te ha de causar mayor admiración. Este mismo obrero no sólo tiene el talento de hacer todos los muebles, sino que hace también las obras de la naturaleza, todos los seres vivos y, en fin, hasta se hace a sí mismo. Y no para aquí, porque hace la tierra, el cielo, los dioses, todo lo que hay en el cielo y bajo la tierra, en el Hades.

—Hablas —dijo— de un artista verdaderamente admirable.

—¿Dudas de lo que yo digo? —pregunté—. Pero respóndeme: ¿crees que no existe absolutamente un obrero semejante, o crees sólo que el hacedor de todo esto puede existir en cierto sentido, y en otro sentido no? ¿No ves que tú mismo podrías hacer todas estas cosas de cierta manera?

—Dime de qué manera —rogó.

—No es cosa difícil —contesté—, se ejecuta frecuentemente y en muy poco tiempo. ¿Quieres hacer la prueba en el acto? Coge un espejo, dirígelo a todas partes, y en el momento harás el sol y todos los astros del cielo, la tierra, a ti mismo, los demás animales, los utensilios, las plantas y todo lo que antes mencionamos.

—Sí; haré todo lo que dices en apariencia. Pero nada de eso existirá ni tendrá realidad —dijo.

—Muy bien. Comprendes perfectamente mi pensamiento —dije yo—. El pintor es un operario de esta especie. ¿No es así?

—¿Cómo no?

—Me dirás quizá que no tiene realidad nada de lo que hace; sin embargo, el pintor hace también una cama en cierta manera. ¿No es así?

—Sí, pero es una cama aparente —dijo.

—Y el fabricante de camas, ¿qué hace? ¿No acabas de decir que no hace la idea misma que dijimos que era la esencia de la cama, sino una tal cama en particular?

—Eso he dicho.

—Luego, si no hace la esencia, no hace nada real, sino tan sólo una cierta cosa que representa lo real, pero no lo es. Y si alguno sostuviese que la obra del fabricante de camas o de cualquier otro obrero tiene una existencia real, muy probablemente se engañaría.

—Por lo menos ésa es la opinión de los versados en estas materias —dijo.

—Por lo mismo, no debemos extrañar que estas obras, comparadas con la verdad, valgan bien poco.

—No debemos extrañarlo.

—Partiendo, pues, de esas obras —dije—, ¿quieres que examinemos qué idea debe formarse del imitador de que hablábamos antes?

—Convengo en ello si lo crees oportuno —dijo.

—Hay tres clases de camas: una, que está en la naturaleza y cuyo autor podemos, a mi parecer, decir que es Dios. Pues ¿a qué otro puede atribuirse?

—A ningún otro, creo.

—La segunda es la que hace el carpintero.

—Sí —dijo.

—Y la tercera, la que es obra del pintor. ¿No es así?

—En buena hora.

—Por lo tanto, el pintor, el fabricante de camas y Dios son los tres artistas que dirigen la elaboración de cada una de estas tres camas.

—Sí, los tres.

—Respecto de Dios, ya porque no haya querido, ya porque haya sido una necesidad para él el no hacer sino una sola cama por naturaleza, el resultado es que no ha hecho más que una, que es la cama esencial. Jamás ha producido ni dos ni muchas, ni nunca las producirá.

—¿Por qué razón? —dijo.

—Porque si hiciese siquiera dos, aparecería una tercera —dije— cuya idea sería común a las otras dos, y aquélla sería la cama esencial, y no las otras dos.

—Es cierto —dijo.

—Sabiendo Dios esto, y queriendo ser verdaderamente autor, no de tal cama realmente existente y no cualquier fabricante de camas, ha producido la cama que es una por naturaleza

—Tal parece.

—¿Le daremos, pues, el título de productor de la naturaleza de ésta, u otro semejante?

—Ese título le pertenece, en justicia —dijo—, tanto más cuanto que la ha hecho por naturaleza, así como todas las demás cosas.

—Y al carpintero, ¿cómo le llamaremos? ¿No es también artífice de camas?

—Sí.

—Respecto del pintor, ¿diremos también que es artífice y productor de lo mismo?

—De ninguna manera.

—Pues ¿qué es con relación a la cama?

—Creo que el único nombre que razonablemente se le puede dar —dijo— es el de imitador de la cosa respecto de la que los otros son artífices.

—Muy bien. ¿Llamas, por lo tanto, imitador al autor de una obra que se aleja de la naturaleza tres grados? —dije.

—Justamente —repuso.

—En la misma forma, el autor de tragedias, en calidad de imitador, será tercero en la sucesión del rey y de la verdad. Lo mismo sucede con todos los demás imitadores.

—Así parece.

—Puesto que estamos de acuerdo acerca de la idea que debe formarse del imitador, responde, te lo suplico, a la pregunta siguiente: ¿el pintor se propone como objeto de imitación lo que en la naturaleza es la esencia de cada cosa, o lo que sale de las manos del artesano?

—La obra del artesano —dijo.

—¿Tal como es o tal como parece? Explícame este punto.

—¿Qué quieres decir? —preguntó.

—Lo siguiente: una cama, ¿no es siempre la misma cama, ya se la mire directamente, ya de perfil? Pero aunque sea la misma en sí, ¿no parece diferente? Otro tanto digo de las demás cosas.

—Sí; la apariencia puede ser diferente, aunque el objeto sea el mismo —dijo.

—Fíjate ahora en lo que voy a decir. ¿Qué es lo que se propone la pintura? ¿Es representar lo que es, tal como es, o lo que parece, tal como parece? La pintura, ¿es la imitación de la apariencia o de la realidad?

—De la apariencia —dijo.

—El arte de imitar está, por consiguiente, muy distante de lo verdadero, y si ejecuta tantas cosas es porque no toma sino una pequeña parte de cada una; y aun esta pequeña parte no es más que un fantasma. El pintor, por ejemplo, nos representará un zapatero, un carpintero o cualquier otro artesano, sin conocer nada de estos oficios. A pesar de esto, si es un excelente pintor, alucinará a los niños y al vulgo ignorante, mostrándoles de lejos el carpintero que haya pintado, de suerte que tomarán la imitación por la verdad.

—¿Por qué no?

—Y así, mi querido amigo, cuando alguno venga a decirnos que ha encontrado un hombre que sabe todos los oficios y que reúne él solo en grado eminente todos los conocimientos repartidos entre los demás hombres, es preciso responderle que se equivoca; que se ha dejado engañar por un charlatán, por un imitador a quien ha creído un hombre hábil, por no poder distinguir la verdadera ciencia, la ignorancia y la imitación.

—Es muy cierto —dijo.

—Nos falta ahora —proseguí— examinar la tragedia y a Homero, que es su guía. Como oímos decir todos los días a ciertas gentes que los poetas trágicos están muy versados en todas las artes, en todas las ciencias humanas que tienen por objeto el vicio y la virtud, y lo mismo en todo lo concerniente a los dioses; que es indispensable a un buen poeta conocer perfectamente los asuntos que trata, si quiere componer bien, y que, de no ser así, es imposible que componga, debemos nosotros averiguar si los que hablan de esta manera se han dejado engañar por esta clase de imitadores; si su error procede de que, al ver las producciones de estos poetas, han olvidado la observación de que están tres grados distantes de la realidad, y que sólo componen fácilmente para quien no conoce la verdad, pues sus obras, en último término, no son más que fantasmas que no tienen ninguna realidad. O, en otro caso, averiguar si hay algo de verdad en lo que estas personas dicen, y si, efectivamente, los buenos poetas entienden las materias sobre que el común de los hombres estima que han escrito bien.

—Es lo que debemos examinar cuidadosamente —dijo.

—¿Crees que si alguno fuese igualmente capaz de hacer la representación de una cosa y la cosa misma representada, preferiría consagrar su talento y su vida a no hacer más que vanas imágenes, como si no pudiera emplear el tiempo en otra cosa mejor?

—No lo creo.

—Porque si estuviera realmente versado en el conocimiento de lo que imita, creo que querría más dedicarse a producir por sí, que no imitar lo que hacen los otros; que haría un esfuerzo en distinguirse, dejando para la posteridad, como otros tantos monumentos, numerosos trabajos y preciosas obras; en una palabra, que preferiría merecer elogios de los demás a tener que tributarlos él a éstos.

—Lo creo así —dijo—, porque son muy diferentes la honra y la utilidad de cada uno de esos ejercicios.

—No exijamos, sin embargo, de Homero ni de los demás poetas que nos den razón de las mil cosas de que nos han hablado. No les preguntemos si eran médicos o si sabían únicamente imitar el lenguaje de los mismos; si algún poeta antiguo o moderno ha curado enfermos, como Asclepio, o si ha dejado a su muerte discípulos sabios en medicina, como el mismo Asclepio hizo con sus hijos. Demos de mano todas las demás artes, y no les hablemos de ellas. Pero puesto que Homero se ha arrojado a hablar sobre las materias más importantes y más preciosas, tales como la guerra, la conducción de los ejércitos, la administración de los Estados y la educación del hombre, quizá sea justo interrogarle y decirle: «Querido Homero, si es cierto que eres un artista alejado en tres grados de la verdad, incapaz de fabricar otra cosa que apariencias (porque tal es la definición que hemos dado del imitador); si ocupas, en cambio, el segundo orden; si has podido conocer lo que puede mejorar o empeorar los Estados o los particulares, dinos, ¿qué Estado te debe la mejora de su constitución, como Lacedemonia es deudora a Licurgo y numerosos Estados grandes y pequeños la deben a muchos otros? ¿Qué país habla de ti como de un sabio legislador, y se gloría de haber sacado ventaja de tus leyes? Italia y Sicilia señalan a Carondas; nosotros a Solón, pero ¿dónde está el pueblo que te señala a ti?».

—Creo que no hay ni uno solo; ni siquiera los homéridas dicen nada.

—¿Se hace mención de alguna guerra dirigida con fortuna en tiempo de Homero por él mismo o según sus consejos?

—De ninguna.

—¿Se distinguió por esas múltiples invenciones útiles en las artes o en los demás oficios que son propias de un hombre sabio, como se cuenta de Tales de Mileto y del escita Anacarsis?

—Nada de eso se cuenta de él.

—Si Homero no ha prestado ningún servicio a la sociedad, ¿lo ha hecho siquiera a los particulares? ¿Se sabe que haya influido en la educación de algunos jóvenes a él adictos, y que hayan transmitido a la posteridad un plan de vida homérico, como se refiere de Pitágoras, que durante su vida fue buscado con ese objeto, y que ha dejado discípulos que se distinguen aún hoy entre todos los demás hombres por el género de vida que llaman ellos mismos pitagórico?

—No, Sócrates —dijo—, nada que se parezca a lo que dices se cuenta de aquél. Creófilo, su compañero, ha debido de ser aún más ridículo, oh Sócrates, por sus costumbres que por el nombre que llevaba, si lo que se cuenta es exacto. Se dice, en efecto, que Homero fue en vida completamente abandonado por este personaje.

—Así se cuenta, efectivamente. Pero ¿crees, Glaucón —dije yo—, que si Homero hubiera estado en situación de instruir a los hombres y de hacerles mejores; si hubiera tenido un perfecto conocimiento de las cosas que sólo sabía imitar; crees, digo, que no se hubiera atraído un gran número de personas que le habrían honrado y querido?

¡Qué! Protágoras de Abdera, Pródico de Ceos y tantos otros tuvieron toda la influencia necesaria sobre el espíritu de sus contemporáneos para convencerles en conversaciones particulares de que jamás serían capaces de gobernar su patria, ni su familia, si no se hacían sus discípulos; son queridos y respetados por su saber, hasta el punto de marchar, por decirlo así, en triunfo por los puntos por donde pasan; en cambio, ¿los que vivían en tiempo de Homero y Hesíodo habrían permitido a estos poetas andar solos de ciudad en ciudad, recitando sus versos, si hubieran podido sacar de ellos saludables lecciones de virtud? ¿No se habrían sentido atraídos hacia ellos más que hacia todo el oro del mundo? ¿No hubieran hecho los mayores esfuerzos por retenerlos cerca de sí y, caso de no conseguirlo, no les habrían seguido a todas partes hasta haber logrado una educación conveniente?

—Lo que dices, Sócrates, me parece completamente cierto —asintió.

—¿Diremos, por lo tanto, de todos los poetas, comenzando por Homero, que ya traten en sus versos de la virtud o de cualquier otra materia, no son más que imitadores de imágenes, sin llegar jamás a la verdad? Y lo mismo que dijimos antes del pintor, el cual hará un retrato de un zapatero, aunque ningún conocimiento tenga de este oficio, con un parecido tal que los ignorantes, engañados por el dibujo y por el colorido, ¿creerán ver un verdadero zapatero?

—Sin duda alguna.

—Diremos, creo yo, en la misma forma, que el poeta, sin otro talento que el de imitar, sabe, con un barniz de palabras y de expresiones figuradas, dar tan bien a cada arte los colores que le convienen, ya hable de zapatería, ya trate del arte de la guerra o de cualquier otro objeto, que con la medida, el ritmo y la armonía de su lenguaje convence a los que le escuchan, y que juzgan, sólo por los versos, que está perfectamente instruido en las cosas de que habla; ¡tan poderoso es el prestigio de la poesía! Por lo demás, ya sabes, por otra parte, el papel que hacen las palabras de los poetas cuando se les quita el colorido musical; no puedes menos de haberlo observado.

—Sí —dijo.

—¿No se parecen —dije yo— a esos semblantes que, no teniendo otra belleza que un cierto aspecto de juventud, llegan a perderlo?

—Exactamente —dijo.

—Pasemos adelante. El autor de imágenes, es decir, el imitador, decimos que sólo conoce la apariencia de los objetos, y de ninguna manera lo que tienen de real; ¿no es así?

—Sí.

—No nos contentemos con tratar someramente esta materia, y examinémosla a fondo.

—Habla —dijo.

—El pintor, dijimos, pintará una brida y un bocado.

—Sí.

—Pero el guarnicionero y el herrero los fabricarán.

—Bien cierto.

—Pero en cuanto a la forma que es preciso dar a la brida y al bocado, ni el pintor, ni el guarnicionero, ni el herrero son competentes. El que sabe servirse de estas prendas, es decir, el caballista, ¿no es el único que debe saberlo?

—Es muy cierto.

—¿Y no diremos que sucede lo mismo con todas las demás cosas?

—¿Cómo?

—Quiero decir que hay tres artes que responden a cada cosa: el arte que se sirve de ella, el que la construye y el que la imita.

—Es cierto.

—Pero ¿a qué tienden la excelencia, la belleza, la perfección de un mueble, de un animal, de una acción cualquiera, sino al uso a que cada cosa está destinada por su naturaleza o por la intención con que se hizo?

—Así es.

—Luego es una necesidad que el que se sirve de una cosa conozca sus propiedades mejor que ningún otro, y que dirija al fabricante en su trabajo, enseñándole lo que su obra tiene de bueno y de malo con relación al uso que debe hacerse de ella. El tocador de flauta, por ejemplo, enseñará al que fabrica este instrumento cuáles son las flautas que ofrecen más ventajas, y le prescribirá la manera de hacerlas, y éste le obedecerá.

—¿Cómo no?

—Y así, el primero hablará como un hombre que conoce lo que constituye una flauta buena o mala, y el segundo trabajará bajo la fe del primero.

—Sí.

—Respecto de un mismo objeto, todo productor habrá de tener, pues, una creencia sobre su buena o mala calidad, fundada en las instrucciones que recibió del que se sirve de ella, y a cuyos conocimientos tiene precisión de someterse; mientras que este tiene un conocimiento real de las cualidades y de los defectos del instrumento.

—Es cierto.

—En cuanto al imitador, ¿es mediante el uso de la cosa que pinta como aprende a juzgar si es bella y si está bien o mal hecha? ¿Adquiere, por lo menos, una opinión exacta a causa de la necesidad en que se encuentra de conversar con el que conoce la materia y que le prescribe lo que debe imitar?

—Ni lo uno ni lo otro.

—Luego el imitador no tendrá ni saber ni una opinión fija tocante a la buena o mala calidad de lo que imita.

—No parece.

—Siendo así, el imitador debe poseer, sin duda, un bonito conocimiento de las cosas sobre las que compone.

—No muy bonito, la verdad.

—Sin embargo, no por eso dejará de imitar, aunque no sepa lo que hay de bueno y de malo en cada cosa; y se pondrá a imitar lo que parece bello a la multitud ignorante

—¿Qué otra cosa cabe?

—Parece, pues, que hemos quedado totalmente de acuerdo en esto: que todo imitador no tiene sino un conocimiento muy superficial de lo que imita, que su arte no tiene nada de serio, y que no es más que un juego de niños; y la segunda, que todos los que se dedican a la poesía trágica, ya compongan en yambos, ya en versos épicos, son todo lo imitadores que se puede ser.

—Sin duda.

—Pero ¡qué!, ¿esta imitación —exclamé yo— no está distante de la verdad tres grados, por Zeus?

—Sí.

—Por otra parte, ¿sobre qué facultad del hombre ejerce la imitación el poder que tiene?

—¿Qué quieres decir?

—Vas a saberlo. Una cosa del mismo tamaño, mirada de cerca o de lejos, no parece igual.

—Ciertamente no.

—Y lo que parece derecho o torcido, convexo o cóncavo, visto fuera del agua, no parece lo mismo cuando se ve dentro de ella, a causa de la ilusión que los colores producen en los sentidos, lo cual ocasiona evidentemente una gran perturbación en el alma. Pues bien, a esta disposición de nuestra naturaleza es a la que el arte del dibujo sombreado, el de los prestidigitadores y otros semejantes tienden los lazos, sin olvidar ningún artificio que pueda valer para seducirla.

—Tienes razón.

—Y ¿no se ha encontrado como remedio más seguro contra esta ilusión la medida, el número y el peso, para impedir que la relación de los sentidos, tocante a lo que es más o menos grande, más o menos numeroso, más o menos pesado, prevaleciese sobre el juicio de la parte del alma que calcula, que pesa y que mide?

—¿Cómo no?

—Todas estas operaciones, ¿no son obra del elemento calculador de nuestra alma?

—Suya son.

—Pero cuando ese elemento ha medido bien una cosa, y ha reconocido que es más grande, más pequeña o igual, se dan entonces en nosotros dos apariencias opuestas, relativas a las mismas cosas.

—Sí.

—¿Y no hemos dicho que era imposible que a la misma facultad se le mostrasen al mismo tiempo y sobre la misma cosa dos cosas opuestas?

—Sí, y hemos tenido razón para decirlo.

—Por consiguiente, lo que juzga en nosotros sin consideración a la medida no es lo mismo que lo que juzga conforme a la medida.

—No, en modo alguno.

—Pero la facultad que se atiene a la medida y al cálculo es la parte mejor del alma.

—¿Cómo no?

—Luego la facultad opuesta es alguna de las cosas inferiores en nosotros.

—Es preciso que así sea.

—A esta confesión quería conduciros cuando decía que, de una parte, la pintura, y en general toda arte que consiste en la imitación, está muy distante de la verdad en todo lo que ejecuta; y que, de otra, esta parte de nosotros mismos con la que el arte de imitar está en relación, se encuentra también muy distante de la sabiduría, y no aspira a nada sano ni verdadero.

—Estoy conforme —dijo.

—Por consiguiente, la imitación, siendo mala de suyo y uniéndose a lo que hay de malo en nosotros, sólo puede producir efectos malos.

—Así debe de ser.

—Pero esto, ¿es cierto tan sólo —pregunté— respecto a la imitación que hiere la vista? ¿No puede decirse otro tanto de la que hiere el oído y que llamamos poesía?

—Creo que se puede decir lo mismo —admitió.

—No nos detengamos —dije— en semejanzas fundadas en la analogía con la pintura; penetremos hasta esa parte del alma con la cual tiene la poesía un comercio íntimo, y veamos si ella es deleznable o valiosa.

—Así conviene hacerlo.

—Consideremos el punto de esta manera. Diremos que la poesía imitativa nos presenta a los hombres entregados a acciones forzosas o voluntarias, de cuyo resultado depende que se crean dichosos o desgraciados y que se abandonen a la alegría o a la tristeza. ¿Hay en lo que ella hace más que lo que digo?

—Nada más.

—Y bien; ¿en todas estas situaciones el hombre está de acuerdo consigo mismo?

¿No se encuentra, por el contrario, en razón de su conducta, en contradicción, en lucha consigo mismo, como se encontraba antes con ocasión de la vista cuando formaba a la vez, sobre un mismo objeto, dos juicios contrarios? Pero recuerdo que es inútil disputar sobre este punto, porque convinimos en que nuestra alma estaba llena de una infinidad de contradicciones que reinan en ella al mismo tiempo.

—Razón teníamos al convenir en ello —dijo.

—Sin duda. Pero me parece imprescindible examinar ahora lo que entonces omitimos —dije.

—¿De qué se trata? —preguntó.

—Dijimos entonces que un hombre discreto —respondí—, a quien hubiera sucedido alguna desgracia, como la pérdida de un hijo o de algún otro ser extremadamente querido, sufrirá esta pérdida con más resignación que cualquier otro.

—Seguramente.

—Veamos ahora si será completamente insensible a esta pérdida, o si, no pudiendo existir semejante insensibilidad pondrá, por lo menos, límites a su dolor.

—A decir verdad, me parece que tomará este último partido —dijo.

—Dime ahora: ¿en qué momentos se hará más violencia para disimular su dolor?

¿Será cuando se encuentre en presencia de otros, o cuando esté solo frente a sí mismo?

—Mucho más cuando lo vean —dijo.

—Pero viéndose sin testigos, dejará escapar quejas que sentiría se le oyeran; y hará otros muchos extremos en que no querría ser sorprendido.

—Así es —dijo.

—Lo que le ordena mantenerse firme es la ley y la razón; por el contrario, lo que le obliga a abandonarse a él es la pasión, ¿no?

—Cierto.

—Pero cuando el hombre experimenta dos movimientos contrarios con relación al mismo objeto, es una prueba, decimos, de que hay en él dos partes opuestas.

—¿Cómo no?

—Una, que está pronta a obedecer a la ley en todo aquello que ella prescribe.

—¿Cómo?

—Por ejemplo, la ley dice que es bueno mantenerse firme en las desgracias y no dejarse llevar de la desesperación, y las razones que tiene son que se ignora si los accidentes son bienes o males; que nada se adelanta con afligirse; que los sucesos de la vida humana no merecen que tomemos por ellos un gran interés; y, sobre todo, que la aflicción es un obstáculo para aquello que ha de ayudarnos en tales circunstancias.

—¿A qué te refieres?

—A la reflexión sobre lo que acaba de suceder —dije—, al reparar los efectos de la mala suerte, como se repara una mala jugada de dados; es decir, por los medios que la razón haya demostrado que son los mejores, y no obrar como los niños, que cuando sufren una caída llevan la mano a la parte herida y pierden el tiempo en llorar; antes bien, acostumbrar su alma a aplicar prontamente el remedio a la herida, levantar lo caído y enfermo y suprimir con la cura los plañidos.

—Es el mejor partido que podemos tomar cuando acaecen desgracias —dijo.

—Y es la parte mejor de nosotros mismos la que sigue de grado a la razón.

—Eso es evidente.

—Y esta otra parte que nos recuerda sin cesar nuestras desgracias, que nos hace exhalar lamentos, y que nunca se sacia, ¿temeremos decir que es una irracional perezosa y cobarde?

—Sin dudar lo diremos.

—Porque nada se presta mejor a una imitación variada que el elemento irritable; mientras que un carácter sabio, tranquilo, siempre semejante a sí mismo, hay dificultad en imitarle, y la pintura que de él se hiciese no le llegaría a esa multitud confusa que se reúne de ordinario en los teatros; porque sería presentarle la imagen de una clase de sentimientos que le es completamente extraña.

—De acuerdo en todo.

—Por otra parte, es evidente que el genio del poeta imitador no le llama en manera alguna a representar esta parte del alma, y que, en su afán de agradar a la multitud, no le atrae esa sabiduría, y más bien se inclina a expresar los caracteres apasionados, cuya variedad hace que sea más fácil el representarlos.

—Es evidente.

—Luego tenemos justos motivos para condenarle y ponerle en la misma clase que el pintor. Tiene de común con él el componer sólo obras sin valor, si se las coteja con la verdad; y también se le parece en su relación estrecha con una parte del alma que no es la mejor; y, por lo tanto, tenemos fundados motivos para rehusarle la entrada en un Estado que debe ser gobernado por leyes sabias, puesto que remueve y despierta la parte mala del alma, y al fortificarla destruye el imperio de la razón, tal como sucedería en un Estado en que a los más malos se les revistiese de toda la autoridad, traicionando al Estado y haciendo perecer a todos los ciudadanos de más valía. Ésta es la imagen del desorden que el poeta imitador introduce en el gobierno interior de cada hombre, por la excesiva complacencia que tiene para con la parte irracional de nuestra alma, que no sabe distinguir lo que es más grande de lo que es más pequeño; que sobre un mismo objeto se forma ideas tan pronto demasiado grandes como demasiado pequeñas; que produce apariencias, y que permanece siempre a una distancia infinita de la verdad.

—Es muy cierto.

—Pero aún no hemos dicho nada del mayor mal que causa la poesía. ¿No es, en efecto, una cosa bien triste ver que es capaz de deshonrar a las personas discretas, a excepción de muy pocas?

—¿Cómo no, si produce semejante efecto?

—Escucha, y luego juzga. Sabes que hasta los más razonables, cuando oímos recitar pasajes de Homero o de cualquier otro poeta trágico, en que se representa a un héroe angustiado, deplorando su suerte en un largo discurso, prorrumpiendo en gritos y dándose golpes de pecho, sabes, repito, que en aquel acto percibimos un vivo placer, del que nos dejamos llevar insensiblemente, y alabamos el talento del poeta que nos transporta con más fuerza a ese estado.

—Lo sé; y ¿cómo no?

—Sin embargo, has podido observar que en nuestras propias desgracias presumimos de lo contrario, de mantenernos firmes y tranquilos, cual conviene a la condición del hombre, abandonando a las mujeres esas mismas lamentaciones que acabamos de aplaudir.

—Sí, lo he observado —dijo.

—Pero ¿acaso está bien —proseguí— aprobar con entusiasmo en otro una condición que no consentiríamos en nosotros mismos, avergonzándonos del parecido, y no sentir repugnancia, sino gozarla y celebrarla?

—En verdad, no es razonable, por Zeus —dijo.

—Sobre todo si miramos la cosa como debe mirarse —dije.

—¿Cómo?

—Si consideramos que esta parte de nuestra alma, contra la que nos mantenemos firmes en nuestras propias desgracias, que está sedienta de lágrimas y lamentaciones de las que querría saciarse, y a las que busca por naturaleza, es la misma que los poetas adulan y a la que hacen estudio en complacer; y que, en tales ocasiones, esta otra parte de nosotros mismos, que es la mejor, no estando aún bastante fortificada por la razón y por el hábito, afloja la rienda a la otra parte llorona, excusándose con que no es más que simple espectadora de las desgracias de otro, y que no es vergonzoso para ella dar señales de aprobación y de compasión, al ver las lágrimas que otro, que se dice hombre de bien, derrama indebidamente; de suerte que tiene por un bien el placer que disfruta en aquel momento, y no consentiría verse privado de él, como se vería si condenara absolutamente esta clase de poemas. Esto procede de que son pocos los que fijan su reflexión en que los sentimientos de otro se hacen infaliblemente nuestros, y que, después de haberse mantenido y fortificado nuestra sensibilidad mediante la vista de los males ajenos, es difícil moderarla en los propios.

—Es muy cierto —dijo.

—¿No diremos otro tanto cuando se trata de lo cómico? Si manifiestas un placer excesivo en oír bufonadas sobre lo que en ti mismo te avergonzarías de tomar a risa y no detestarías como malo, sea en el teatro, sea en conversaciones particulares, te sucederá lo mismo que en las emociones patéticas. Porque entonces das rienda suelta al deseo de hacer reír que la razón reprimía antes en ti por temor de pasar por bufón; y después de haber alimentado ese deseo en la comedia, no tardarás en dejarlo escapar en tus relaciones con los demás, hasta convertirte en un farsante de profesión.

—Tienes razón —dijo.

—La poesía imitativa produce en nosotros el mismo efecto con respecto al amor, a la cólera y a todas las pasiones del alma que tienen por objeto el placer y el dolor, y que siguen, según decimos, a todas nuestras acciones. En lugar de hacer que se seque lo que ha de secarse, lo rocía y alimenta, instaura como gobernante lo que había de ser gobernado para asegurar nuestra virtud y nuestra felicidad, y no hacernos peores y más desdichados.

—No puedo menos de convenir en ello —aseguró.

—Y así, mi querido Glaucón —proseguí—, cuando oigas decir a los admiradores de Homero que este poeta ha educado a Grecia, y que, leyéndole, se aprende a gobernar y conducir bien los negocios humanos, y que lo mejor que se puede hacer es someterse a sus preceptos, deberás tener toda clase de miramientos y de consideraciones con los que empleen este lenguaje, como si estuvieran dotados del mayor éxito, y hasta concederles que Homero es el más grande poeta y el primero entre los trágicos; pero al mismo tiempo no pierdas de vista que en nuestro Estado no podemos admitir otras obras de poesía que los himnos a los dioses y los elogios de los héroes; porque tan pronto como des cabida a la musa voluptuosa, sea lírica, sea épica, el placer y el dolor reinarán en tu Estado en lugar de las leyes, en lugar de aquella razón cuya excelencia la comunidad reconozca en cada caso.

—Nada más cierto —dijo.

—Puesto que por segunda vez —dije— se ha presentado la ocasión de hablar de la poesía, he aquí lo que tenía que decir para justificarnos por haberla desterrado de nuestro Estado: la razón nos obliga a ello, por lo demás, y para que la poesía misma no nos acuse de haberla tratado con rudeza y tosquedad, será bueno decirle que no es de ahora su disensión con la filosofía. Sirvan de testigos las frases siguientes: Aquella perra arisca que ladra contra su dueño... Ese gran hombre que brilla en un círculo de dementes... La cuadrilla de sabios que quiere elevarse por encima de Zeus... Estos hombres contemplativos, sutiles, cuyo ingenio aguza la pobreza y otras mil que prueban lo antiguo de esta querella. A pesar de esto, protestamos resueltamente que si la poesía imitativa, que tiene por objeto el placer, puede probarnos con buenas razones que no se la debe desechar de un Estado bien gobernado, nosotros la recibiremos con los brazos abiertos, porque no podemos ocultarnos a nosotros mismos la fuerza y la dureza de sus encantos; pero en ningún caso es permitido hacer traición a la verdad. En efecto; tú mismo, mi querido amigo, ¿no eres uno de los apasionados por la poesía, sobre todo si se trata de la de Homero?

—Sobremanera.

—¿No es justo, por lo tanto, que le demos el derecho de venir a defender su causa delante de nosotros, sea en un poema lírico, sea en cualquiera otra clase de metro?

—Sin duda.

—En cuanto a sus defensores oficiosos, esos que, sin hacer versos, son amantes de la poesía, les permitiremos que demuestren en prosa, no sólo que es agradable, sino que también es útil a los regímenes políticos y a los particulares para el régimen de la vida; los escucharemos con gusto y ganaremos en ello, si se nos hace ver que une lo útil a lo agradable.

—¿Cómo no habríamos de ganar? —dijo.

—Pero si no consiguen probarnos esto, imitaremos la conducta de los enamorados, que se hacen violencia para libertarse de la pasión después que la han reconocido no provechosa. Efecto del amor que hemos concebido por la poesía desde la infancia, y que se nos ha inspirado en estas bellas repúblicas en que hemos recibido nuestra educación, desearíamos que nos pudiera parecer muy buena y verdadera, pero mientras ella no tenga razones sólidas que alegar en su defensa, la escucharemos precaviéndonos contra sus encantos por las razones que acabo de exponer, y procuraremos no volver a caer en la pasión que por ella hemos sentido en nuestra juventud, y de cuya influencia no se libra el común de los hombres. La escucharemos, pues, persuadidos de que no se debe mirar esta especie de poesía como una cosa seria, ni que se atenga a la verdad; que todo hombre que teme por el gobierno interior de su alma debe estar en guardia contra ella y escucharla con precaución; y, en fin, observar todo lo que hemos dicho de la poesía.

—Consiento en ello con todo mi corazón —dijo.

—Porque, mi querido Glaucón, es un gran combate —dije—, y más grande de lo que se piensa, aquel en que se trata de ser honrado o malo. Ni la gloria, ni las riquezas, ni las dignidades, ni, en fin, la poesía merecen que despreciemos por ellas la justicia y las demás virtudes.

—No puedo menos de conformarme a ello —dijo— después de lo que hemos dicho, ni creo que se pueda pensar de otra manera.

—Sin embargo —dije—, aún no hemos hablado de las mayores recompensas ofrecidas a la virtud, de los premios que le esperan.

—Es preciso que sean de una magnitud infinita, si superan a las que acabamos de exponer —repuso.

—¿Puede —dije yo— llamarse grande lo que pasa en un pequeño espacio de tiempo? En efecto, el intervalo que separa nuestra infancia de la vejez es bien poco en comparación con la totalidad del tiempo.

—Puede decirse que no es nada —admitió.

—¡Y qué! ¿Piensas que un ser inmortal debe limitar sus cuidados y sus miradas a un tiempo tan corto en vez de extenderlas a la eternidad?

—No lo creo —dijo—, pero ¿a qué viene esta observación?

—¿No sientes que nuestra alma es inmortal —dije— y que no perece jamás? Al oír estas palabras, mirándome con aire de sorpresa, me dijo:

—No, por Zeus, y tú ¿puedes asegurarlo?

—Sí —repuse yo—, si no me engaño; creo que tú podrías hacer otro tanto, porque no es un punto difícil.

—Para mí lo es; pero escucharía de ti con gusto un punto que crees tan fácil.

—Escucha, pues —dije.

—Habla, sin más —dijo.

—¿Hay algo a lo que llamas bien y mal?

—Sí.

—¿Tienes de lo uno y de lo otro la misma idea que yo?

—¿Qué idea?

—¿Que el mal es todo principio de corrupción y de disolución; y el bien, todo principio de conservación y de mejoramiento?

—Eso creo —dijo.

—¿Y qué? ¿No admites que tiene cada cosa su mal y su bien? La oftalmía, por ejemplo, es el mal de los ojos; la enfermedad, el mal de todo el cuerpo; el tizón es el mal del trigo; la podredumbre, el de la madera; el orín, el del hierro y el bronce; en una palabra, hay para cada cosa un mal y una enfermedad connaturales; ¿no admites esto conmigo?

—Así es —dijo.

—Este mal, ¿no daña a la cosa a que afecta? ¿No concluye por disolverla y destruirla totalmente?

—¿Cómo no?

—Por consiguiente, cada cosa es destruida por su mal connatural y por el principio de corrupción que lleva en sí; de suerte que, si este mal no tiene fuerza para destruirla, no hay nada que sea capaz de hacerlo; porque el bien no puede producir este efecto respecto a ninguna cosa, como no puede producirlo lo que no es ni bien ni mal.

—¿Cómo podría hacerlo? —dijo.

—Luego si encontramos en la naturaleza una cosa a la que un mal pueda hacer miserable, pero no puede disolverla ni destruirla, desde este momento, ¿no podremos asegurar que esta cosa no puede perecer?

—Así parece —dijo.

—Pero ¡qué!, ¿no hay algo que hace perversa al alma? —pregunté.

—Sí, ciertamente; los vicios de que hemos hecho mención; la injusticia, la intemperancia, la cobardía, la ignorancia —replicó.

—¿Entre estos vicios hay alguno que pueda alterarla y disolverla? Ten cuidado, no sea cosa que incurramos en error imaginándonos que cuando el hombre injusto e insensato es sorprendido en su injusticia, su muerte sea efecto de ésta, que es el mal de su alma. He aquí de qué manera es preciso examinar este punto. ¿No es cierto que la enfermedad, que es el principio disolvente del cuerpo, lo mina poco a poco, lo destruye y lo reduce hasta el punto de perder la forma de cuerpo? ¿No lo es que todas las demás cosas de que hemos hablado tienen su mal propio, que las corrompe por la estancia que en ellas hace, y las reduce al extremo de no ser?

—Sí.

—En la misma forma, pues, haciendo la aplicación de esto al alma, es preciso ver si la injusticia y los demás vicios, llegando a aposentarse y fijarse en ella, la corrompen, la arruinan hasta conducirla a la muerte, separándola del cuerpo.

—De ningún modo es así —dijo.

—Por otra parte, sería contra toda razón decir que un mal extraño destruye una sustancia que su propio mal no puede destruir —observé.

—Absurdo.

—En efecto; fija tu reflexión, mi querido Glaucón —proseguí— en que ni aun respecto a los cuerpos creemos que su destrucción haya de ser el efecto inmediato de la mala calidad de los alimentos, ya por tener demasiado tiempo, ya por estar corrompidos o por cualquier otra razón. Si el alimento malo engendra en el cuerpo el mal que le es propio, lo que diremos será que, con ocasión del alimento, el cuerpo ha sido arruinado por la enfermedad, la cual es propiamente su mal; y jamás sostendremos que los alimentos, que son de una naturaleza diferente de la del cuerpo, tengan por su mala calidad la virtud de destruirlo, a menos que este mal extraño no haga nacer en él el mal que le es propio.

—Muy exacto es lo que dices —asintió.

—Por la misma razón, a menos que la enfermedad del cuerpo no engendre la del alma —dije—, jamás podremos decir que el alma pueda perecer por un mal extraño sin la intervención del mal que le es propio, es decir, ésta por el mal de aquél.

—Nada más razonable —dijo.

—Por lo tanto, asentemos la falsedad de esta demostración, o mientras se mantenga en toda su fuerza, sostengamos que ni por la fiebre, ni por ninguna otra especie de enfermedad, ni por degüello, ni aun cuando resultare el cuerpo hecho pedazos, puede sobrevenir la muerte al alma, a menos que no se nos haga ver que el efecto de estos accidentes del cuerpo consiste en hacer el alma injusta y más impía. Y no consintamos que se diga que ni el alma ni cualquiera otra sustancia perecen por el mal que la sobrevenga de una sustancia de naturaleza diferente, si el mal que le es propio no llega a juntarse con aquél.

—Nadie nos demostrará jamás que las almas de los que mueren se hacen más injustas por la sola razón de morir —afirmó.

—Si alguno —dije yo— fuese tan atrevido que combatiese lo que acabamos de decir, y sostuviese que la muerte hace al hombre más malo y más injusto, para no verse obligado a reconocer la inmortalidad del alma, nosotros le obligaríamos a convenir en que si lo que dice es cierto, se sigue de aquí que la injusticia, como la enfermedad, conduce naturalmente a la muerte, que mata por su propia naturaleza; y que los que dan entrada en su alma a la injusticia mueren más o menos pronto pero de manera distinta a como la causa ordinaria de la muerte de los injustos es la justicia que se les aplica.

—¡Por Zeus! —exclamó—, si la injusticia fuese un mal capaz de dar por sí misma la muerte a los hombres malos, no habría razón para mirarla como una cosa terrible, puesto que sería un remedio para todos los males. Pienso, por el contrario, que evidentemente la injusticia mata a los demás en cuanto ella puede, mientras que conserva lleno de vida y, además, muy despierto a aquel en quien fija su estancia. ¡Tan distante está la injusticia de darle la muerte!

—Dices verdad —observé—, porque si la corrupción del alma, si su propio mal no puede matarla y destruirla, ¿cómo un mal, destinado por su naturaleza a la destrucción de otra sustancia, podría hacer perecer al alma o cualquier otra cosa que no sea aquella sobre la que puede producir naturalmente este efecto?

—Difícilmente, me parece —dijo.

—Pero es evidente que una cosa que no puede perecer ni por su propio mal ni por un mal extraño, debe necesariamente existir siempre, y que si existe siempre es inmortal.

—Necesariamente —dijo.

—Sentemos, por lo tanto, esto como un principio incontestable

—dije—. Ahora bien, si es así, es fácil de concebir que estas mismas almas deben de existir siempre, ya que no pueden ser menos, puesto que no perece ninguna; ni tampoco más, pues ya comprendes que, si el número de los seres inmortales se hiciese más grande, estos nuevos seres se formarían de lo que fuese mortal, y que entonces todas las cosas acabarían por ser inmortales.

—Dices verdad.

—No nos permite la razón creer eso, ni tampoco pensar que nuestra alma, considerada en el fondo mismo de su ser, sea de una naturaleza compuesta, llena de desemejanza y diversidad consigo misma.

—¿Qué quieres decir? —preguntó.

—Es difícil que lo que resulta de la reunión de muchas partes sea eterno, y con una composición que no es la más conveniente, como acaba de parecernos la del alma — dije.

—En efecto, eso no es probable.

—Las razones que acabamos de alegar y muchas otras demuestran, por lo tanto, de una manera invencible la inmortalidad del alma. Mas para conocer su verdadera naturaleza no se la debe considerar, como lo estamos haciendo, en el estado de degradación a que la conducen su unión con el cuerpo y todos los males que son resultado de esta unión, sino que debe contemplársela atentamente con el raciocinio, tal como es en sí misma, desprendida de todo lo que a ella es extraño. Entonces se verá que es infinitamente más bella; se conocerá con más claridad la naturaleza de la justicia, de la injusticia y de las demás cosas de que hemos hablado. Todo lo que hemos dicho del alma es verdadero con relación a su estado presente; pero así como los que viesen ahora a Glauco el marino tendrían dificultad en reconocer su primera forma, porque las antiguas partes de su cuerpo han sido unas rotas, otras gastadas y totalmente desfiguradas por las olas, y se han formado otras nuevas de conchas, yerbas marinas y chinarros, de suerte que más bien parece un monstruo que un hombre, tal como antes era, de igual modo el alma se presenta a nosotros desfigurada por mil males. Por ello, mi querido Glaucón, es preciso mirar a otra parte.

—¿Adónde? —preguntó.

—A su amor por el saber. Es preciso que fijemos nuestra reflexión en las cosas a que el alma se dirige, en los objetos con que quiere comunicarse, en el enlace íntimo que naturalmente tiene con todo lo que es divino, inmortal, imperecedero, y en lo que debe convertirse cuando, entregándose por entero a este sublime fin, se eleve mediante un noble esfuerzo desde el fondo de este mar en que está sumida, y se desembarace de las conchas y guijarros que se pegan a ella a causa de la necesidad en que está de alimentarse con las cosas terrenas, costra térrea, rocosa y silvestre que merece el aplauso de muchos, considerándola como un feliz banquete. Entonces es cuando verás claramente cuál es la naturaleza del alma, si es simple o compuesta; en una palabra, cuáles son su esencia y su manera de ser. En cuanto al presente, hemos explicado, a mi parecer bastante bien, las pasiones y las inclinaciones a que está sujeta en este mundo.

—Muy bien —convino.

—En esta indagación —pregunté—, ¿no hemos resuelto las dificultades propuestas y despojado la justicia de todo lo que es accesorio y puesto aparte los honores y las recompensas que vosotros le habéis atribuido bajo la fe de Homero y de Hesíodo? ¿No hemos demostrado que la justicia es por sí misma el mayor bien del alma, considerada en su esencia, que ésta debe realizar lo que es justo, ya posea o no el anillo de Giges, y si se quiere también el casco de Hades?

—Pura verdad dices —respondió.

—Así, pues —dije—, ¿parecerá mal, mi querido Glaucón, que ahora restituyamos a la justicia y a las otras virtudes, además de estas ventajas que son propias de ellas, las recompensas que los hombres y los dioses han unido a las mismas, y que el hombre justo recibe durante la vida y después de la muerte?

—No, ciertamente —dijo él.

—Ahora, ¿me devolveréis a su vez lo que os presté al principio de esta conversación?

—¿Qué es ello?

—Quise concederos que el hombre justo pasara por injusto y el injusto por justo, porque creísteis que si bien era imposible engañar en este punto a los hombres y a los dioses era, sin embargo, indispensable suponerlo por mor de la argumentación, para que se pudieran apreciar plenamente la justicia y la injusticia tomadas en sí mismas.

¿No te acuerdas?

—Sería en mí grave falta el no acordarme —dijo.

—Por tanto —seguí—, puesto que ahora ya están juzgados, pido nuevamente, en nombre de la justicia, que reconozcamos que esta se nos muestra tal como corresponde a la buena fama de que goza entre dioses y hombres, para que así recoja al fin los trofeos que obtiene por su apariencia y que otorga a los que la poseen, puesto que ya se ha hecho evidente que concede las bondades procedentes de la realidad, sin engaño para quienes de veras la abrazan.

—Pides algo que es muy razonable —dijo.

—Así —dije—, me concedéis en primer lugar que el hombre virtuoso y el hombre malo son conocidos por los dioses tales como son.

—Te lo concedemos —dijo.

—Y que si no se ocultan, el uno es querido de los dioses y el otro aborrecido, como convinimos desde el principio.

—Así es.

—¿No me concederás también que el hombre querido de los dioses sólo puede esperar de su parte bienes, y que si algunas veces recibe males es en expiación de las faltas de su vida pasada?

—Totalmente seguro.

—Es preciso reconocer, por lo tanto, respecto del hombre justo, ya se encuentre pobre o enfermo o en cualquier otra situación que se considere como desgraciada, que sus pretendidos males se convertirán en ventaja suya durante su vida o después de su muerte. Porque la providencia de los dioses necesariamente se fija en el que se esfuerza en hacerse justo y en llegar mediante la práctica de la virtud a la más perfecta semejanza que puede tener el hombre con la divinidad.

—Es de creer —dijo— que un hombre de este carácter no será abandonado por su semejante.

—Del hombre injusto, ¿no debe pensarse lo contrario?

—Sin duda.

—Y así, de parte de los dioses, éstos serán los galardones que pertenecen al justo.

—Por lo menos, ésa es mi opinión —dijo.

—Y de parte de los hombres, ¿no sucede lo mismo, puesto que es preciso decir la verdad? ¿No sucede a los hombres redomados e injustos lo que a los atletas, que corren perfectamente a la ida, pero que no hacen lo mismo a la vuelta? Al pronto se lanzan con rapidez, pero al final de la carrera dan lugar a que se burlen de ellos, cuando se los ve, con las orejas caídas, retirarse precipitadamente sin ser coronados, mientras que los verdaderos corredores llegan al término, consiguen el premio y reciben la corona. ¿Los justos no tienen, de ordinario, la misma suerte, quiero decir, que al término de cada una de sus empresas, de su carrera y de su vida reciben de los hombres el tributo de gloria y de recompensa que les es debido?

—Tienes razón.

—¿Consentirás, pues, en que yo aplique a los justos lo que tú mismo has dicho de los injustos? En efecto, sostengo que los justos, cuando han alcanzado la edad madura, llegan a obtener en el Estado en que viven todas las dignidades a que aspiran; que contraen uniones a su elección ellos y sus hijos; en una palabra, todo lo que tú has dicho de aquéllos lo digo yo de éstos. En cuanto a los injustos, sostengo que aun cuando de jóvenes hayan conseguido ocultar lo que son, en su mayor parte se descubren al fin de su carrera; que cuando llegan a la vejez, ven caer sobre sí el ridículo y el oprobio; que son el juguete de los extranjeros y de sus conciudadanos, y para servirme de expresiones que considerabas demasiado fuertes respecto del justo, pero que son verdaderas respecto del perverso, digo que serán azotados y sometidos al tormento; en una palabra, imagínate que oyes de mi boca todos los géneros de suplicios de que tú hacías mención entonces. Veamos si quieres concederme que habrán de sufrir todo esto.

—Sí, tanto más cuanto que nada dices que no sea razonable —admitió.

—Tales son —dije— las ventajas, el salario y las recompensas que el justo recibe durante su vida de parte de los hombres y de los dioses, además de los bienes que le proporciona la práctica de la justicia.

—Estas ventajas son a la vez gloriosas y positivas —dijo.

—Pero no son nada, ni por el número ni por la magnitud —dije yo—, en comparación de lo reservado tras la muerte a cada uno de esos hombres. Necesitamos hacer mérito de ello para dar al justo y al malo lo que tienen derecho a esperar de nosotros en esta conversación.

—Pocas cosas hay que esté yo más deseoso de escuchar —dijo—, habla, pues.

—No es la historia de Alcínoo, la que voy a referir, sino la de un hombre de corazón, Er el Armenio, originario de Panfilia. Después de haber muerto en una batalla, como a los diez días se fuera a recoger los cadáveres, que ya estaban corrompidos, se encontró el suyo sano y entero; y conducido a su casa, cuando el duodécimo día estaba sobre la hoguera, volvió a la vida y refirió a los circunstantes lo que había visto en el otro mundo. Dijo que en el momento que su alma salió del cuerpo, llegó con otra infinidad de ellas a un sitio de todo punto maravilloso, donde se veían en la tierra dos aberturas, la una frente a la otra, y en el cielo, otras dos, que se correspondían con las primeras. Entre estas dos regiones estaban sentados jueces, y así que pronunciaban sus sentencias mandaban a los justos tomar su camino por la derecha, por una de las aberturas del cielo, después de ponerles por delante un rótulo que contenía el juicio dado en su favor; y a los injustos les obligaban a tomar el camino de la izquierda, por una de las aberturas de la tierra, llevando a la espalda otro rótulo semejante, donde iban consignadas todas sus acciones. Cuando él se presentó, los jueces decidieron que era preciso llevase a los hombres la noticia de lo que pasaba en el otro mundo, y le mandaron que oyera y observara en aquel sitio todas las cosas de que iba a ser testigo. Y así vio, en primer lugar, a las almas de los que habían sido juzgados, unas subir al cielo, otras descender a la tierra por las dos aberturas que se correspondían; mientras que por la otra abertura de la tierra vio salir almas cubiertas de suciedad y de polvo, al mismo tiempo que por la del cielo descendían otras almas puras y sin mancha. Parecían venir todas de un largo viaje y detenerse con gusto en la pradera como las acampadas en una feria. Las que se conocían se pedían unas a otras, al saludarse, noticias acerca de lo que pasaba, respectivamente, en el cielo y en la tierra. Unas referían sus aventuras con gemidos y lágrimas, que les arrancaba el recuerdo de los males que habían sufrido o visto sufrir a los demás durante su estancia en la tierra, cuya duración era de mil años. Otras, que volvían del cielo, hacían la historia de los deliciosos placeres que habían disfrutado y de las cosas maravillosas que habían visto. Sería muy largo, mi querido Glaucón, referirte por entero el discurso. Pero lo principal, decía, era que cada uno era castigado diez veces por cada una de las injusticias que había cometido durante la vida; que la duración de cada castigo era de cien años, duración natural de la vida humana, a fin de que el castigo fuese siempre décuplo para cada crimen. Y así, los que se han manchado con muchos asesinatos, que han vendido los Estados y los ejércitos, que los han reducido a la esclavitud o que se han hecho culpables de cualquier otro crimen semejante, eran atormentados con el décuplo por cada uno de estos crímenes. Aquellos, por el contrario, que habían hecho bien a los hombres, que habían sido justos y piadosos, recibían en la misma proporción la recompensa de sus buenas acciones. Respecto a los niños muertos luego de su nacimiento, daba detalles que es superfluo referir. Había, según su historia, recompensas más grandes aún para los que habían honrado a los dioses y respetado a sus padres, y suplicios extraordinarios para los impíos, los parricidas y los homicidas a mano armada.

Había estado presente, añadía, cuando uno preguntó a otro dónde estaba el gran Ardieo. Ardieo había sido tirano de una ciudad de

Panfilia mil años antes; había dado muerte a su padre, que era de avanzada edad, y a su hermano mayor, y cometido, según se decía, otros muchos crímenes enormes. «No viene, respondió el preguntado, ni vendrá jamás. Todos fuimos testigos en esa ocasión del espectáculo más aterrador. Cuando estábamos a punto de salir del abismo subterráneo, después de haber purgado nuestras culpas y sufrido nuestros castigos, vimos a Ardieo y a muchos más, que eran en su mayor parte tiranos como él, y también vimos a algunos particulares, que en su condición privada habían sido grandes criminales. En el momento que intentaron salir, la abertura les impidió el paso, y todas las veces que alguno de estos miserables, cuyos crímenes no tenían remedio o no habían sido suficientemente expiados, se presentaba para salir, se dejaba oír en la abertura un bramido. Al producirse este estruendo, contaba, acudieron unos hombres salvajes que parecían como de fuego. Por lo pronto, condujeron a viva fuerza a un cierto número de aquéllos, se apoderaron de Ardieo y de los demás, les ataron los pies, las manos y la cabeza, y después de haberlos arrojado en tierra y desollarlos a fuerza de golpes, los arrastraron fuera del camino sobre sangrientas zarzas, diciendo a los que pasaban el motivo por que trataban así a estos criminales, y que iban a precipitarlos en el Tártaro». Esta alma añadía que entre los diversos terrores por que se veían agitadas durante el camino, ninguno les causaba tanto espanto como el temor de que se oyera el bramido en la abertura en el momento de salir, y que había sido para ellas un placer inexplicable el no haberlo oído al tiempo de su salida.

Tales eran, poco más o menos, las penas y suplicios y las recompensas correspondientes. Después que cada uno había pasado siete días en esa pradera, al octavo debían levantarse y ponerse en marcha, y en cuatro días de jornada llegaban a un punto desde el que se veía una luz que atravesaba el cielo y la tierra, recta como una columna y semejante al arco iris, pero más brillante y más pura. A esta luz llegaron después de otro día de jornada. Allí vieron que las extremidades de las cadenas venían a parar del cielo al centro de esta luz, que les servía de lazo y que abrazaba toda la circunferencia del cielo, poco más o menos, como esas ligaduras que ciñen los costados de las trirremes y sostienen toda la armadura. De estas extremidades está pendiente el huso de la Necesidad, el cual da impulso a todas las revoluciones celestes. El cuerpo del huso y el gancho eran de acero, y la tortera era una mezcla de ésta y otras materias. Esta tortera se parecía por la forma a las de este mundo. Mas para tener de ella una idea exacta, es preciso representársela como una tortera hueca por dentro, en la que esté engastada otra más pequeña, como las cajas que entran una en otra. En la segunda tortera había una tercera, en ésta una cuarta, y así sucesivamente hasta el número de ocho, dispuestas entre sí a manera de círculos concéntricos. Se veía por arriba el borde superior de cada una, y todas presentaban al exterior la superficie continua de una sola tortera alrededor del huso, cuyo tronco pasaba por el centro de la octava. Los bordes circulares de la tortera primera y exterior eran los más anchos, después los de la sexta, los de la cuarta, los de la octava, los de la séptima, los de la quinta, los de la tercera y los de la segunda iban disminuyendo en anchura en este mismo orden. El círculo formado por los bordes de la tortera más grande era estrellado. El de la séptima era de un color muy brillante. El de la octava tomaba de la séptima su color y su brillo. El color de los círculos segundo y quinto era casi el mismo, y tiraba a amarillo. El tercero era el más blanco de todos. El cuarto era un poco encarnado. En fin, el sexto, era segundo en blancura. El huso entero rodaba sobre sí mismo con un movimiento uniforme, mientras que en el interior los siete círculos concéntricos se movían lentamente en una dirección contraria. El movimiento del octavo era el más rápido. Los del séptimo, el sexto y el quinto eran menores e iguales entre sí. El cuarto era al parecer el tercero en velocidad; el tercero era el cuarto, y el movimiento del segundo era el quinto. El huso mismo giraba entre las rodillas de la Necesidad. En cada uno de estos círculos había una sirena que giraba con él, haciendo oír una sola nota de su voz siempre con el mismo tono; de suerte que de estas ocho notas diferentes resultaba un acorde perfecto. Alrededor del huso y a distancias iguales estaban sentadas en tronos las tres Parcas, hijas de la Necesidad: Láquesis, Cloto y Atropo, vestidas de blanco y ceñidas sus cabezas con cintillas.

Acompañaban con su canto al de las sirenas; Láquesis cantaba lo pasado, Cloto lo presente y Atropo lo venidero. Cloto, tocando por intervalos el huso con la mano derecha, le obligaba a hacer la revolución exterior. Atropo, con la mano izquierda, imprimía el movimiento a cada uno de los círculos interiores. Y Láquesis, ora con una ora con otra mano, tocaba tan pronto el círculo exterior como los interiores.

Luego que llegaron allá, contaba, les fue preciso presentarse delante de Láquesis. Por lo pronto, un profeta los colocó en fila; en seguida, habiendo tomado del regazo de Láquesis la distinta suerte y las diferentes condiciones humanas, subió a un tablado elevado y habló de esta manera: «He aquí lo que dice la virgen Láquesis, hija de la Necesidad: "Almas pasajeras, vais a comenzar una nueva carrera y a entrar en un cuerpo mortal. No será el hado quien os escogerá, sino que cada una de vosotras escogerá el suyo. La primera que la suerte designe escogerá la primera y su elección será irrevocable. La virtud, empero, no tiene dueño; cada quien participa de ella según si la honra o la desprecia. Cada cual es responsable de su elección, porque Dios es inocente"».

Dichas estas palabras, echó las suertes, y cada alma recogió la que cayó delante de ella, excepto el propio Er, pues no se le permitió hacerlo. Entonces conoció cada cual en qué orden debía escoger. En seguida el mismo profeta arrojó en tierra, delante de ellos, géneros de vida de todas clases, cuyo número era mucho mayor que el de quienes debían escoger, porque todas las condiciones, tanto de los hombres como de los animales, se encontraban allí revueltas. Había tiranías, unas que debían durar hasta la muerte, otras que habían de verse bruscamente interrumpidas y concluir en la pobreza, el destierro y la mendicidad. Se veían igualmente condiciones de hombres célebres, éstos por la belleza, por la fuerza, por su reputación en los combates; aquéllos por su nobleza y las grandes cualidades de sus antepasados; se veían también condiciones oscuras bajo todos estos conceptos. Había, asimismo, destinos de mujeres igualmente varios. Pero nada había dispuesto sobre el rango de las almas, porque cada una debía necesariamente mudar de naturaleza según su elección. Por lo demás, las riquezas, la pobreza, la salud, las enfermedades se encontraban en todas las condiciones; aquí sin ninguna mezcla, allá justamente compensados los bienes y los males.

Aquí tienes evidentemente, mi querido Glaucón, la prueba de mayor riesgo para el hombre. Y así, cada uno de nosotros, despreciando todos los demás estudios, debe dedicarse sólo a aquel que le haga conocer al hombre cuyas lecciones puedan ponerle en estado de discernir las condiciones dichosas y desgraciadas y escoger siempre la mejor; y llegará a conseguirlo siempre que repase en su espíritu todo lo que hemos dicho hasta ahora y juzgue de lo que puede contribuir más a la felicidad de la vida por el examen que hemos hecho de las diferentes condiciones consideradas junta o separadamente. Así es como aprenderá, por ejemplo, qué grado de belleza, mezclado con una cierta dosis de riqueza o de pobreza y una cierta disposición del alma, hace al hombre bien o mal, qué efecto deben producir el nacimiento ilustre y el nacimiento oscuro, la vida privada y las dignidades, la fuerza del cuerpo y la debilidad, la mayor o menor aptitud para las ciencias; en una palabra, las diferentes cualidades naturales o adquiridas, cotejadas las unas con las otras. De suerte que, después de haber reflexionado sobre todo esto, sin perder de vista la naturaleza del alma, podrá distinguir el género de vida mejor del peor; llamará peor al que le conduzca a hacer su alma más injusta, y mejor al que la haga más justa, sin tener en cuenta todo lo demás; porque ya hemos visto que éste es el mejor partido que puede tomarse, sea en esta vida, sea para la otra. Y al ir al Hades es preciso conservar firme como el acero esta opinión, para no dejarse alucinar allí ni por las riquezas ni por los demás males de esta naturaleza; para no caer en tiranías o prácticas semejantes, y cometer así un gran número de males sin remedio, y sufrirlos aún mayores; antes bien, debe uno saber fijarse para siempre en un estado intermedio, evitando igualmente los dos extremos, en cuanto sea posible, así en la vida presente como en todas las demás por las que habrá de pasar. En esto consiste la felicidad del hombre.

Además, según la relación del mensajero del más allá, el profeta había añadido:

«Incluso aquel que escoja el último, con tal que lo haga con discernimiento y que después sea cuidadoso con su conducta, puede prometerse una vida dichosa y buena. Así, pues, que ni el primero que haya de escoger se entregue a una excesiva confianza, ni el último desespere».

Después que el profeta hubo hablado de esta manera, contaba, el primero a quien tocó la suerte se adelantó apresuradamente, y sin más examen cogió la tiranía de más cuenta que encontró allí, arrastrado por su avidez y su imprudencia; pero cuando hubo considerado y visto que su destino era el devorar a sus propios hijos y el cometer otros crímenes enormes, se lamentó y, olvidando las advertencias del profeta, acusó de su suerte a la fortuna, a los dioses, en fin, a todos menos a sí mismo. Éste era uno de los que venían del cielo; había vivido antes en un Estado bien gobernado, y había debido su virtud a la fuerza del hábito más bien que a la filosofía. He aquí por qué los procedentes del cielo no eran los menos entre los que se engañaban en su elección por no tener experiencia de penalidades. Por el contrario, la mayor parte de los que habían permanecido en la región subterránea, y que a la experiencia de sus propios sufrimientos unían el conocimiento de los males de otros, no escogían tan a la ligera. Esta experiencia, aparte de la suerte que les tocaba, hacía que la mayor parte de las almas cambiasen una buena condición por una mala, o viceversa. Así un hombre que cada vez que volviese a este mundo se aplicase constantemente a la sana filosofía, con tal que su turno de elección no fuese el último de todos, sería muy probablemente, conforme a esta historia, no sólo feliz en la tierra, sino también en su viaje a este mundo, y al volver, marcharía por el camino llano del cielo y no por el sendero subterráneo y penoso.

Tal, decía, era el curioso espectáculo de ver de qué manera cada alma hacía su elección de vida; nada más extraño ni más digno a la vez de compasión y de risa. Las más se guiaban en la elección por los hábitos de la vida precedente. Dijo que había visto el alma de Orfeo escoger la condición de cisne en odio a las mujeres, que le habían dado muerte en otro tiempo, no queriendo por ello nacer engendrado por ninguna de ellas; y el alma de Támiras escoger la condición de ruiseñor. Vio también a un cisne adoptar la condición humana, y lo mismo hicieron otros animales cantores. Otra alma escogió la condición de león, que fue la de Áyax, hijo de Telamón, el cual, recordando el juicio de las armas, rehusó tomar un cuerpo humano. Después llegó el alma de Agamenón, que teniendo también aversión al género humano a causa de sus pasadas desgracias, escogió la condición de águila. El alma de Atalanta, que sacó su turno hacia la mitad, como se fijara en los grandes honores que reciben los atletas, no pudo resistir el deseo de hacerse ella también atleta. Después vio el alma de Epeo, hijo de Panopeo, que prefirió la condición de una mujer laboriosa; el alma del bufón Tersites, que se presentó de los últimos, vistió el cuerpo de un mono. El alma de Ulises, que fue el último llamado por la suerte, vino también a escoger, pero recordando sus infortunios pasados y ya sin ambición, anduvo buscando por mucho rato, hasta que al fin la descubrió en un rincón, como despreciada, la condición pacífica de un simple particular, que todas las demás almas habían dejado; y exclamó al verla que, aun cuando hubiera sido la primera en escoger, no habría hecho nunca otra elección. Había igualmente almas de animales que mudaban su condición por la nuestra o por la de otros animales; los animales injustos se cambiaban en especies feroces, los justos, en especies domesticadas; lo cual daba lugar a mezclas de toda clase.

Después que todas las almas escogieron su género de vida, se aproximaron, en el mismo orden que les había tocado, a Láquesis, la cual dio a cada uno el hado que ella había preferido, para que le sirviese de guarda durante el curso de su vida mortal y le ayudase a cumplir su destino. Este hado la conducía primero a Cloto, para que con su mano y una vuelta de huso confirmase el destino escogido. Después que el alma había tocado el huso, el genio la llevaba desde aquí al hilado de Atropo, para hacer irrevocable lo dispuesto. En seguida, no siendo ya posible volver atrás, se dirigía al trono de la Necesidad, por bajo del cual pasaba. En el momento que todos habían pasado, se encaminaban a la llanura del Olvido, donde hacía un calor insoportable, porque en este llano no había plantas ni árboles. Llegada la tarde, pasaron en seguida la noche al pie del río de la Despreocupación, cuya agua no puede ser contenida por ninguna vasija. Era preciso que cada uno bebiera de esta agua hasta cierta cantidad. Las que por imprudentes no se contienen y beben más allá de la medida prescrita, pierden absolutamente la memoria. En seguida se entregaron todos al sueño, pero a medianoche se oyó un trueno acompañado de temblores de tierra, y cada uno se elevaba acá y allá, como estrellas errantes, marchando a los distintos puntos en que debían renacer. En cuanto a Er, se le impidió beber el agua del río; pero sin embargo, sin saber por dónde ni cómo, su alma se había unido a su cuerpo; y al abrir sus ojos de repente en la madrugada vio que estaba tendido sobre la pira.

Esta fábula, mi querido Glaucón, se ha preservado así del olvido, y si le damos crédito, puede preservarnos a nosotros mismos, porque pasaremos con felicidad el río del Olvido, y mantendremos nuestra alma libre de toda mancha. Por lo tanto, si queréis creerme, convencidos de que nuestra alma es inmortal y capaz por su naturaleza de todos los bienes como de todos los males, marcharemos siempre por el camino que conduce a lo alto, y nos consagraremos con todas nuestras fuerzas a la práctica de la justicia y de la sabiduría. Por este medio viviremos en paz con nosotros mismos y con los dioses, y después de haber alcanzado en la tierra el premio destinado a la virtud, a semejanza de los atletas victoriosos, que son llevados en triunfo, seremos dichosos en este mundo y durante ese viaje de mil años, cuya historia acabamos de referir.

www.ingramcontent.com/pod-product-compliance
Lightning Source LLC
Chambersburg PA
CBHW020246010526
44107CB00002B/128